BENJAMIN JAWORSKYJ

Fotos nach Rezept

Der Einstieg in die Blitzfotografie
Schritt-für-Schritt-Anleitungen

Band 2

Fotos mit **externem Blitz**

humboldt

INHALT

ÜBER BENJAMIN JAWORSKYJ

Benjamin Jaworskyj ist Fotograf, Moderator und Trainer mit den Schwerpunkten Menschen und Landschaft. Er brachte sich das Fotografieren autodidaktisch bei und ist deshalb in der Lage, anderen sein Wissen gefiltert und ohne viel Schnickschnack weiterzugeben. Auf seinem YouTube-Kanal www.youtube.com/jaworskyjpictures lädt er wöchentlich Videos rund um das Thema Fotografieren hoch. Er ist mit über 100 000 Abonnenten der größte Fotografiekanal in Deutschland.

2013 gewann Jaworskyj in der Kategorie „FAQ" den „Deutschen Webvideopreis" und ist seitdem angesagt wie kein anderer Fotograf in Deutschland. Mit 27 Jahren gab er seinen sicheren Job beim Radio auf, um seinen Traum zu verwirklichen und Fotografietrainer zu werden. Workshops sind in nur wenigen Stunden ausverkauft, der erste Teil von „Fotos nach Rezept" war wochenlang auf der Nummer eins der Bestsellerliste bei Amazon. Für seinen Onlineshop www.lernvonben.de produziert er quartalsweise Online-Videotrainings, u. a. auch mit Rezepten aus diesem Buch.

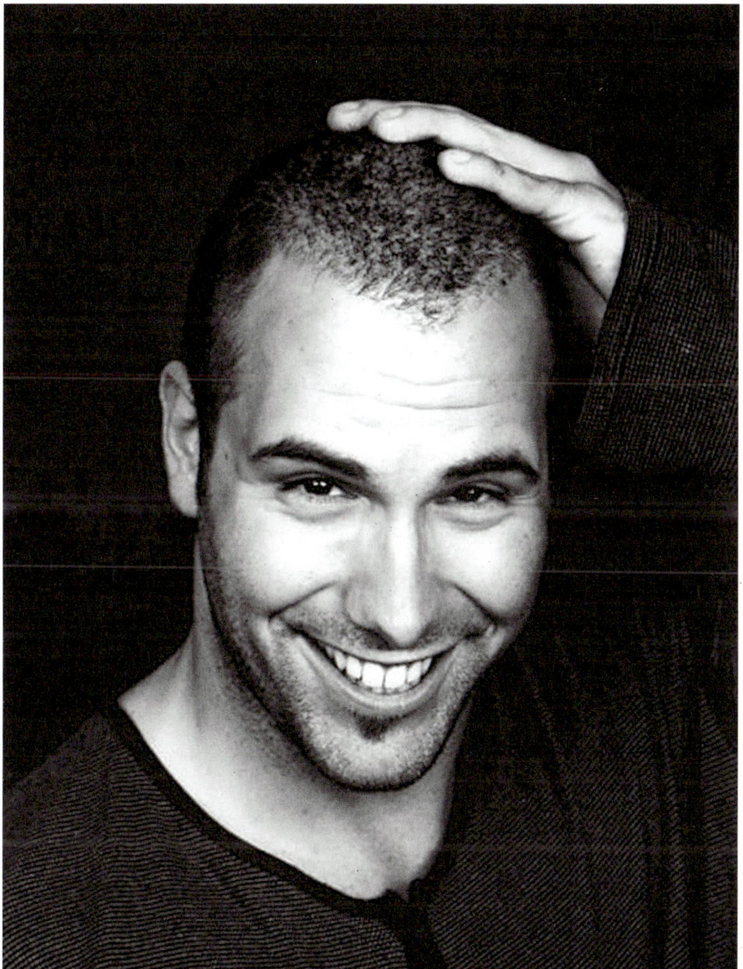

VORWORT

Nachdem mein erstes Buch „Fotos nach Rezept“ erschienen war, hatte ich mir eigentlich vorgenommen, nie wieder ein Buch zu schreiben. Eigentlich.

Für mich war das Buch der längste zusammenhängende Text, den ich seit meiner Abiturprüfung geschrieben hatte, und es fiel mir gar nicht mal so leicht, wie es vielleicht scheint.

Bei Seminaren, Workshops und auch in E-Mails wurde ich jedoch immer wieder darum gebeten, noch einen zweiten Teil zu verfassen. Und unzählige Fotos von Lesern des ersten Buchs erreichten mich, sodass ich mich entschlossen habe, meinen inneren Schweinehund zu überwinden und mich wieder an den Schreibtisch zu setzen.

Im ersten Teil konnte man die gezeigten Rezepte mit lediglich einer digitalen Spiegelreflexkamera, dem mitgelieferten Kit-Objektiv und einem Stativ nachfotografieren. Einen zweiten Teil mit lediglich mehr Rezepten zu schreiben kam für mich nicht infrage, und so kam mir nach ein wenig grübeln der (Achtung, Wortspiel!) „GedankenBlitz“, das Ganze um die Komponente Blitz zu erweitern.

Viele Kameras haben einen internen Blitz, und neben Objektiven ist der Blitz eines der meistgekauften Zubehöre auf dem Kameramarkt.

Auch ich habe mir in meiner Anfangszeit sehr schnell einen sogenannten Aufsteckblitz gekauft und damit herumprobiert. Über die Jahre habe ich tolle Techniken und Tricks mit diesen kleinen Blitzen erlernt und einige für dich in diesem Buch zusammengefasst. Für viele „Fotorezepte" benötigst du neben dem Blitz außerdem einen Funkauslöser/Empfänger, damit du auch abseits der Kamera z. B. auf einem Stativ auslösen kannst.

Die Rezepte habe ich möglichst vielseitig gewählt, damit du aus allen verschiedenen Bereichen der Fotografie etwas mit dabei hast und es nicht langweilig wird, falls du vielleicht kein Model zur Verfügung hast.

Auch wenn ich in diesem Buch mit einer Canon-Kamera arbeite und einzelne Begriffe sich auf diesen Hersteller beziehen, kannst du alles ebenso mit der Kamera eines anderen Herstellers umsetzen.

Das Buch ist, genau wie schon der erste Teil, aufgebaut wie ein Kochbuch. Für das perfekte Foto brauchst du Zutaten, Utensilien und das richtige Rezept.

Viel Spaß beim Nachfotografieren!

BEN

GRUNDLAGEN

Bevor wir gemeinsam loslegen: Es gibt ein paar grundlegende Sachen über das Blitzen, die man wissen sollte. Welche das sind, erkläre ich auf den folgenden Seiten.

Warum braucht man einen Blitz?

Der Blitz ist im Endeffekt ein künstliches Licht, welches uns Fotografen hilft, ein Bild zusätzlich aufzuhellen oder gänzlich auszuleuchten. Richtig verwendet, kann es die Stimmung eines Bildes verändern oder verstärken. Im Gegensatz zu Dauerlicht, das man, wie der Name schon sagt, dauerhaft sieht, ist ein Blitz nur für einen kurzen Moment zu sehen. Das spart Energie, und man kann sehr günstig eine große Lichtmenge erzeugen. Mit einem Blitz kann man aber nicht nur Menschen fotografieren, sondern in fast jeder Situation das Licht so steuern, wie man es braucht, und unabhängig von Wetter und Tageszeit fotografieren.

Wer braucht einen Blitz?

Ich finde, ein Blitz gehört in jede Fototasche. Viele Kameras haben einen integrierten Blitz, den ich gerne mit dem Reserverad eines Autos vergleiche. Es ist gut, ihn in einer Notsituation zu haben, jedoch sollte man – um beim Autovergleich zu bleiben – auf einen „richtigen“ Reifen zurückgreifen. Ich selber besitze mehr als fünf Aufsteckblitze, dazu Studioblitze und portable Studioblitze. Das ist ganz klar zu viel, wenn man anfängt. Jedoch sammelt sich über die Jahre der eine oder andere Blitz an.

Es gibt fast keinen Bereich der Fotografie, in dem man nicht einen Blitz gebrauchen könnte. Selbst in der Landschaftsfotografie, z. B. um ein Making-of-Foto bei schlechtem Licht zu schießen, kann man einen Blitz nutzen.

Wann braucht man einen Blitz?

Der Blitz kommt zum Einsatz, wenn:
1. zu wenig Licht vorhanden ist,
2. eine Lichtstimmung verändert werden soll,
3. man wichtig aussehen möchte.

Zugegeben, Punkt drei ist ein nebensächlicher Punkt. Aber seien wir mal ehrlich, wer wirkt bei einer Hochzeit kompetenter: der Fotograf mit dem großen Objektiv und dem großem Blitz oder der Fotograf mit dem kleinen Objektiv und ohne Blitz? Ein Klischee? Mach selbst mal den Test.

Zu Punkt eins: Gibt es zu wenig Licht, haben wir die Möglichkeit, mit einem Blitz das Bild heller zu gestalten. Somit haben wir nicht nur in der Bildqualität einen Vorteil (wie z. B. weniger Rauschen durch einen geringeren ISO-Wert), wir können auch hässliche Schatten eliminieren und allgemein Gesichter besser erkennbar machen.

Zu Punkt 2: Als Fotograf „malen" wir mit Licht. Die Königsdisziplin ist, das Licht so zu steuern, dass es funktioniert, wie wir es möchten. Soll ein Bild dramatisch wirken, dann machen wir ein dramatisches Licht. Soll ein Bild besonders hell und freundlich erscheinen, dann brauchen wir Licht, das es so aussehen lässt. Wir sind quasi die „Meister des Lichts“.

Wo benutzt man den Blitz?

Einen Blitz kann man sowohl draußen als auch drinnen benutzen. Sogenannte Aufsteckblitze funktionieren mit Batterien und sind so nicht an eine Steckdose gebunden. Die Leistung ist ausreichend für die meisten Situationen. Studioblitze brauchen eine dauerhafte Stromversorgung und sind deshalb überwiegend Indoor in Benutzung. Sie haben meist mehr Power als ein Aufsteckblitz.

Eine Symbiose aus beidem ist ein portabler Studioblitz, der die gleiche Leistung und Größe wie ein Studioblitz haben kann, aber mit einem Akkugenerator auch ohne Steckdose funktioniert. Das schlägt sich dann natürlich im Preis nieder, weshalb die beste Variante für einen Anfänger ein Aufsteckblitz ist.

Daher: In diesem Buch gehe ich überwiegend auf diese Art von Blitzen und deren Benutzung ein. Doch du wirst sehen: Die Rezepte sind eigentlich mit jeder Art von Blitz möglich, einzig in der Leistung müssen Anpassungen gemacht werden.

Wenn du bereits einen Blitz besitzt, dann kannst du ihn jetzt neben das Buch legen und während du liest die verschiedenen Funktionen durchgehen. Je besser du deinen Blitz und die Einstellungen kennst, desto einfacher werden dir die Rezepte fallen.

BLITZ-KRYPTOGRAFIE

!

- **TTL:** Through The Lens (dt. „durch die Linse"). Die Kamera misst die Belichtung durch das Objektiv.
- **E-TTL:** Evaluative Through The Lens. Canon-Bezeichnung für eine Messung durch das Objektiv, mit zusätzlichem Messblitz. Dabei werden das Umgebungslicht und das Blitzlicht berücksichtigt.
- **E-TTL II:** Canon-Bezeichnung für eine Messtechnik, bei der zusätzlich ein spezielles E-TTL-II-fähiges Objektiv benötigt wird, das die Entfernung misst und mitberechnet.
- **i-TTL:** Nikons Bezeichnung (früher D-TTL) für eine Messung durch das Objektiv mit einem oder zwei Messblitzen.

Welcher Blitz – Marken und Unterschiede

Egal ob Canon, Nikon, Sony und wie sie alle heißen: Blitze funktionieren alle gleich. Sie unterscheiden sich lediglich im Design und in den einzelnen Special Features. Für die großen Kamerasysteme, die ich eben genannt habe, gibt es Originalblitze und Nachbaublitze, z. B. von Yongnuo und Nissin. Mit den originalen Blitzen kann man nichts falsch machen, und wer das nötige Kleingeld hat, ist gut damit bedient. Die Nachbauten gibt es für einen Bruchteil des Preises, sie stehen den Originalen in Funktion, Haptik und Haltbarkeit in nichts nach. Aufpassen muss man allerdings beim Punkt „E-TTL/i-TTL oder manuell". Auf die Unterschiede und Einsatzzwecke gehe ich gleich ein.

! **BLITZSCHUH**

Als „Blitzschuh" bezeichnet man die Vorrichtung an Kameras zum Befestigen von externen Blitzgeräten. Er befindet sich meist oben mittig am Gehäuse. Auch anderes Zubehör wie z.B. einen Funkfernauslöser kannst du hier anschließen.

Jede Kamera hat einen Blitzschuh, der oben auf der Kamera sitzt und in den man den Blitz schiebt. Bei Canon und Nikon sind diese sehr ähnlich, und oft funktionieren manuelle Blitze auch mit Gehäusen beider Marken. Sony-Kameras setzen da eher auf Extrawürste und haben selbst bei den eigenen Modellen unterschiedliche Blitzschuhe, sodass bei einem Kamera-Upgrade auch ein neuer Blitz oder Adapter notwendig sein kann.

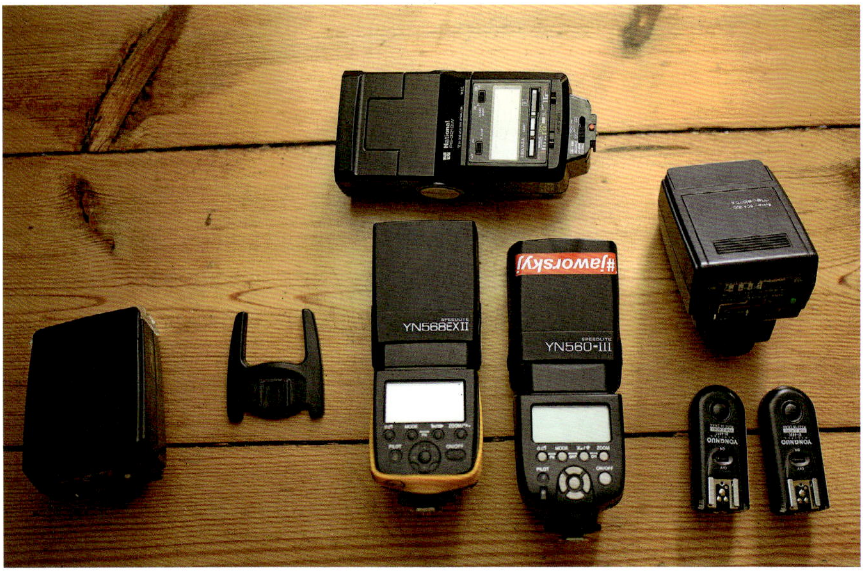

Sammelsurium: Die verschiedenen Blitze unterschiedlicher Hersteller.

Interner Blitz

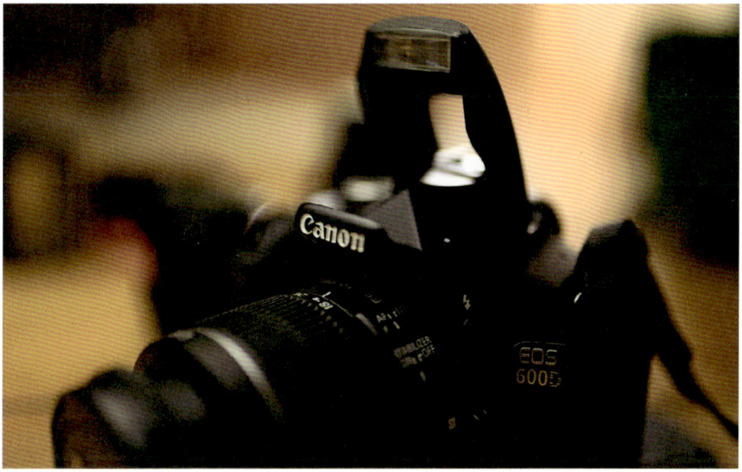

Wie bereits erwähnt, bin ich kein großer Fan des internen Blitzes der Kamera. Trotzdem hat auch er seine Vorteile. Den internen Blitz findest du meistens direkt vor dem Blitzschuh und über dem Objektiv. Oft klappt dieser per Taste aus, kommuniziert dann mit der Kamera.

Vorteile:

- Günstigste Art zu blitzen, da der Blitz in der Kamera bereits verbaut ist;
- zum Aufhellen von Gesichtern gut geeignet, da der Blitz aus Kamerarichtung kommt;
- E-TTL und manuelle Funktion.

Nachteile:

- Kann nur in eine Richtung blitzen und nicht gedreht werden;
- nicht viel Leistung;
- der Akku der Kamera ist schneller leer;
- ist fest an der Kamera installiert.

Manueller Blitz

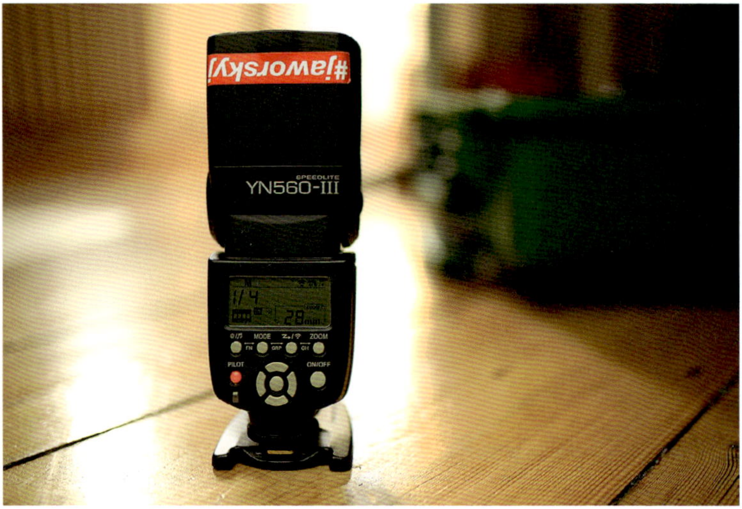

Manuelle Aufsteckblitze verschiedener Hersteller sind im Handel bereits ab unter 100 Euro erhältlich.

Die günstigste Aufsteckblitzvariante ist der manuelle Aufsteckblitz. Dieser ist von Drittherstellern für unter 100 Euro zu bekommen. Einen manuellen Blitz muss man selber einstellen und die Leistung je nach Kameraeinstellungen und vorhandenem Licht verändern.

Ohne Vorwissen sind diese Blitze zunächst mal kompliziert. Aber mit ein wenig Übung geht es relativ einfach und funktioniert in vielen Szenarien sehr gut. Genau wie beim E-TTL-Aufsteckblitz ist der manuelle Aufsteckblitz sowohl auf der Kamera im Blitzschuh benutzbar als auch entfernt von der Kamera, z.B. durch ein Sender/Empfänger-System.

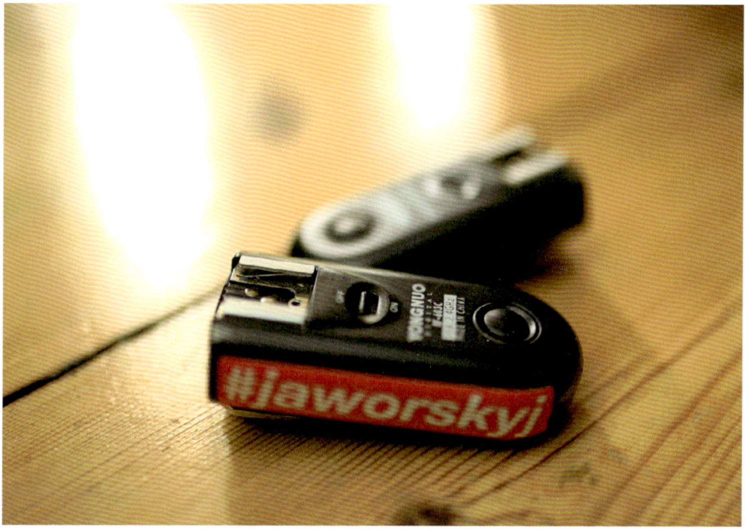

Sender/Empfänger-Systeme: Ab ca. 30 Euro bekommt man solch ein Set von Drittherstellern wie z. B. von Yongnuo und Phottix.

Vorteile:

- Günstig im Preis;
- für viele Situationen geeignet;
- volle Kontrolle;
- eigene Stromversorgung durch Batterien;
- mobil nutzbar.

Nachteile:

- Kein Automatikmodus;
- braucht Einarbeitungszeit.

E-TTL-Blitz

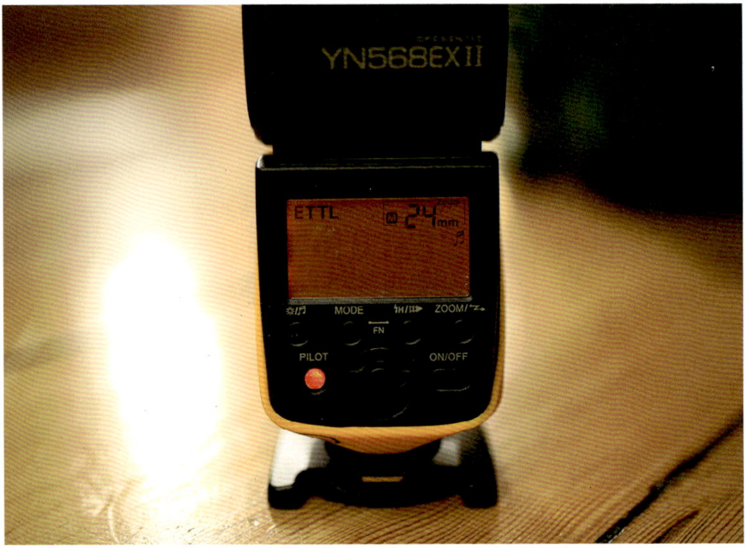

Ein sogenannter E-TTL/i-TTL-Aufsteckblitz (von Canon bzw. Nikon) besitzt eine Automatik, die mit der Kamera kommuniziert. Die Blitzstärke wird dabei so eingestellt, dass sie mit den Einstellungen der Kamera harmoniert. Dieses Feature kostet dementsprechend und schlägt bei den Originalmarken je nach Leistung mit bis zu 500 Euro zu Buche. Nachbauten von Drittherstellern gibt es ab 100 Euro. Außer in den Automatikmodus kann auch in den manuellen Modus des Blitzes gewechselt werden, und so hat ein E-TTL-Blitz die gleichen Vorzüge wie ein manueller Blitz, plus den der Automatikfunktion.

Solange man den Blitz über den Blitzschuh der Kamera betreibt, funktioniert E-TTL reibungslos. Möchte man den Blitz aber mit einem Sender/Empfänger-System abseits der Kamera positionieren und die E-TTL-Kommunikation aufrechterhalten, braucht man spezielle Sender und Empfänger, die das Signal weiterleiten.

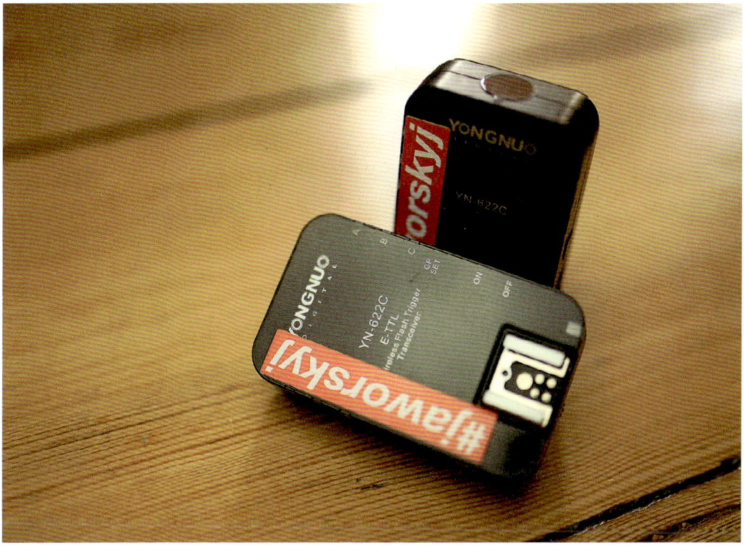

E-TTL-Blitze gibt es im Nachbau ab ca. 100 Euro, hier z. B. von Yongnuo.

Vorteile:

- Automatikfunktion/Blitz stellt automatisch die Stärke ein;
- manueller Modus/Blitz kann bei Bedarf auch selbst eingestellt werden;
- eigene Stromversorgung durch Batterien;
- mobil sowohl manuell als auch E-TTL nutzbar;
- in allen Situationen einsetzbar.

Nachteile:

- Teurer als ein manueller Blitz;
- E-TTL Sender/Empfänger-System teurer als manuelles System.

! FUNKTIONEN UND GADGETS DER MEISTEN BLITZE

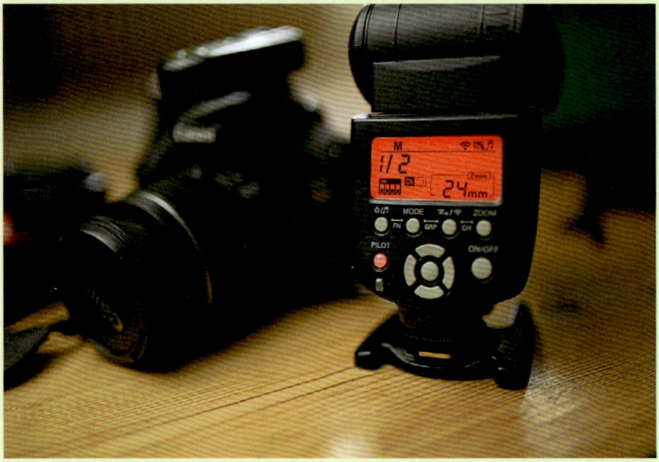

- manueller Modus
- E-TTL-Modus
- Belichtung korrigieren (heller und dunkler)
- Zoomen für gerichtetes Licht
- Displaybeleuchtung
- Mehrfachblitz-Modus
- Streuscheibe für Weitwinkelobjektiv
- Weiße Klappkarte zum indirekten Blitzen
- integrierter Empfänger
- Plastikstandfuß zum Befestigen am Stativ oder zum Stehen abseits der Kamera

Blende

Im ersten Teil von „Fotos nach Rezept“ habe ich erklärt, was die Blende macht (kurz gesagt: Steuerung des Lichteinfalls auf den Sensor der Kamera) und wie man sie einstellt. Hier geht es jetzt um das Zusammenspiel aus Blende und Blitz.

Wir erinnern uns, dass eine geschlossene Blende das Bild dunkler macht und eine offene Blende heller. Bei einem Blitz ist es ähnlich, jedoch nur fast. Da der Blitz ja zusätzlich Licht schafft, haben wir für einen Bereich mehr Licht zur Verfügung als ohne Blitz. Die Blende steuert nun in gewisser Art, wie viel Licht des Blitzes später im Bild sichtbar ist.

Ein kleines Beispiel:

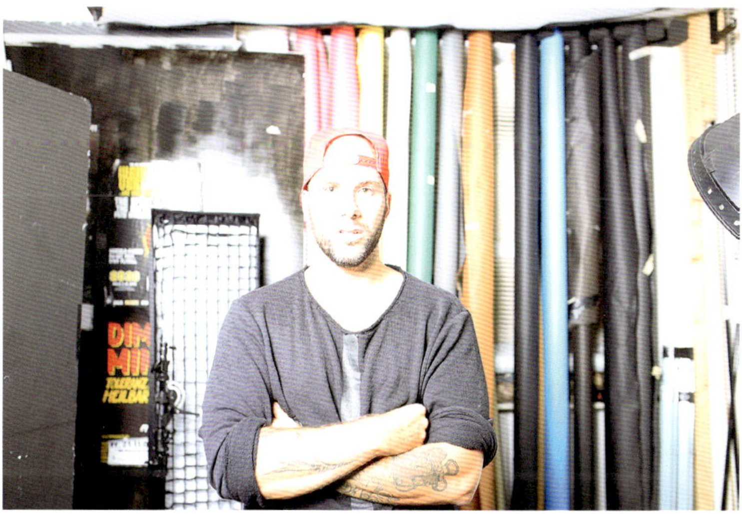

f2.8 / 1/100 s / ISO 100 / Blitz auf 1/2 Power

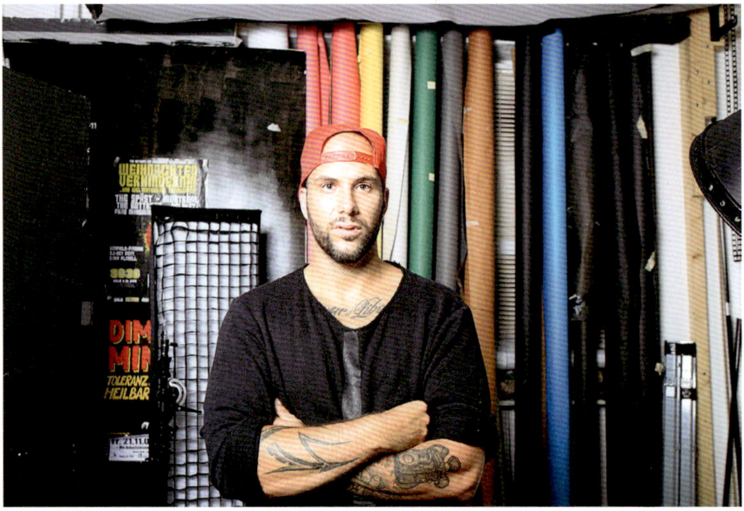

ƒ5.6 / 1/100 s / ISO 100 / Blitz auf 1/2 Power

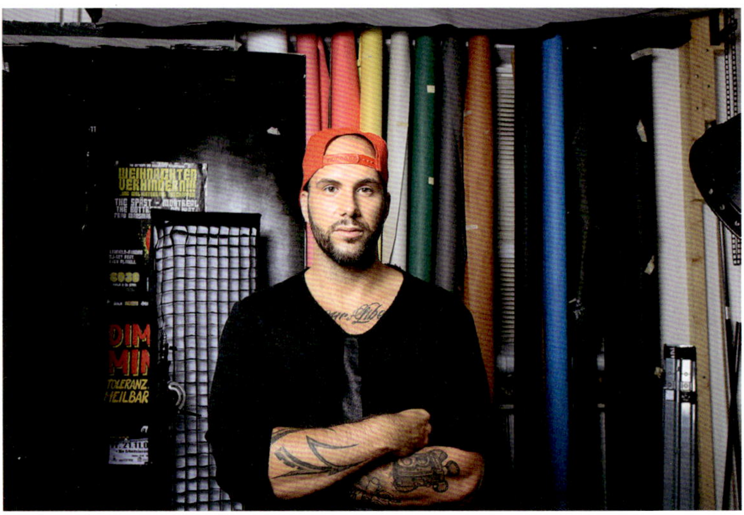

ƒ8 / 1/100 s / ISO 100 / Blitz auf 1/2 Power

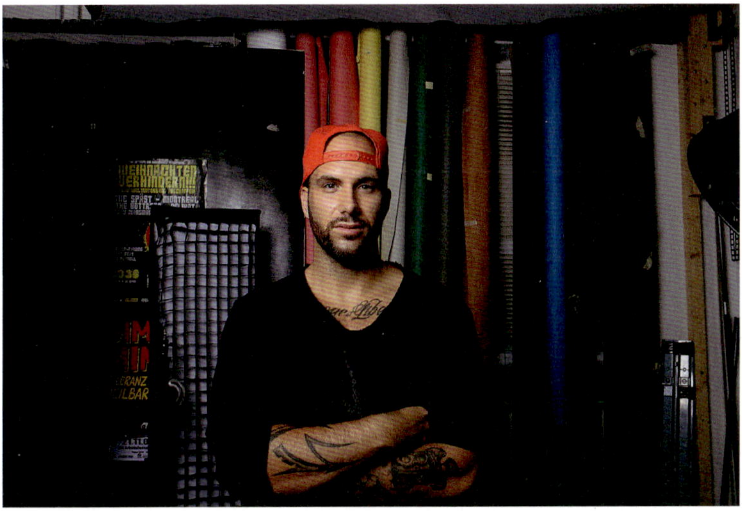

*f*11 / 1/100 s / ISO 100 / Blitz auf 1/2 Power

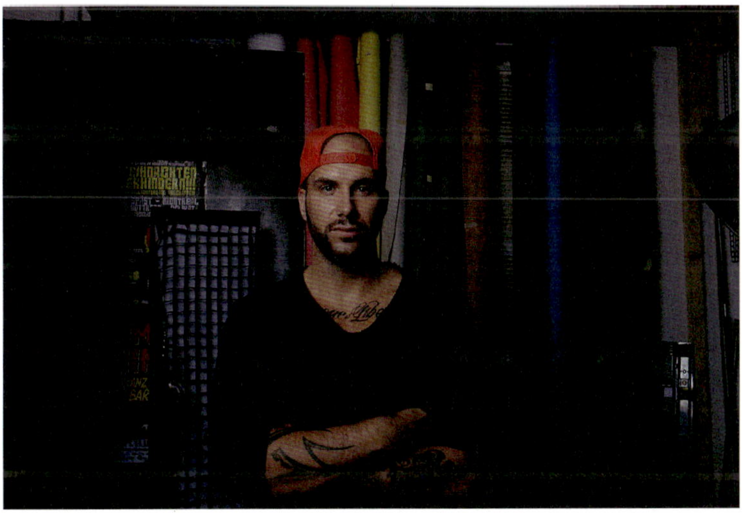

*f*16 / 1/100 s / ISO 100 / Blitz auf 1/2 Power

Wenn wir also nur die Blende verändern und den Blitz auf der gleichen Leistung mit gleichem Abstand lassen, dann wird das Bild insgesamt heller und dunkler. Sowohl der Hintergrund als auch das Blitzlicht auf der Haut scheinen stärker oder schwächer zu werden. Deshalb kann man bei der Studiofotografie auch die Blende nutzen, um kleine Korrekturen an der Stärke des Blitzlichtes vorzunehmen.

Verschlusszeit

Die Verschlusszeit hat im Gegensatz zur Blende keinen Einfluss auf die Sichtbarkeit des Blitzes. Sie steuert die Helligkeit der Umgebungsbeleuchtung. Befinden wir uns also in einem Raum mit Kerzenschein und schöner Wandbeleuchtung oder sind wir draußen bei Tageslicht, dann können wir alles, was der Blitz nicht anleuchtet, heller oder dunkler gestalten. Wieder ein kleines Beispiel mit einer Glühbirne im Hintergrund:

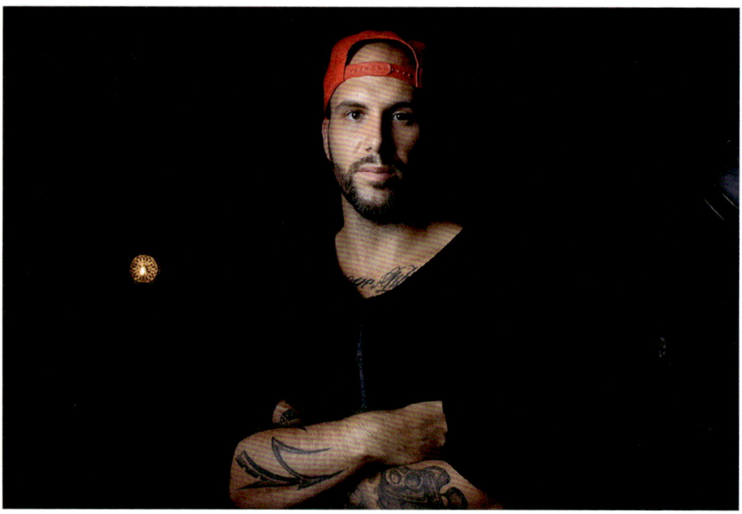

ƒ8 / 1/160 s / ISO 100 / Blitz auf 1/2 Power

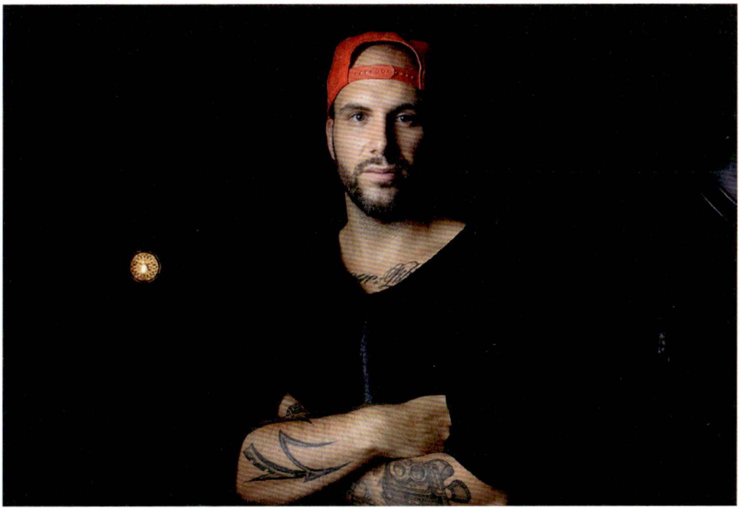

ƒ8 / 1/100 s / ISO 100 / Blitz auf 1/2 Power

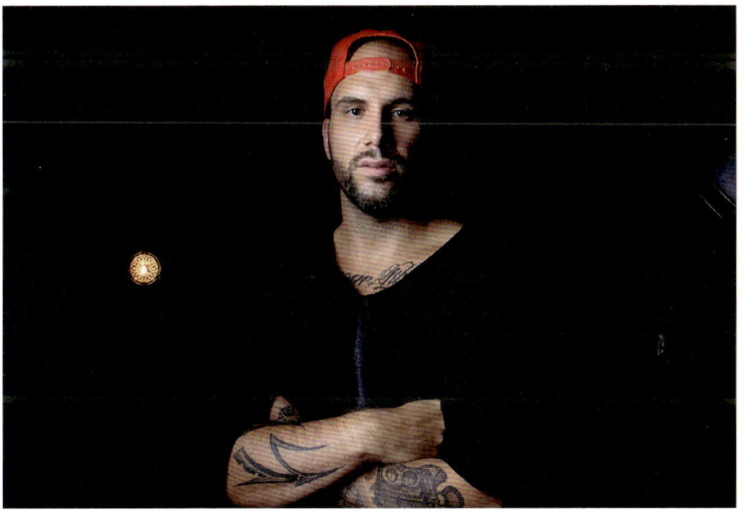

ƒ8 / 1/50 s / ISO 100 / Blitz auf 1/2 Power

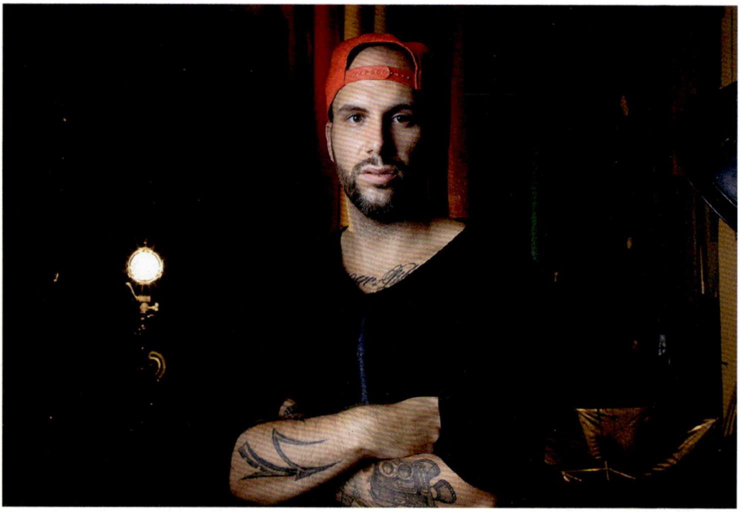

f8 / 0" 5 s / ISO 100 / Blitz auf 1/2 Power

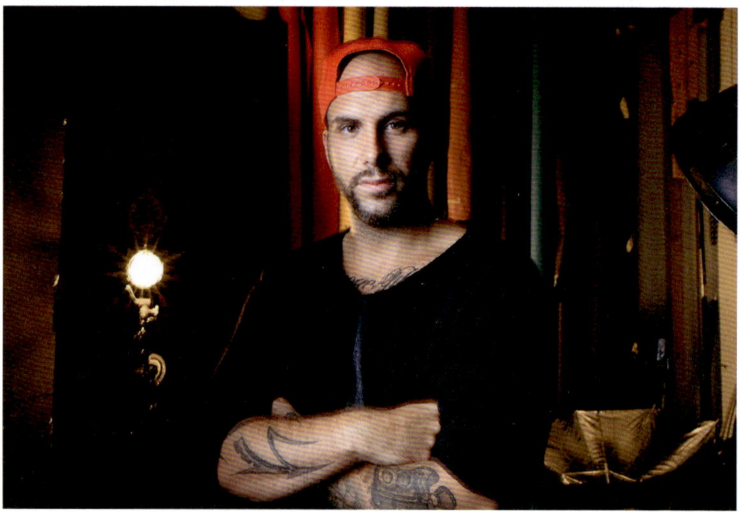

f8 / 1,3" s / ISO 100 / Blitz auf 1/2 Power

Wir können also nur mit der Verschlusszeit eine düstere, kontrastreiche Stimmung oder eine helle, natürliche Stimmung erzeugen.

TIPP

Eine digitale Spiegelreflexkamera (DSLR) kann mit den meisten Blitzen nur eine maximale Verschlusszeit von 1/160 bzw. 1/200 s synchronisieren. Stellt man eine schnellere Verschlusszeit ein, bekommt man einen schwarzen Balken ins Bild.

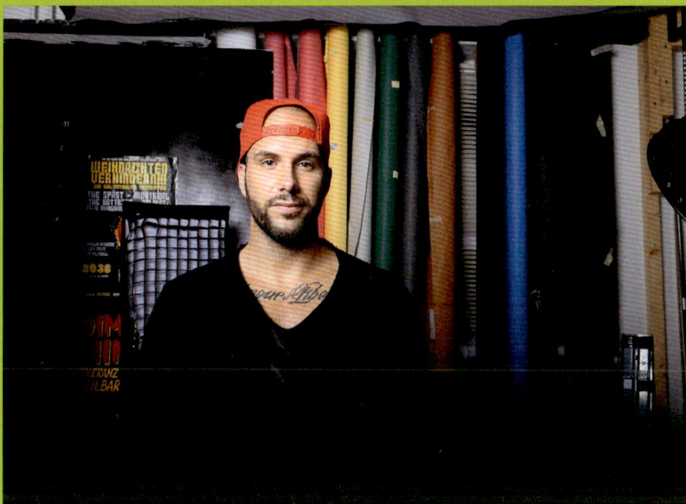

ƒ8 / 1/250 s / ISO 10

ISO

Der ISO-Wert hat im Zusammenspiel mit einem Blitz sowohl auf die Sichtbarkeit des Blitzes als auch auf die Sichtbarkeit der Umgebungshelligkeit Einfluss. Der Sensor wird insgesamt empfindlicher und macht das Bild heller. Ich gehe selten über ISO 800 mit einem Blitz, da das Bild sonst überbelichtet. In den meisten Fällen stelle ich den ISO-Wert auf 100, um wenig Bildrauschen zu erhalten und die Balance zwischen Blende und Verschlusszeit zu wahren.

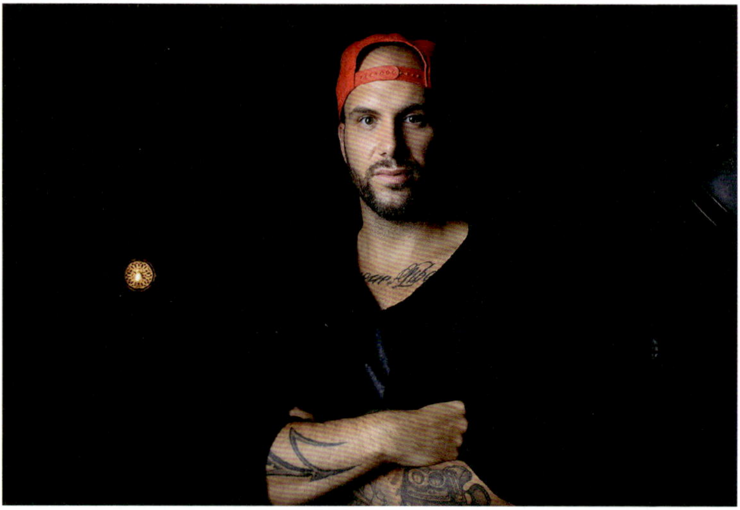

ƒ8 / 1/160 s / ISO 100 / Blitz auf 1/2 Power

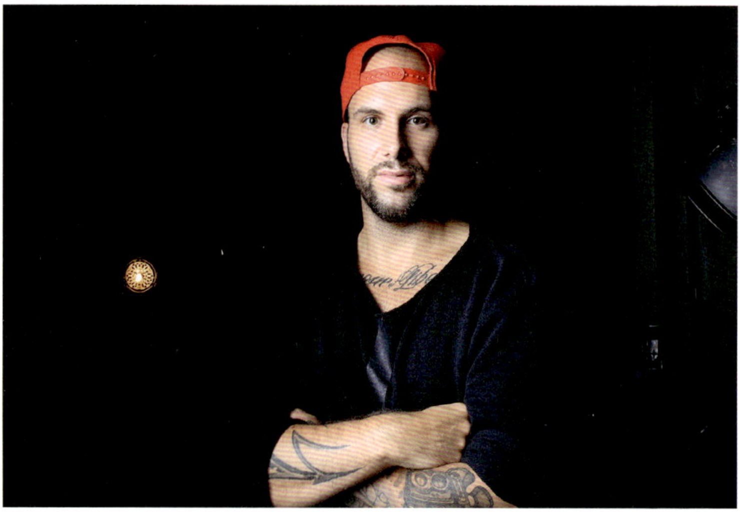

ƒ8 / 1/160 s / ISO 200 / Blitz auf 1/2 Power

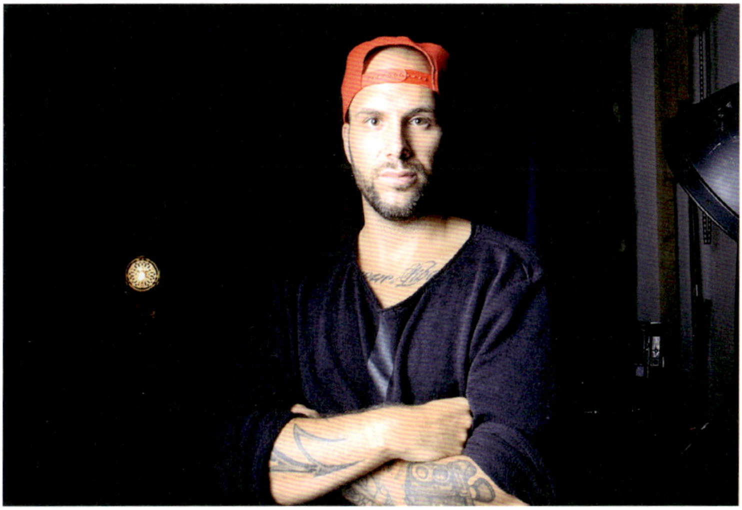

ƒ8 / 1/160 s / ISO 400 / Blitz auf 1/2 Power

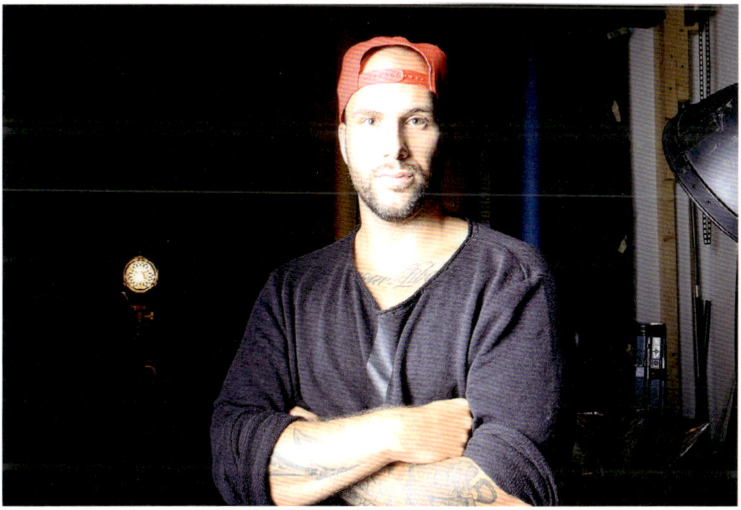

ƒ8 / 1/160 s / ISO 800 / Blitz auf 1/2 Power

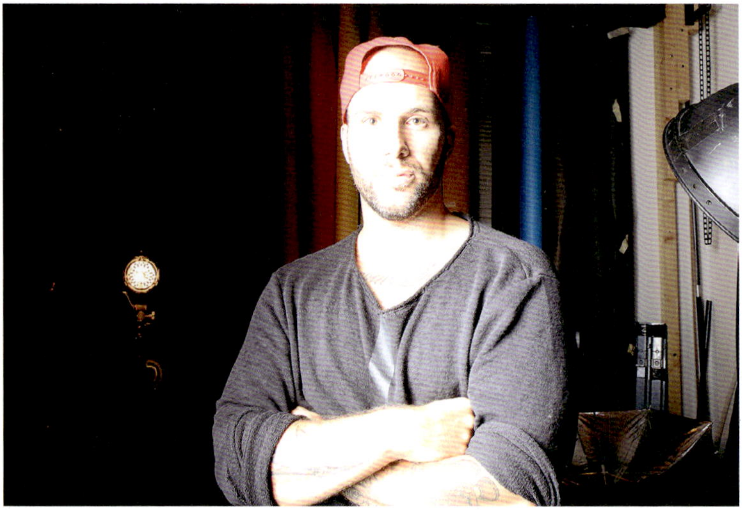

ƒ8 / 1/160 s / ISO 1600 / Blitz auf 1/2 Power

Zubehör

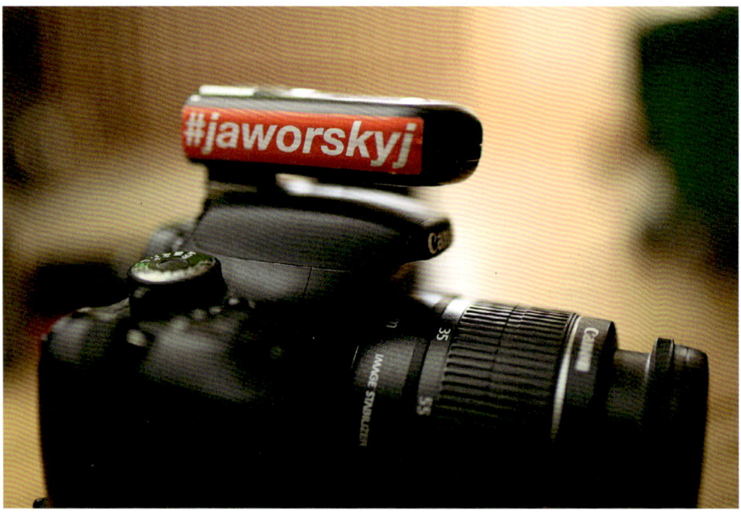

Funkauslöser manuell

Möchte man einen Blitz abseits des Blitzschuhs auf der Kamera auslösen, kann man das mit einem Funkauslöser tun. Der Sender wird dabei auf den Blitzschuh der Kamera gesteckt und der Empfänger unter den Blitz oder er wird mit einem Synchronkabel verbunden. Löst man nun die Kamera aus, dann blitzt es, ganz egal, wo der Blitz sich befindet. So kann man bestimmte Lichtstimmungen erzeugen oder mit einem Teleobjektiv fotografieren und den Blitz trotzdem nah am Model positionieren. Manuelle Funkauslöser funktionieren meistens über den Mittelkontakt, wodurch man z. B. auch einen Nikon-Blitz mit einer Canon-Kamera auslösen kann. Es wird lediglich der Auslöseimpuls übertragen und keine Kamerainformation wie Blende, Verschlusszeit oder ISO-Wert. Einige Aufsteckblitze verfügen sogar über Funk und können ohne Empfänger ausgelöst werden. Das spart Geld und Gefummel beim Befestigen.

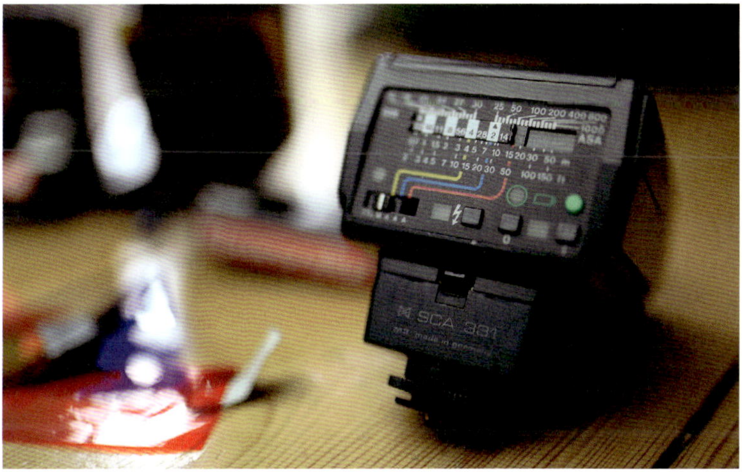

Auch alte Blitze aus analogen Zeiten kann man zum manuellen Blitzen verwenden. Bei eBay oder auf dem Flohmarkt bekommt man sie für wenige Euro. Aber Vorsicht vor Überspannung! Erkundige dich vorher im Internet z. B. auf www.botzilla.com/photo/strobeVolts.html (auf Englisch), ob der Blitz geeignet ist.

Vorteile:

- Günstige Variante, um einen Blitz abseits der Kamera auszulösen;
- auch alte Blitze können oft benutzt werden.

Nachteil:

- E-TTL Informationen werden nicht übertragen.

Funkauslöser E-TTL

Möchte man einen E-TTL-Blitz abseits der Kamera – zum Beispiel auf einem Stativ – im Automatikmodus auslösen, braucht man Sender und Empfänger, die das Signal von der Kamera zum Blitz übertragen. Wie du dir denken kannst, ist das natürlich wieder mit Extrakosten verbunden. Ich für meinen Teil besitze solche Auslöser, nutze sie aber selten, da ich fast alles manuell löse und der Kamera bei meinen Bildern ungern die Entscheidung überlasse.

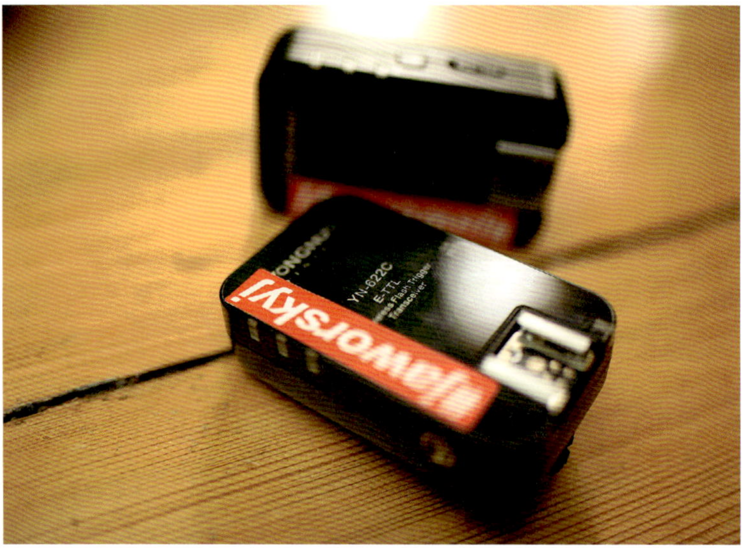

Vorteil:

- Das E-TTL-Signal wird übertragen, der Blitz und die Kamera kommunizieren automatisch und treffen die „richtige“ Blitzleistung.

Nachteil:

- Die Auslöser sind um einiges teurer als manuelle Systeme.

Farbfolien

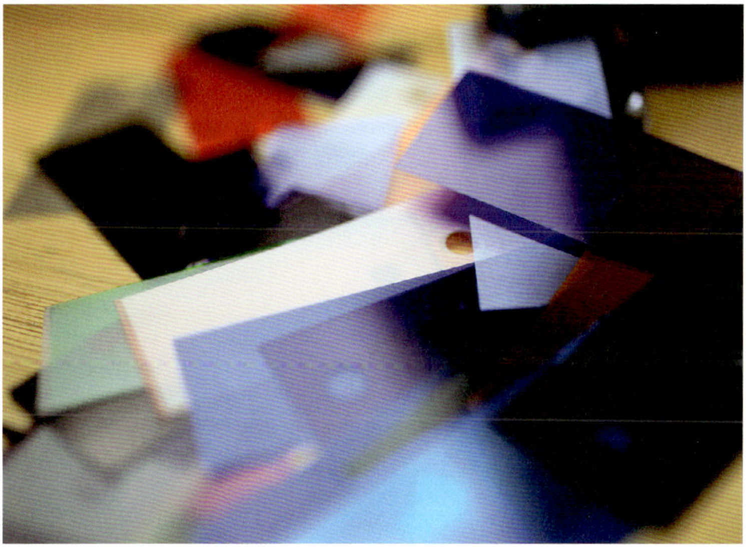

Mit Farbfolien kann man ganz ohne Nachbearbeitung coole Farbeffekte in Bilder bekommen oder die Farbtemperatur angleichen. Je nach Größe des Blitzes muss auch die Folie dementsprechend groß sein. Für Aufsteckblitze gibt es Musterhefte mit ganz vielen verschiedenen Farben für unter zehn Euro im Internet zu kaufen. Einmal auf den Geschmack gekommen, bieten sich tolle kreative Möglichkeiten, die Folien zu benutzen.

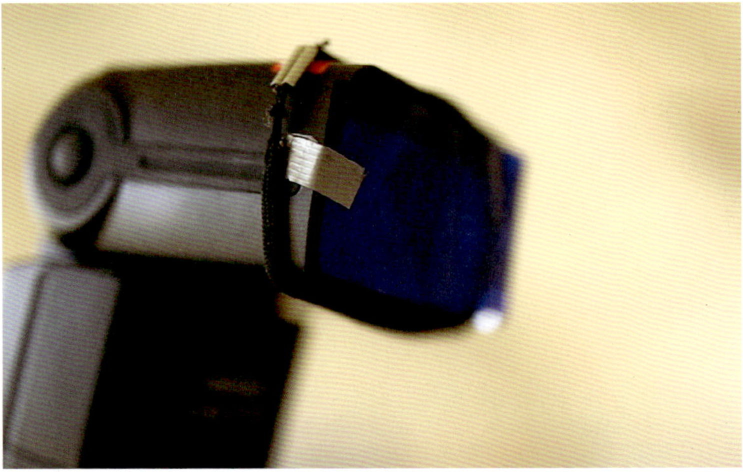

Mit einem Klebeband befestige ich die Farbfolien am Blitz und fixiere sie zusätzlich mit einem Haargummi meiner Freundin.

Lichtformer

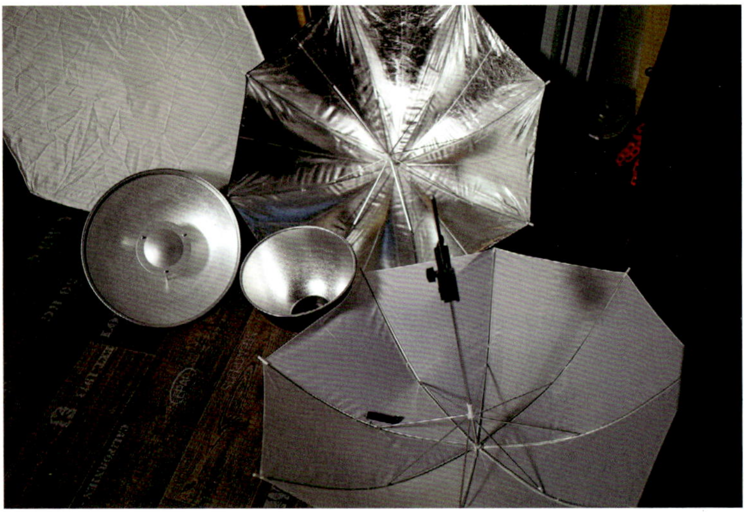

Lichtformer werden in diesem Buch nicht benötigt, da ich die Rezepte bewusst „einfach“ halten wollte. Beschäftigst du dich aber intensiver mit dem Thema Blitzen, wirst du an dem Begriff Lichtformer nicht vorbeikommen. Dabei handelt es sich um Aufsätze für den Blitz, die das Licht in seiner Qualität verändern. Es kann zum Beispiel weicher werden, was bei Frauenporträts häufig sehr schön aussieht, oder gerichteter, wenn es darum geht, Stellen zu betonen oder mit Licht und Schatten zu spielen. Falls du schon den einen oder anderen Lichtformer besitzt, dann probiere die Rezepte zuerst ohne Lichtformer aus und danach noch mal mit dem Lichtformer. So verstehst du die Wirkung am besten und vor allem auch, was du an Kamera oder Blitz verändern musst, um das zu bekommen, was du möchtest.

Softbox

Eine Softbox ist der gängigste Lichtformer und macht sehr weiches Licht. Weiches Licht bedeutet: weiche Schatten und eine gleichmäßige

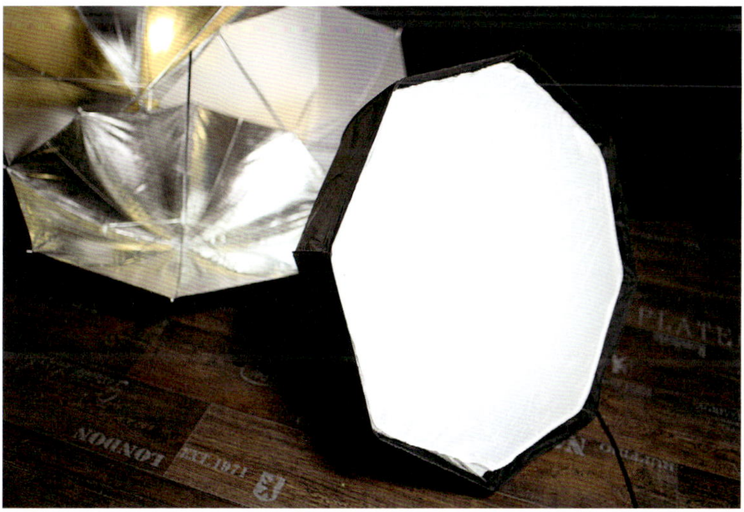

Ausleuchtung. Eine Softbox ist einfach zu kontrollieren und deshalb besonders für Anfänger geeignet. Es gibt unterschiedliche Formen, z. B. mit vier, sechs, acht und sogar zwölf Ecken. Je nach der Anzahl der Ecken wird der Lichtreflex im Auge runder.

Auch in der Größe gibt es Unterschiede: von sehr kleinen Softboxen, die nur wenige Zentimeter groß sind, bis zu riesigen Boxen, die mehr als zwei Meter Durchmesser haben. Je größer die Box, desto weicher und großflächiger wird das Licht. Man braucht dann aber auch mehr Blitzleistung. Für normale Porträts mit einem Aufsteckblitz reichen 50 bis 70 Zentimeter Durchmesser.

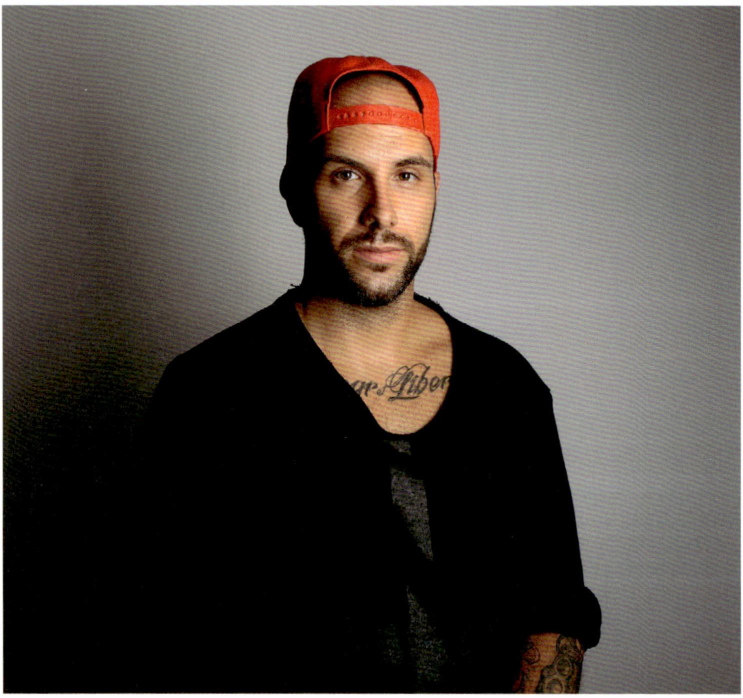

Typisch für eine Softbox sind die weichen Schatten, sowohl im Hintergrund als auch auf dem Gesicht. *f*11 / 1/160 s / ISO 100

Schirm

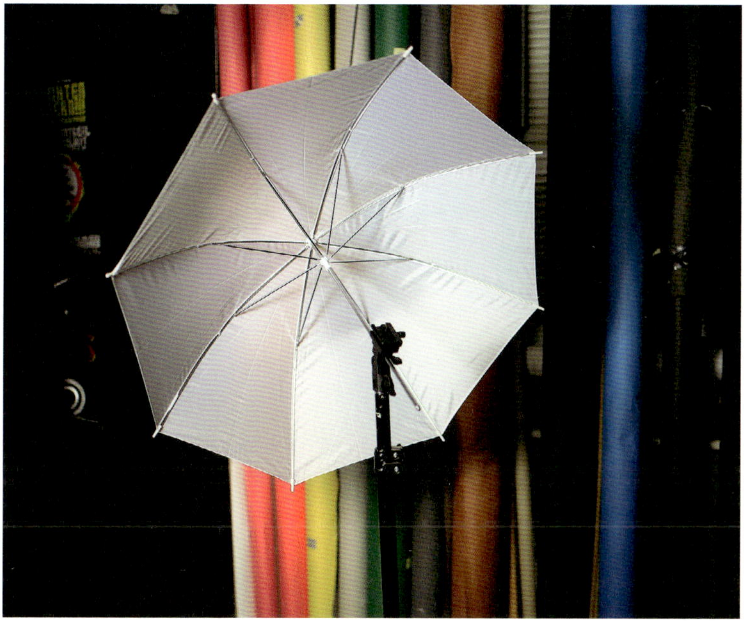

Ein ähnliches Licht wie eine Softbox macht ein Schirm. Ich persönlich nutze diese Art des Lichtformers nicht, es gibt aber Kollegen, die darauf schwören.

Wie ein Regenschirm wird dieser Lichtformer aufgeklappt. Er ist entweder transparent oder mit Silber- oder Goldfolie beschichtet und reflektiert dadurch großflächig zurück. Outdoor ist ein solcher Schirm aber sehr windanfällig und erschwert die Arbeit dadurch. Ein Schirm ist zwischen 50 Zentimetern und mehr als zwei Metern groß und im Preis, verglichen mit der Softbox, günstiger.

Beauty Dish

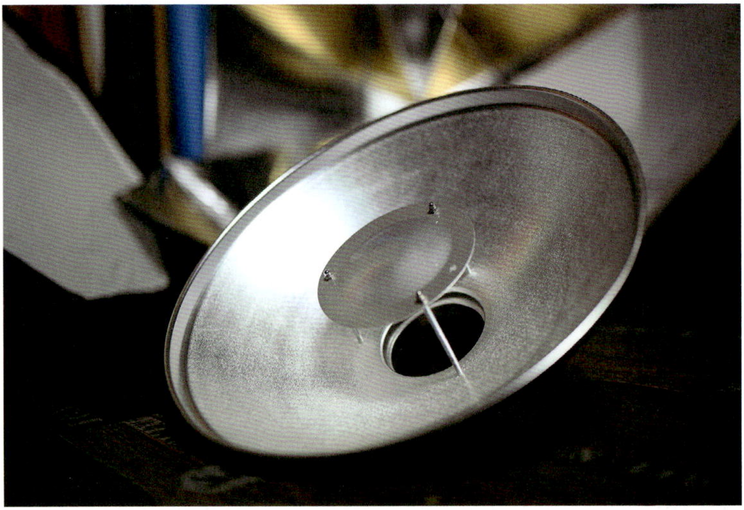

Ein Beauty Dish wird, wie der Name schon vermuten lässt, in der Beauty-, aber auch in der Fashion-Fotografie benutzt. Er macht das Licht nicht so weich wie eine Softbox, aber insgesamt weicher, als wenn man ohne Lichtformer fotografiert. Der Dish (engl. für „Geschirr") sieht aus wie eine Schüssel und hat in der Mitte eine Scheibe, gegen die geblitzt wird und die das Licht dann nach außen wirft. Ich mag den Beauty Dish sehr gerne und nutze ihn häufig.

! **BEAUTY DISH**

Ein Beauty Dish hat eine ganz besondere Lichtcharakteristik – er liefert ein „Spotlicht" mit einer weich auslaufenden Randausleuchtung. Dadurch entsteht sowohl auf dem Gesicht des Models als auch auf dem Hintergrund ein sehr schöner Schattenwurf. Je nach Positionierung lassen sich tolle Effekte erzielen.

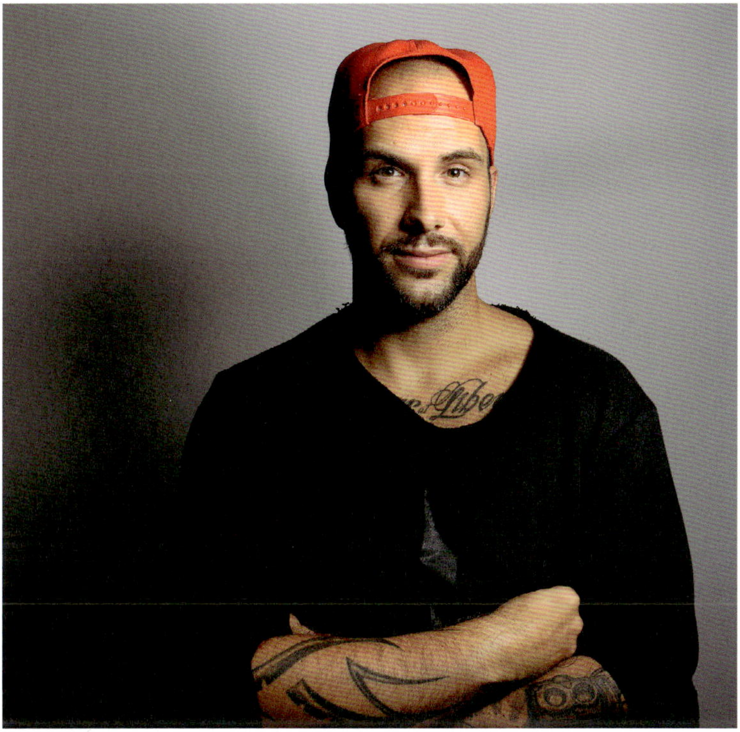

Man sieht im Vergleich zur Softbox deutlich, dass der Schatten bei einem Beauty Dish weniger weich ist, aber das Licht insgesamt trotzdem angenehm wirkt. ƒ11 / 1/160 s / ISO 100

Reflektor

Ein Reflektor ist ein Lichtformer, der das Licht „hart" lässt, also auch harte Schatten verursacht, es aber nach vorne lenkt. So bündelt man die Power des Blitzes nur nach vorne und hat keinen „Streuverlust" am Rand. Bei Studioblitzen ist oft ein Reflektor beim Kauf dabei, der gleichzeitig die Blitzröhre vor Stößen schützt.

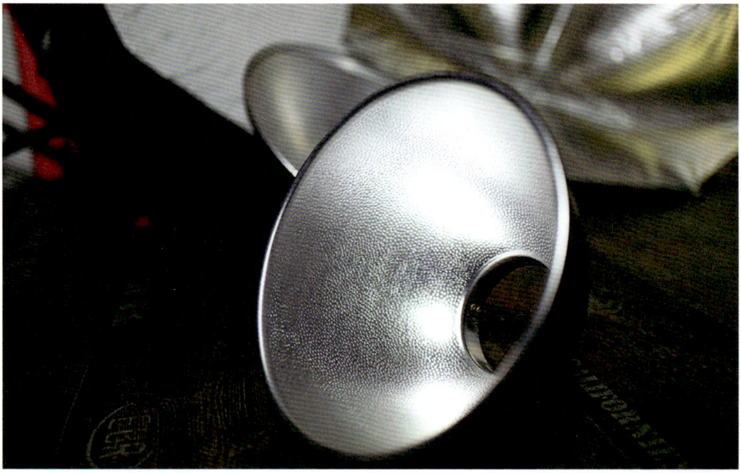

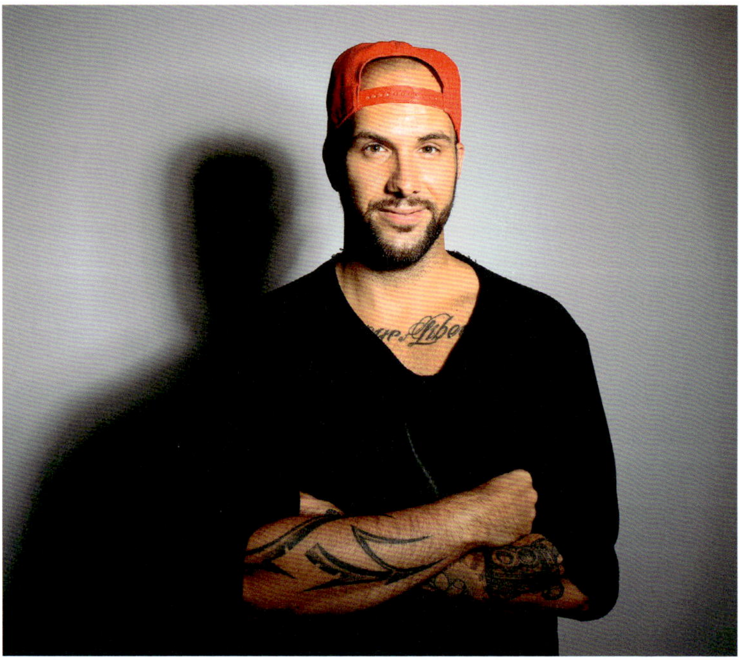

Der Schatten im Hintergrund unterscheidet sich beim Reflektor sehr von den zuvor genannten Lichtformern. Das Licht im Gesicht wirkt auch deutlich knalliger.
ƒ11 / 1/160 s / ISO 100

Grid

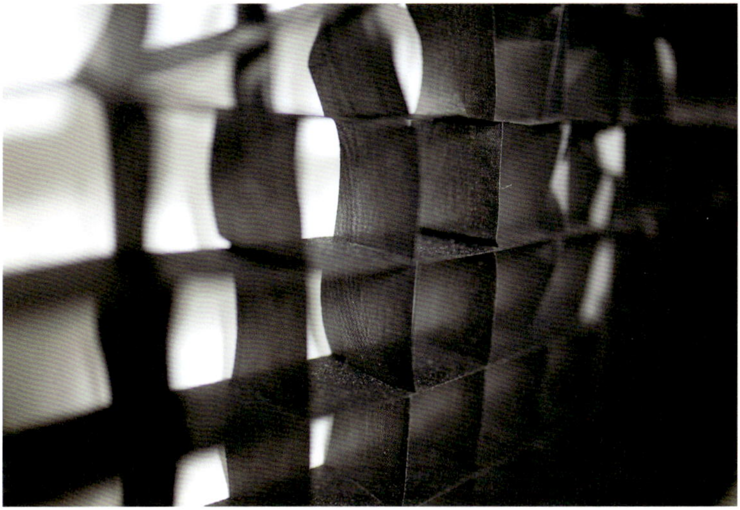

Ein Grid oder Honeycomb Grid ist ein Einsatz, der genutzt wird, um Licht extrem nach vorne zu richten. Die Härte der Schatten und des Lichtes bleiben gleich, es gibt aber keine Streuung mehr. So kann man verhindern, dass z. B. Bereiche beleuchtet werden, die man nicht beleuchten will (Wände, Gegenstände etc.), und sehr dramatische Stimmungen erzeugen. Für alle oben genannten Lichtformer, außer dem Schirm, gibt es solche Einsätze, die aus Stoff oder aus Plastik sind.

GRID/HONEYCOMB GRID !

Ein Grid (= Gitter) richtet das Licht aus. Je enger und tiefer das Gitter ist, desto stärker wird das durchgeleitete Licht ausgerichtet. Auf diese Weise verringerst du also Streulicht und kannst das Licht optimal ausrichten.

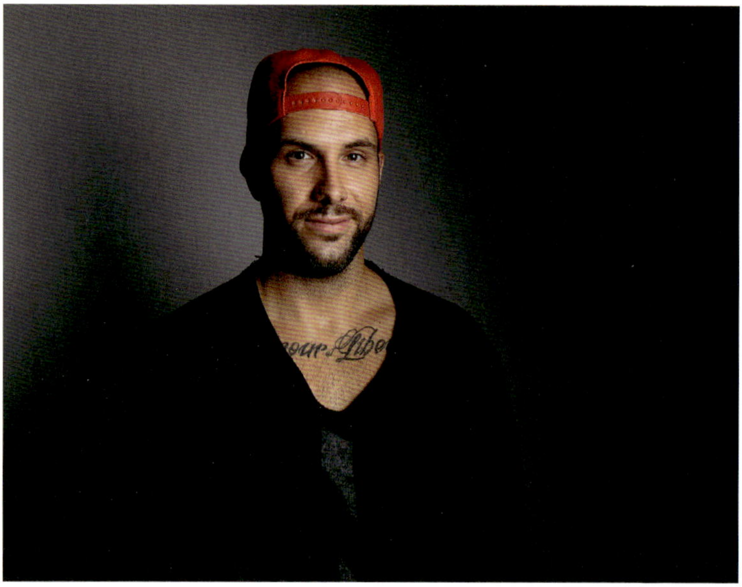

Hier wurde ein Honeycomb Grid mit Beauty Dish benutzt und auf der gleichen Leistung gelassen wie bei dem Foto ohne Grid. Man sieht, dass der Schatten gleich bleibt und sich nur die Abschattung zum Rand drastisch verändert. Ein Grid schluckt aber auch Licht, und so muss man die Leistung des Blitzes bei der Benutzung erhöhen. *f*11 / 1/160 s / ISO 100

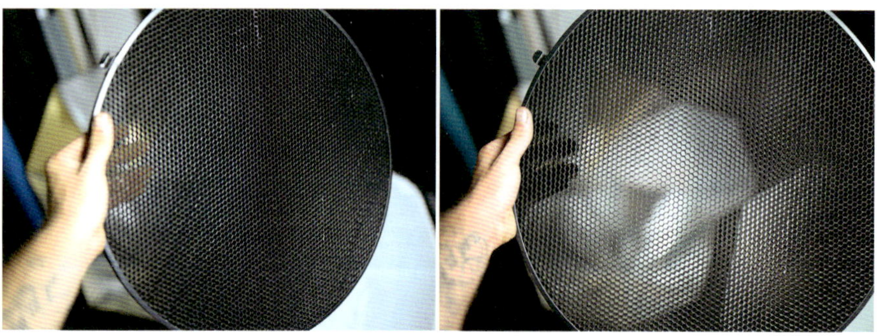

Dreht man ein Grid, dann sieht man deutlich, dass man nur bei einem bestimmten Winkel durch die Waben schauen kann. Genau so ist es auch mit dem Licht. Nur frontal kommt das Licht durch die Waben bis zum Model.

Blitzstativ

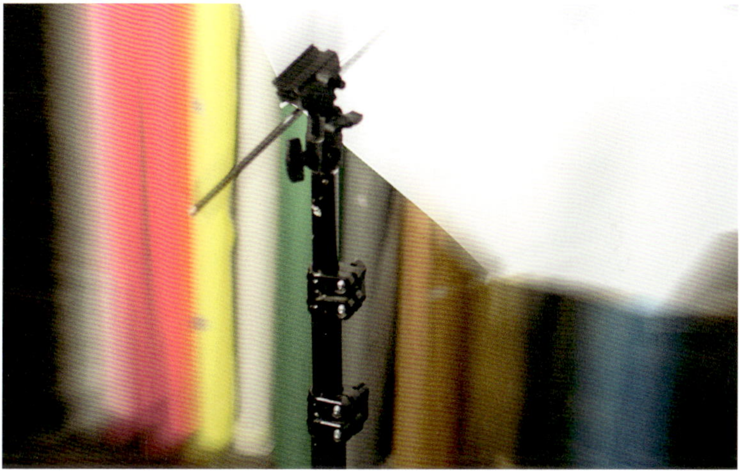

Nicht nur die Kamera, auch ein Blitz, der von der Kamera entfernt steht, benötigt ein Stativ. Hier sollte man darauf achten, dass das Stativ stabil ist und keine Plastikverschlüsse hat, da diese oft abbrechen.

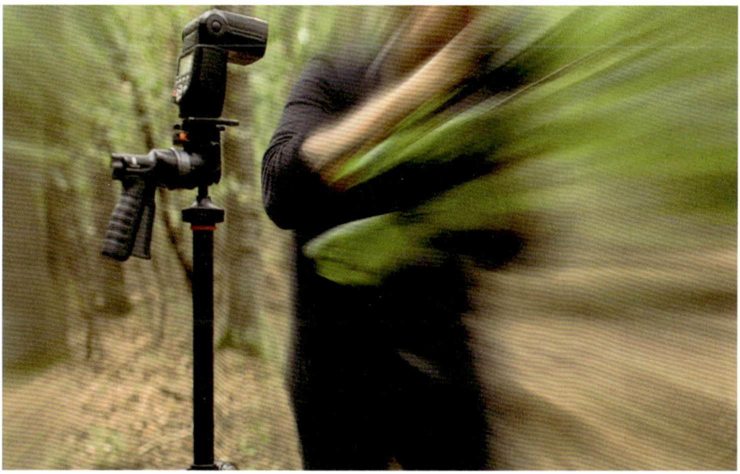

Ein gutes Blitzstativ bekommt man für rund 40 Euro, z. B. von Walimex. Den Aufsteckblitz kann man dann mit einem Adapter direkt daran befestigen und neigen.

TIPP

Ich nutze in einigen Rezepten mein Stativ für die Kamera mit dem Standfuß für den Aufsteckblitz. Je nach Höhe des Stativs ist das eine preiswerte und gute Lösung. Ist es zu klein oder hat man kein Geld für ein Stativ, kann man Freunde fragen, ob sie den Blitz halten. So habe ich es in der Anfangszeit auch gemacht.

FOTOS NACH REZEPT

Jetzt kennst du die wichtigsten Grundlagen, und es kann losgehen mit dem Ausprobieren der Rezepte. Ich habe versucht, möglichst vielseitige Situationen auszusuchen und dir so eine breite Palette der Fotografie anzubieten. Du kannst entscheiden, ob du eher nach draußen gehst oder zu Hause bleibst, ob du einen Menschen fotografieren möchtest oder Objekte. Die Rezepte sind nach Schwierigkeit sortiert, fangen ganz einfach an und steigern sich, je weiter du im Buch blätterst.

Für die Rezepte benötigst du nur eine Kamera, das mitgelieferte Kit-Objektiv, ein Stativ, einen Blitz und Funkauslöser für den Blitz. Ich habe die nachfolgenden Bilder nicht nachbearbeitet, sodass du direkt nachvollziehen kannst, wie die Bilder aus der Kamera kommen. Achte bei den Rezepten auf die Zutaten, damit die äußeren Umstände zu den Einstellungen passen, die ich dir nenne. Zum besseren Verständnis der verschiedenen Lichtsituationen habe ich außerdem Lichtdiagramme angefertigt, die dir mit Symbolen zeigen, wie Blitz, Kamera & Co. angeordnet sind.

Viel Spaß und: Sag mal Einstellung, Digga!

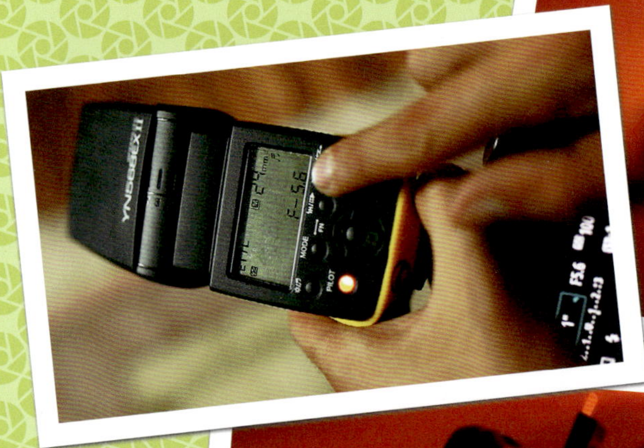
MODE
PILOT

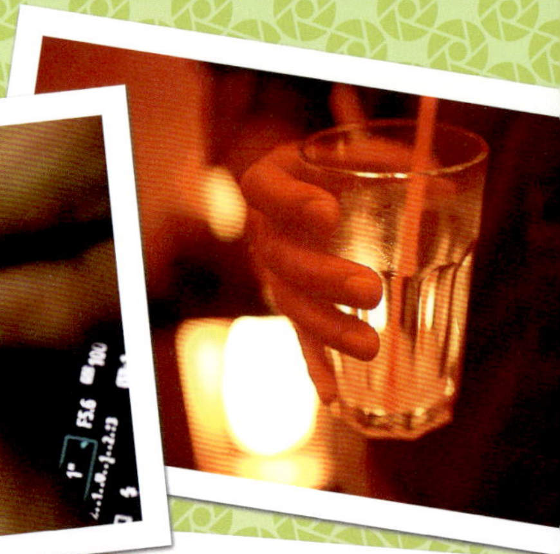

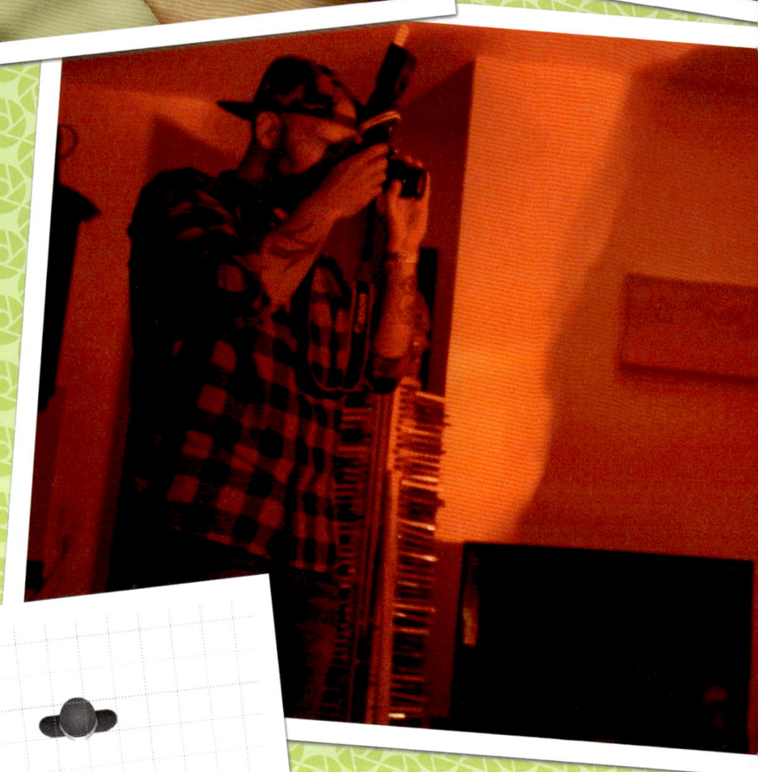

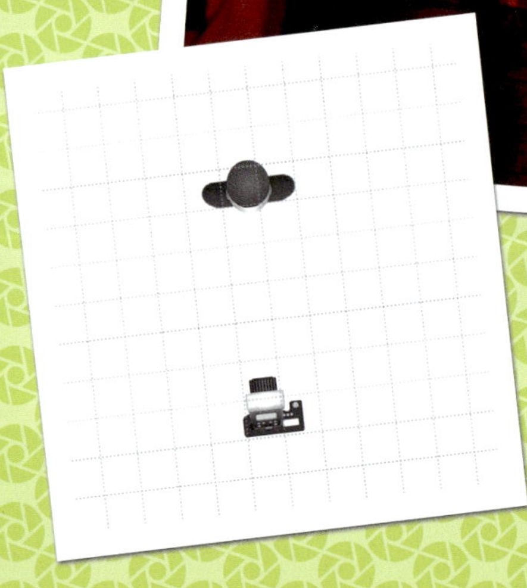

PARTYLAUNE

Zutaten

Menschen

wenig Licht

geschlossener Raum

Utensilien

Kamera

Kit-Objektiv 18–55 mm

Aufsteckblitz mit E-TTL

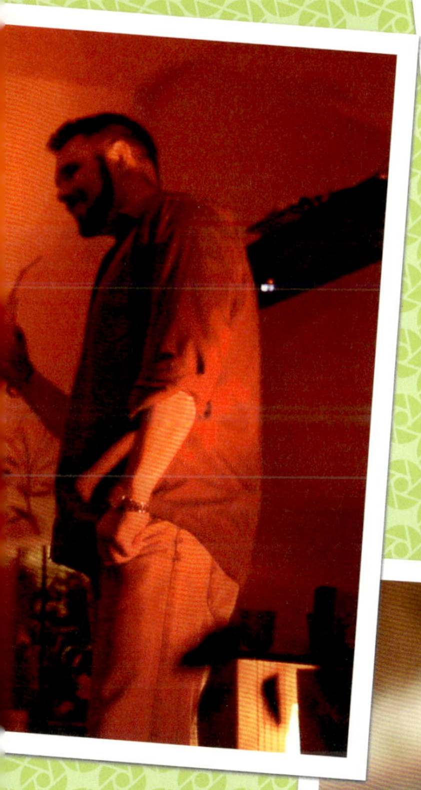

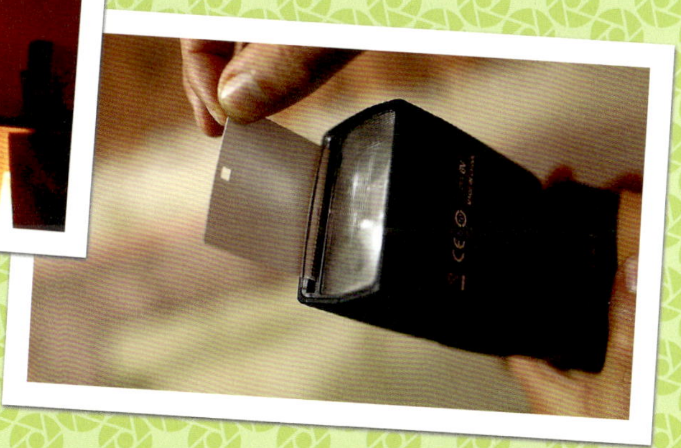

Zubereitung

Wechsle in den manuellen Modus der Kamera, zoome das Objektiv auf 18 mm, wenn du mehrere Personen fotografieren möchtest, und auf 35 mm, wenn du nur eine bis zwei Personen ablichten willst. Aktiviere den mittleren Fokuspunkt, da dieser bei schwierigen Lichtsituationen am besten funktioniert. Wähle ISO 100, Blende *f*3.5 (18 mm) bzw. *f*4,5 (35 mm) und eine Verschlusszeit von 1 s. Den Blitz stellst du auf E-TTL und richtest ihn entweder direkt auf die Personen, für einen weicheren Effekt kannst du den Blitz nach oben in Richtung Decke richten. Das Licht wird nun an die Decke geworfen und landet indirekt auf den Personen.

Der häufigste Fehler von Anfängern, die Partyfotos machen, ist eine zu schnelle Verschlusszeit. Wie in den Grundlagen ein paar Seiten zuvor beschrieben, regelt die Verschlusszeit die Umgebungsbeleuchtung. Und da wir diese möglichst schön einfangen wollen, muss sie länger sein. Bewegst du die Kamera noch zusätzlich, bekommst du interessante Lichtspielereien. Der Blitz friert die Aktion ein und sorgt so für ein scharfes Bild.

TIPP

Die meisten Blitze haben eine weiße Karte, die man aus dem Blitz ziehen kann. Diese wirft das Licht, wenn der Blitz nach oben gerichtet ist, dann zusätzlich weich nach vorne. Hat dein Blitz keine solche Karte, dann tut es auch eine weiße Visitenkarte oder ein anderes weißes, festeres Papier.

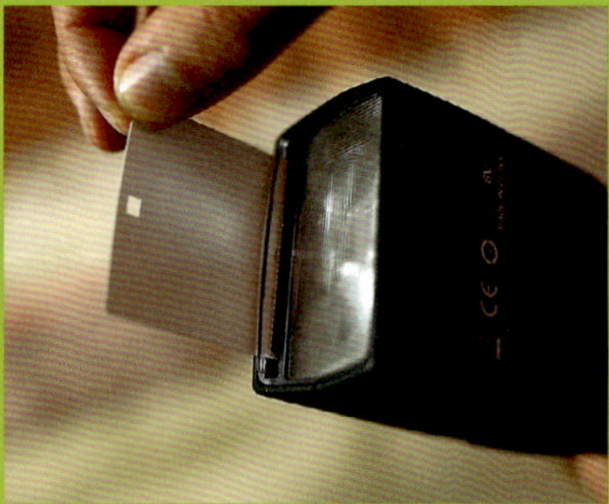

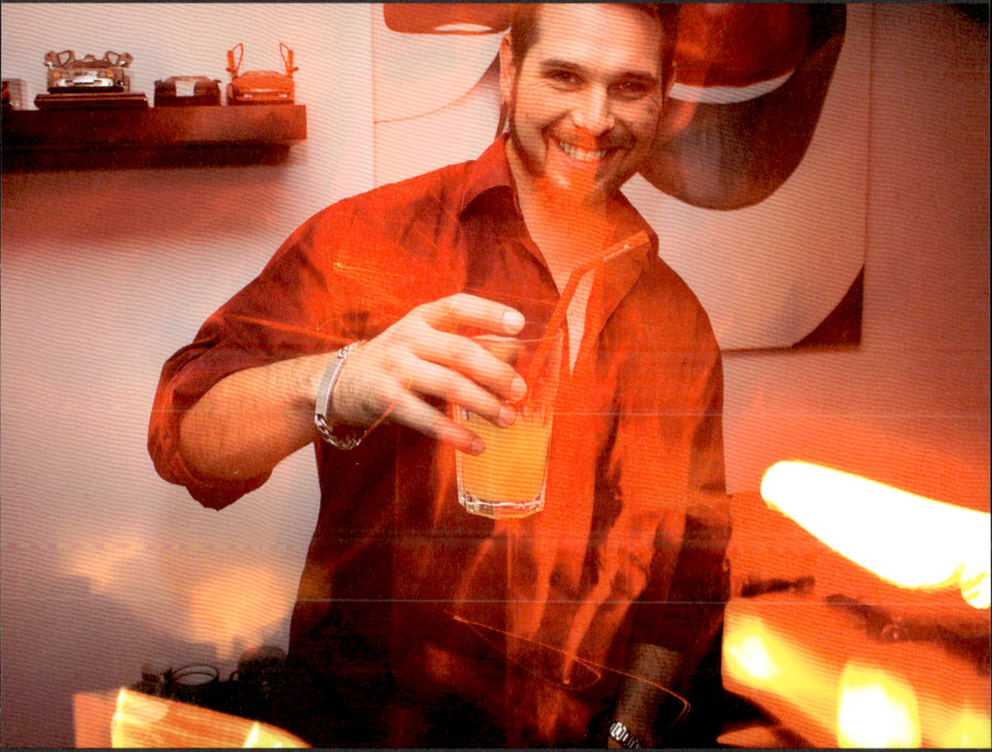

ƒ3.5 / 1 s / ISO 100 / 18 mm

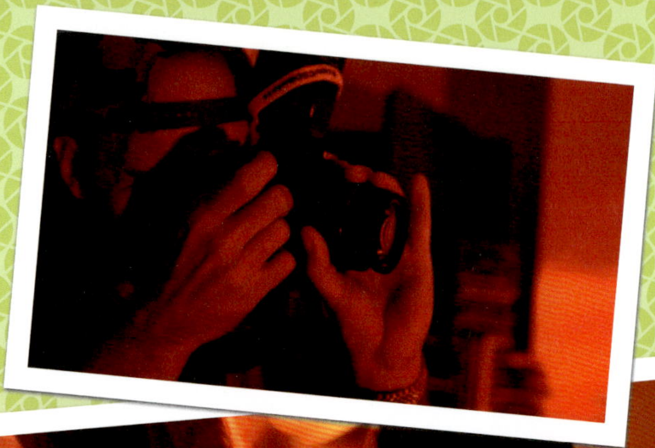

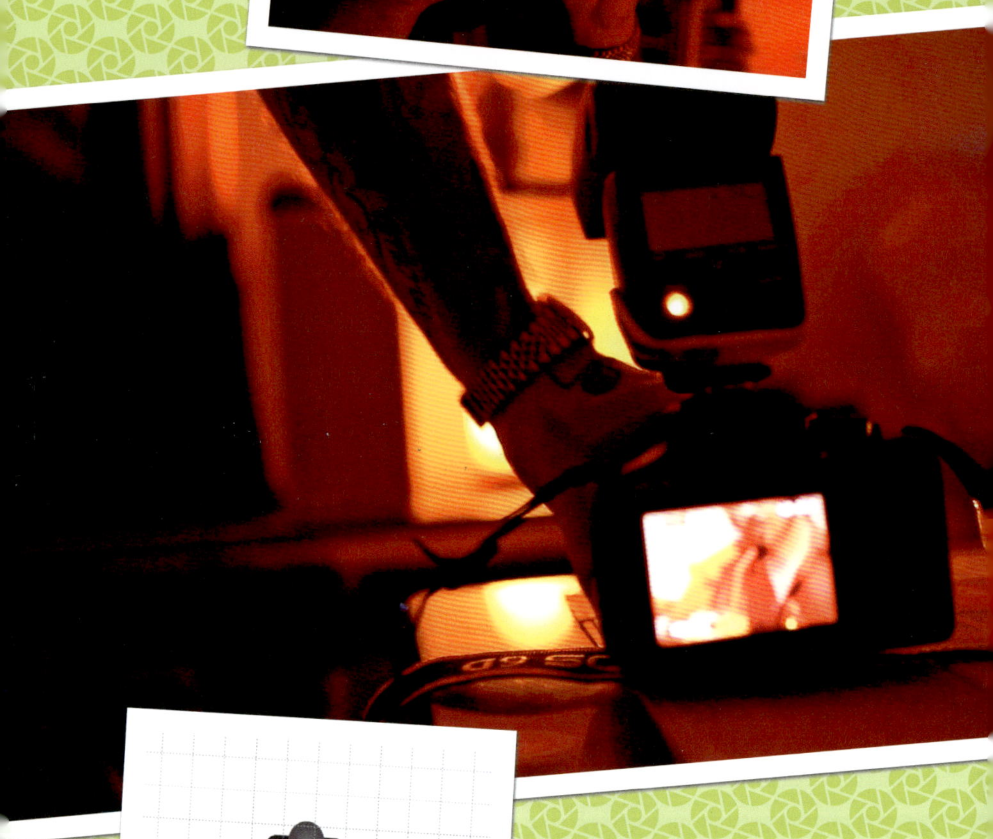

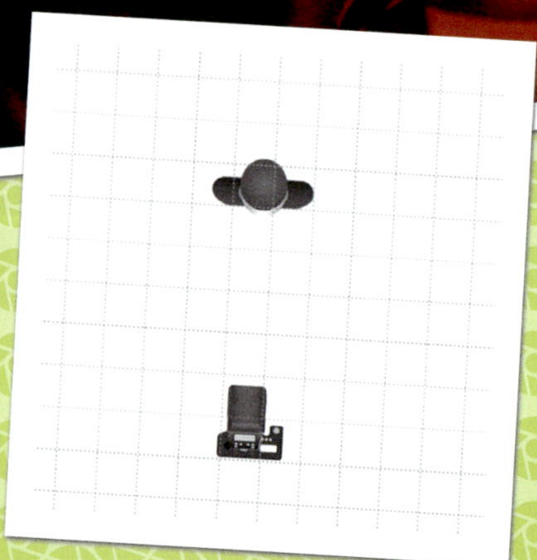

PARTYFOTOS MIT SPEZIALEFFEKT

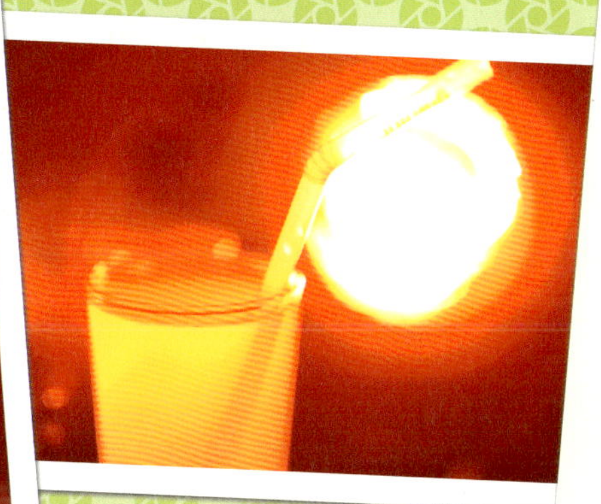

Zutaten

Menschen
wenig Licht
geschlossener Raum

Utensilien

Kamera
Kit-Objektiv 18–55 mm
Aufsteckblitz mit E-TTL

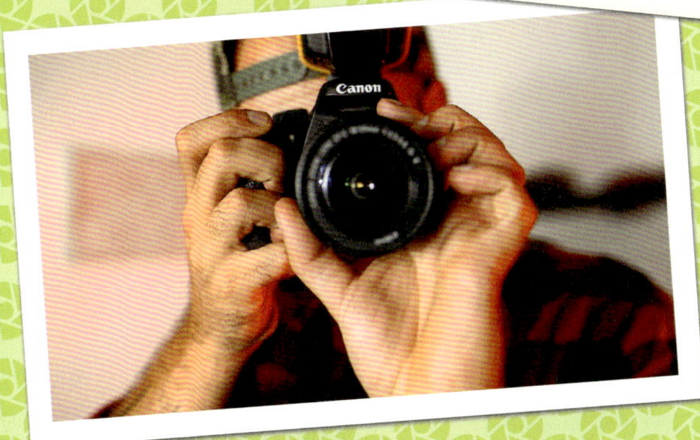

Zubereitung

Gehe bei den Einstellungen ähnlich vor wie beim vorherigen Rezept. Zoome das Objektiv auf 55 mm, wähle eine Blende *f*5.6, ISO 100 und 1 s Verschlusszeit.

Den Blitz richtest du wie im Rezept zuvor beschrieben entweder gegen die Decke oder direkt auf die Personen. Aktiviere den mittleren Autofokuspunkt, damit du gut und schnell fokussieren kannst, und stelle den Blitz auf E-TTL. Löse nun aus und zoome direkt nach dem Blitz mit dem Objektiv auf 18 mm. Halte die Kamera dabei ruhig.

Das klingt erst mal verrückt, aber du machst dir die lange Verschlusszeit zunutze für eine Art Doppelbelichtung. Die Person erscheint jetzt zweimal im Bild – einmal nah und einmal weiter entfernt. Cooler Effekt!

TIPP

Je mehr Lichter im Hintergrund sind, desto genialer wird der Effekt, weil es aussieht, als wäre die Person in einer Art „Lichtgeschwindigkeitstunnel", da die Lichter zu Streifen werden.

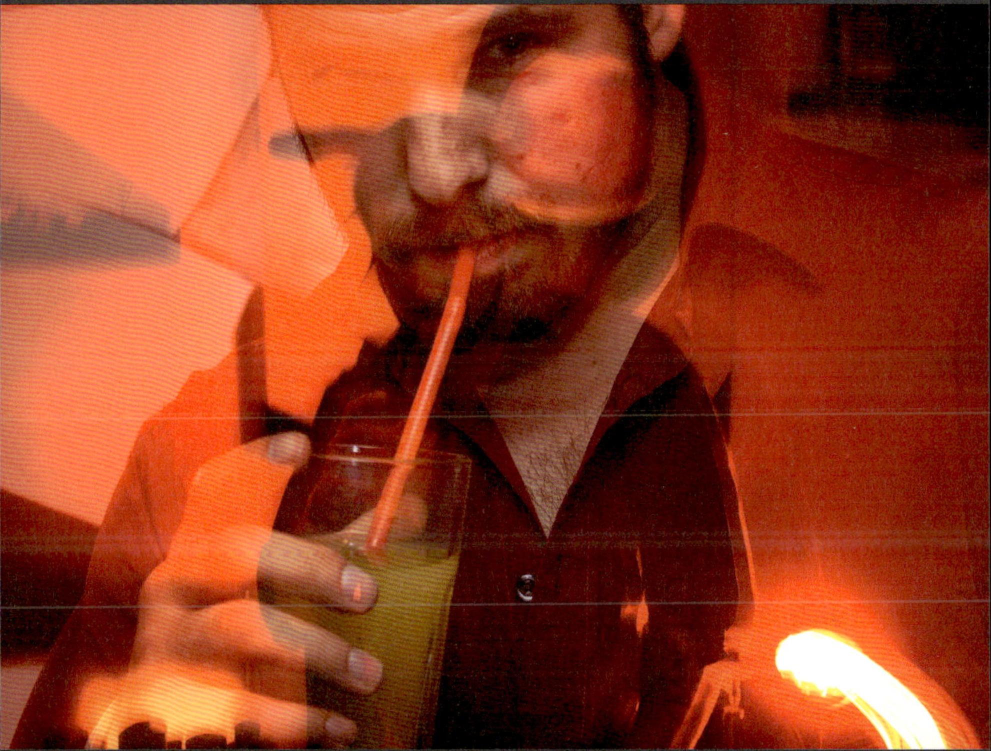

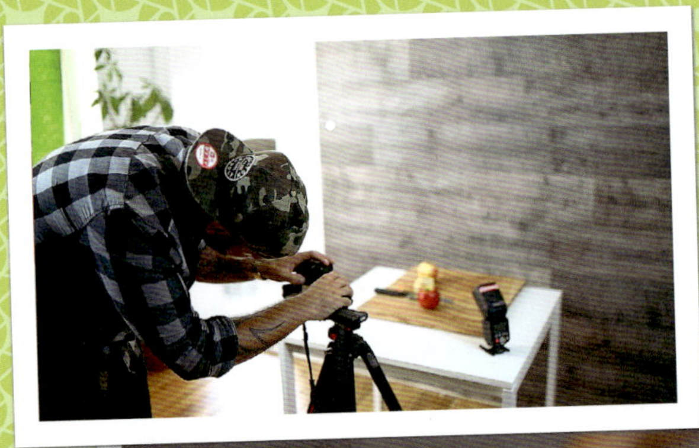

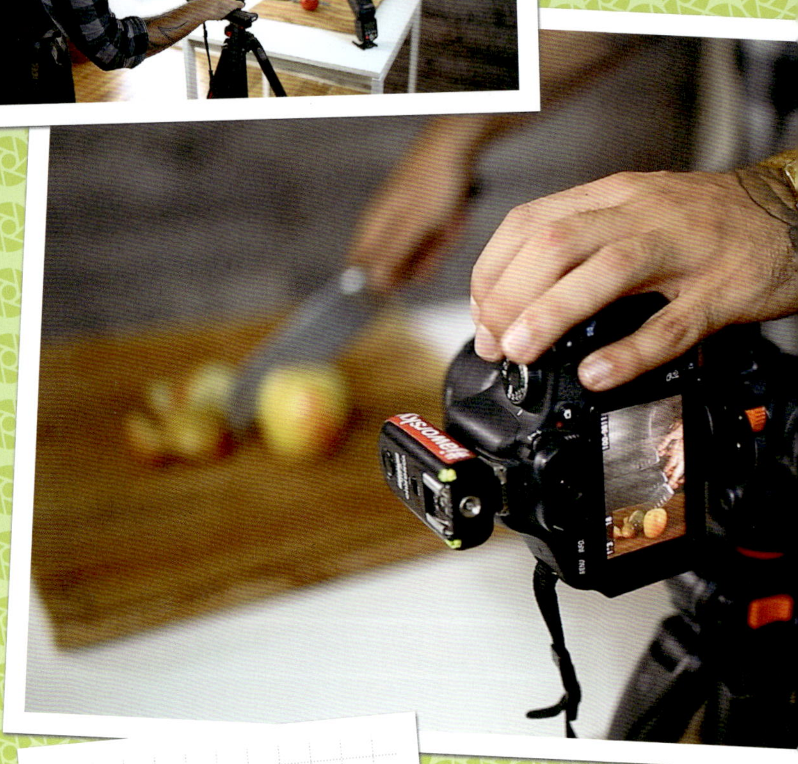

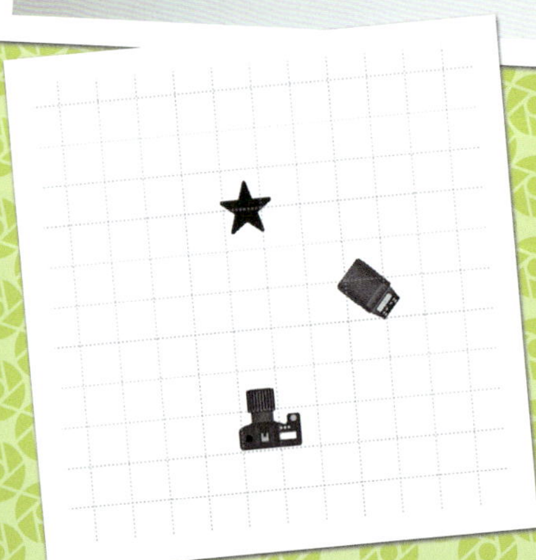

APFEL MIT MESSER

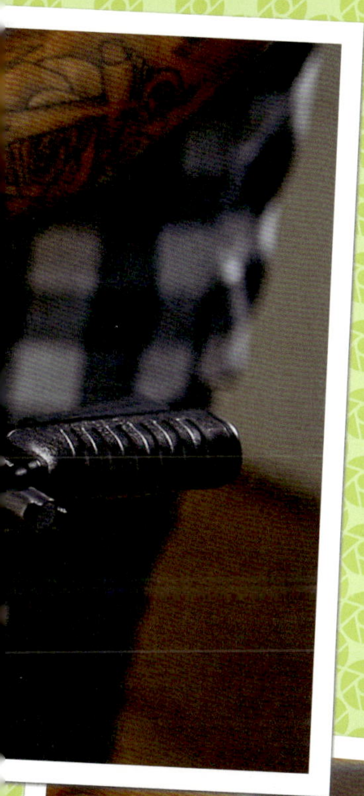

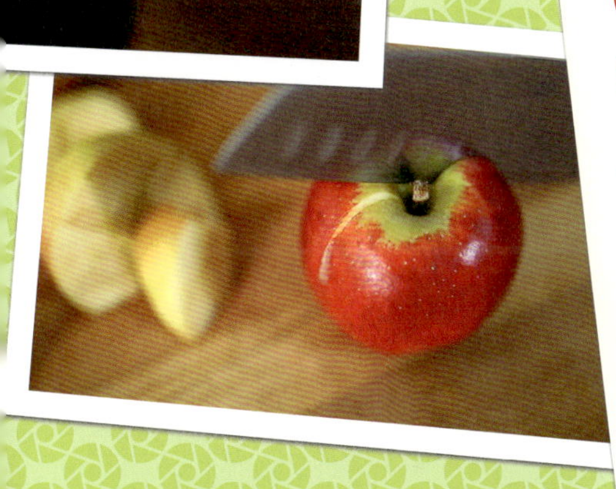

Zutaten

- knackiger Apfel
- Holzbrett
- harmonischer Hintergrund, z. B. Holzwand
- großes Messer
- geschlossener Raum ohne Tageslicht

Utensilien

- Kamera
- Kit-Objektiv 18–55 mm
- Aufsteckblitz mit Multiblitzfunktion
- Stativ
- Funkauslöser
- Standfuß

Zubereitung

Dieses Bild wurde nicht in Photoshop bearbeitet, sondern kommt direkt aus der Kamera. Möglich ist solch ein Effekt durch eine Mischung aus einer Langzeitbelichtung und mehreren Blitzen.

Positioniere ein großes Holzschneidebrett auf einem Tisch vor einem passenden Hintergrund. Ich nehme dafür meine PVC-Wand mit Holzoptik. Lege den Apfel mittig auf das Brett und stelle die Kamera auf dem Stativ so auf, dass du einen schönen Bildausschnitt hast, bei dem genügend Freiraum nach oben ist, sodass das Messer später gut zu sehen ist. Ich habe dafür auf das Hochformat mit 28 mm Brennweite gewechselt. Fixiere die finale Kameraposition fest am Stativ.

Wechsle in den manuellen Modus der Kamera und stelle eine Blende *f*18, eine Verschlusszeit von 1,3 s und ISO 100 ein. Der Weißabgleich sollte auf „Blitz" eingestellt sein. Fokussiere nun manuell auf den Apfel, deaktiviere den Bildstabilisator und stelle den Selbstauslöser auf zwei Sekunden ein.

Den Blitz stellst du auf „Multi" und wählst eine Stärke von 1/4 und 5 x 5 Hz. Mit dem Standfuß der Kamera positionierst du den Blitz mit zur Decke gerichtetem Kopf seitlich vom Apfel. Löst du nun die Kamera aus, blitzt der Blitz fünfmal in einem gleichmäßigen Abstand. Nimm das Messer in die Hand und bewege es seitlich zur Kamera in Richtung Apfel. Mit dem richtigen Timing bekommst du diesen coolen „Mehrfachbewegungseffekt" ins Bild – und das komplett ohne Bildbearbeitung.

TIPP

Führe die Bewegung rückwärts aus, also starte vom Apfel und ziehe das Messer nach oben. So kannst du perfekt bestimmen, wo es den Apfel trifft.

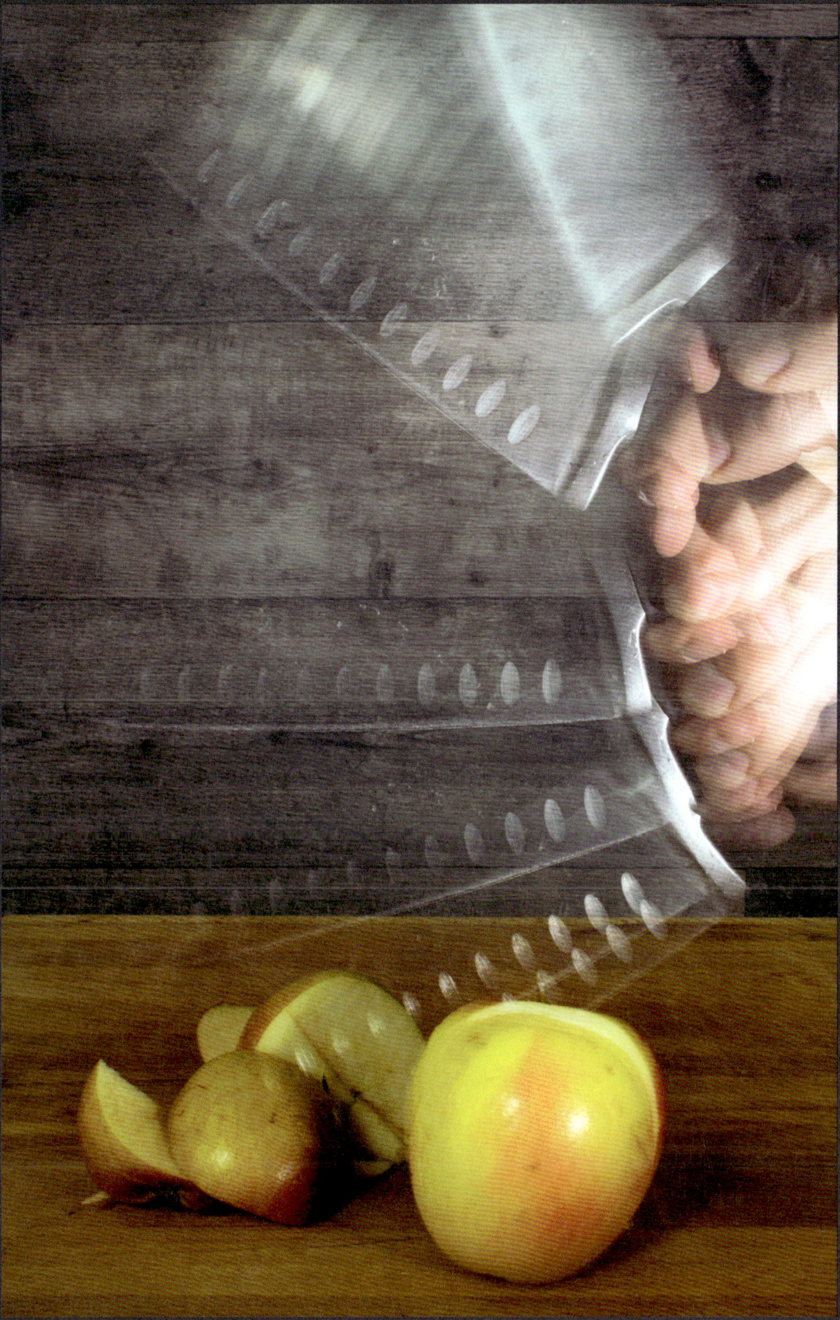

ƒ18 / 1,3 s / ISO 100 / 28 mm

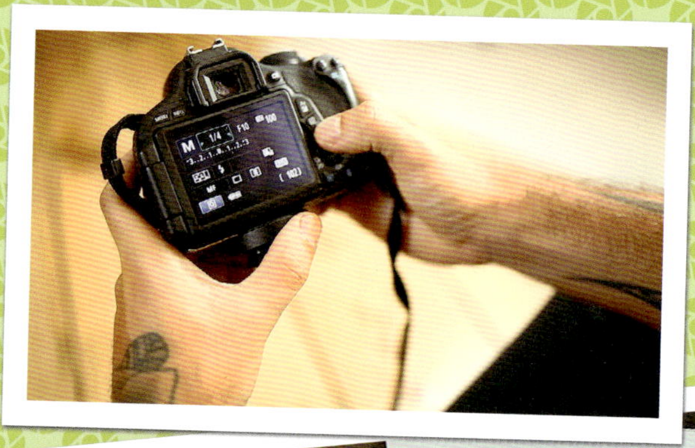

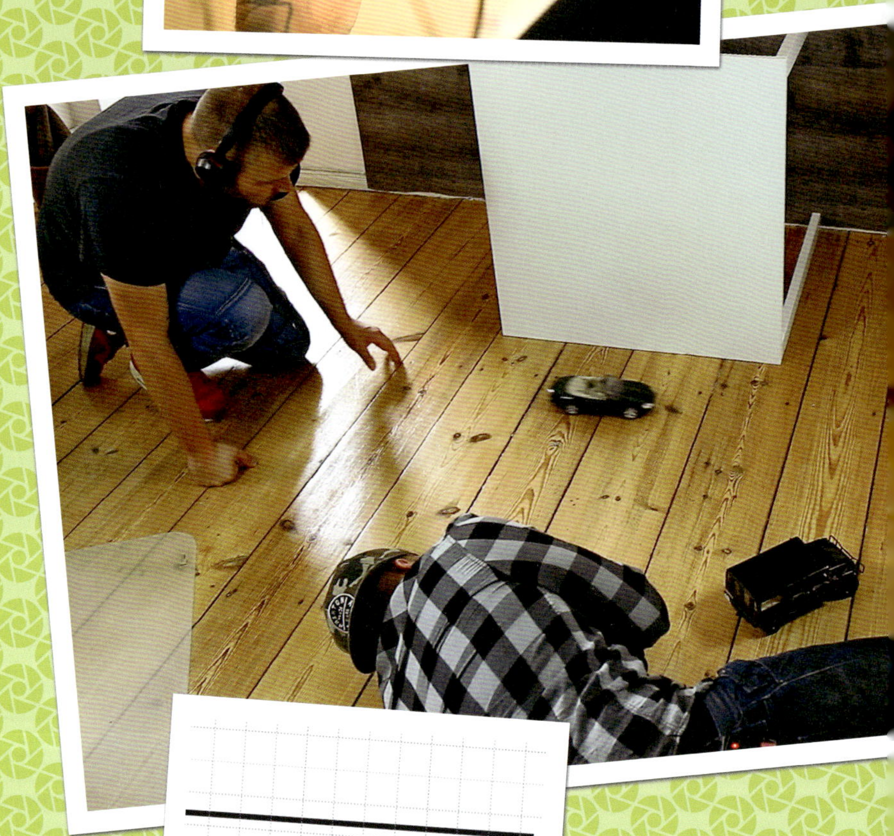

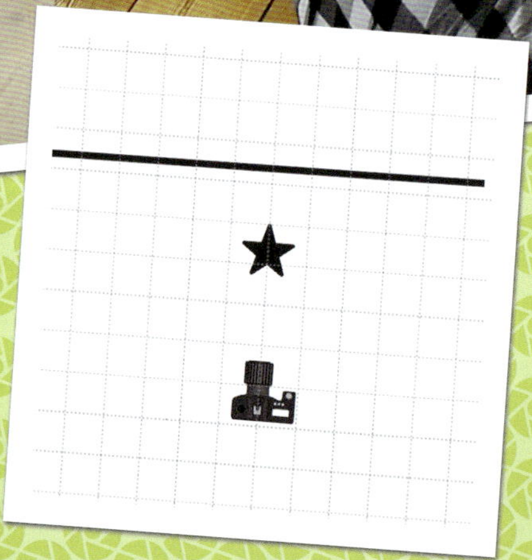

MODELLAUTO IN BEWEGUNG

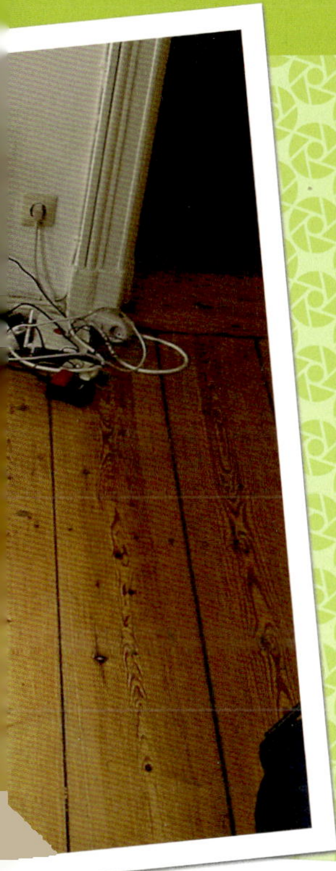

Zutaten

Modellauto

geschlossener Raum ohne Tageslicht

weißer Hintergrund

zweite Person als Helfer

Utensilien

Kamera

Kit-Objektiv 18–55 mm

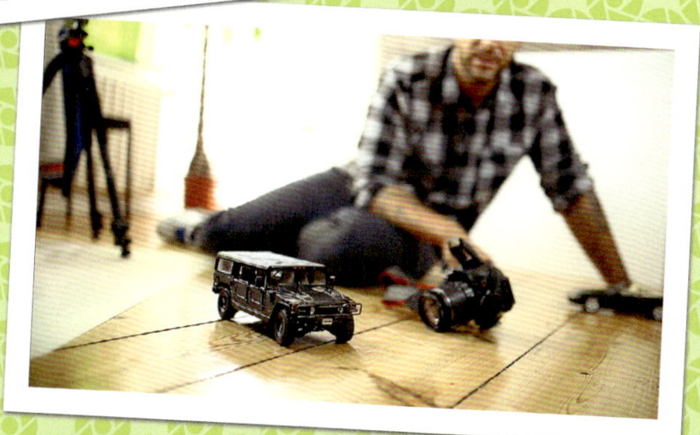

Zubereitung

Dieses Rezept zeigt dir, wie du auf den zweiten Verschluss der Kamera blitzt. Dafür nimmst du dir ein Modellauto und setzt dich auf den Boden vor eine weiße Wand oder einen anderen Hintergrund. Ich nehme hierfür einen Tisch, den ich so drehe, dass die Tischplatte zu mir zeigt. Wähle den manuellen Modus der Kamera mit Blende *f*14, 0,5 s Verschlusszeit und ISO 100. Zoome das Objektiv auf 40 mm und gehe in das Blitzmenü der Kamera. Bei den Einstellungen für den internen Blitz stellst du statt des ersten Verschlusses den zweiten Verschluss ein.

Stelle das Auto auf eine Position, auf der du es fotografieren möchtest, und fokussiere manuell. Wenn du nun auslöst, dann blitzt es erst kurz und dann kräftig, wenn die halbe Sekunde der Verschlusszeit vorbei ist. Das bedeutet, dass auf den zweiten Verschluss geblitzt wird. Schiebt dein Helfer das Auto jetzt an und erwischst du den Moment, in dem es vorbeirauscht, zieht es eine Art Schein hinter sich her. Es wirkt, als wenn es sehr schnell ist und ganz normal nach vorne fährt.

Blitzt du jetzt wieder auf dem ersten Verschluss und machst das Gleiche noch mal, wirst du feststellen, dass es wirkt, als würde das Auto rückwärts fahren. Das kommt daher, weil es erst blitzt (und das Auto einfriert) und dann das Verwischen der längeren Belichtung folgt. Mit dem zweiten Verschluss kannst du also die Bewegung realistisch darstellen.

TIPP

Probiere dieses Rezept bei Skateboardern in einer Halle oder anderen sich bewegenden Sportlern in einem geschlossenen Raum aus. Auch dabei erzielst du coole Effekte!

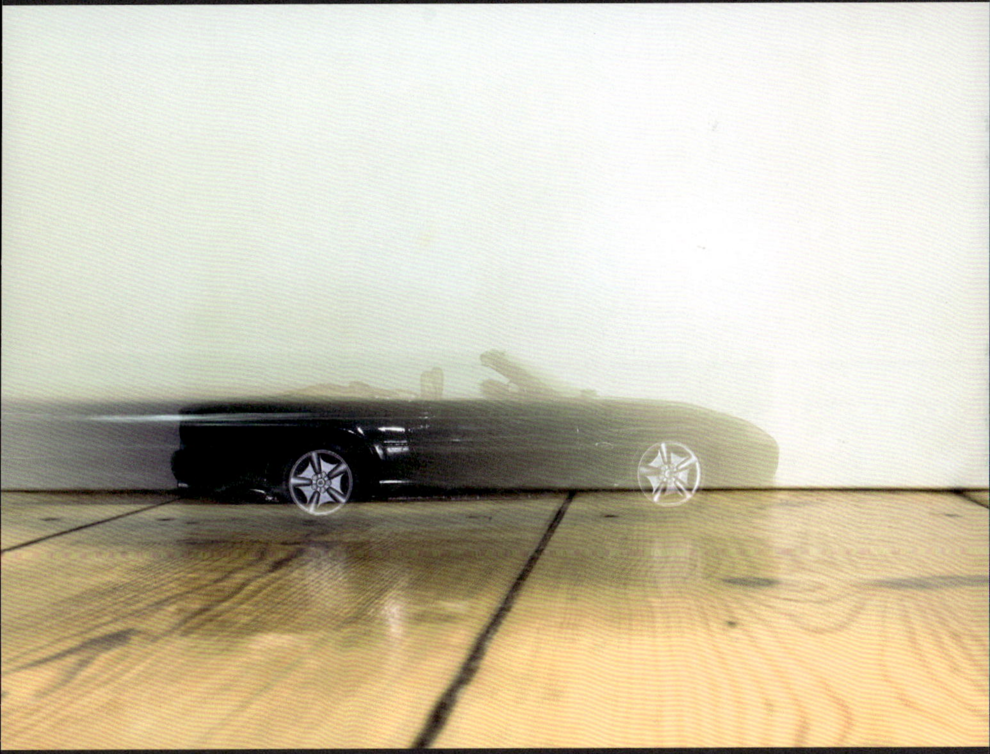

f14 / 0,5 s / ISO 100 / 40 mm

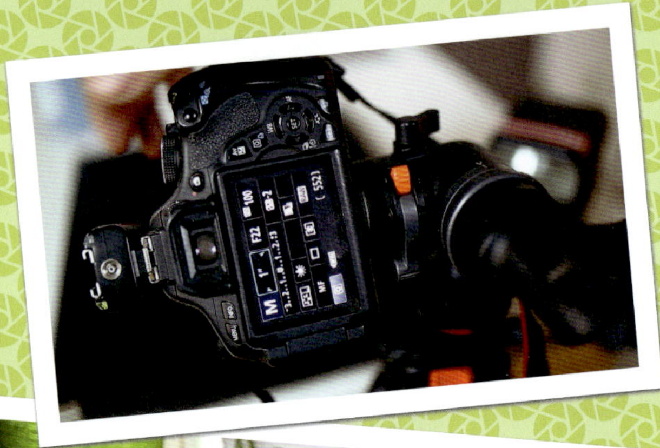

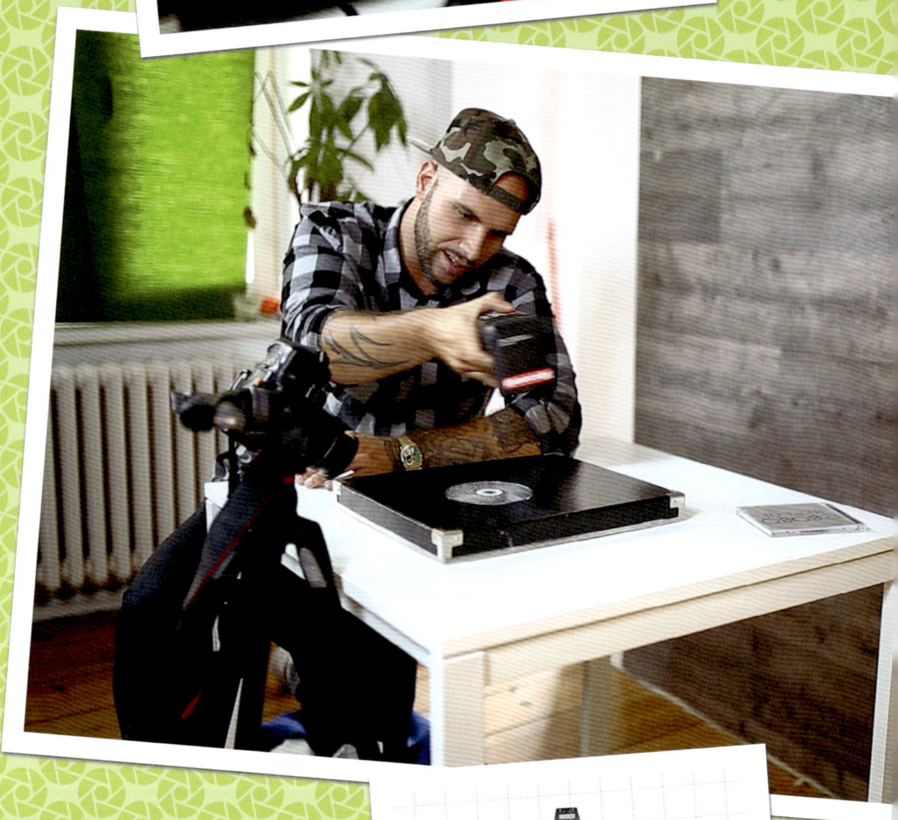

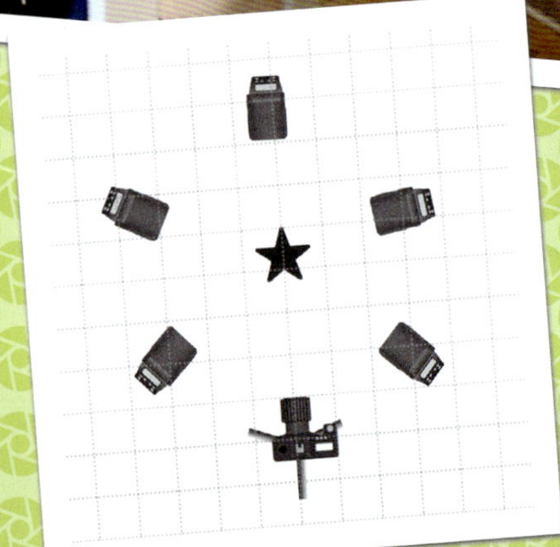

SURREALE REGENBOGENTROPFEN

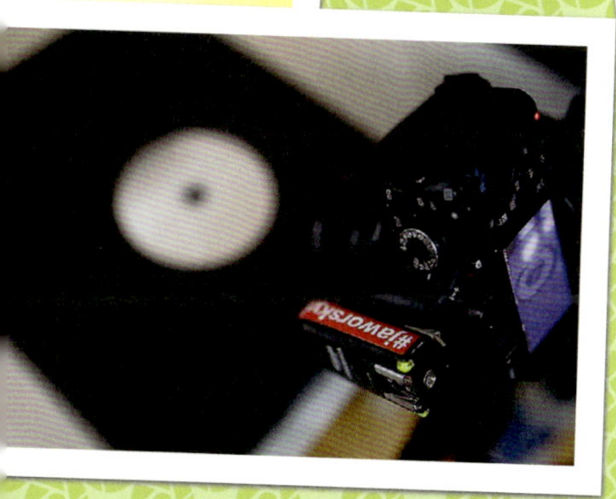

Zutaten

- CD
- Zerstäuber mit Wasser
- geschlossener Raum ohne Tageslicht
- dunkler Untergrund

Utensilien

- Kamera
- Kit-Objektiv 18–55 mm
- Aufsteckblitz mit Multiblitzfunktion
- Stativ
- Funkauslöser

Zubereitung

Benetze eine alte CD aus ca. 20 cm Entfernung auf der silbernen Seite mit einem Zerstäuber. Je öfter du spritzt, desto dicker werden die Tropfen. Lege die CD nun vorsichtig mit den Tropfen nach oben auf eine dunkle Oberfläche. Stelle die Kamera auf das Stativ, zoome das Objektiv auf 55 mm und gehe so nah wie möglich an die CD ran. Fokussiere manuell auf Tropfen im mittleren Bereich und wechsle in den manuellen Modus der Kamera.

Wähle Blende *f*22, 1 s Verschlusszeit, ISO 100, stelle den Weißabgleich auf „Kunstlicht“ und den Blitz auf Multiblitz mit 1/16 Leistung und 5 x 5 Hz. Aktiviere den Zwei-Sekunden-Selbstauslöser und halte den Blitz in der Hand bereit. Wenn du jetzt auslöst, fahre mit dem Blitz in der Hand auf die CD gerichtet in einer gleichmäßigen Bewegung im Halbkreis um sie herum. Durch das Licht aus den unterschiedlichen Richtungen bekommst du einen surrealen Regenbogeneffekt in die Tropfen. Probiere bei der Bewegung verschiedene Geschwindigkeiten aus und variiere mit der Entfernung zur CD.

TIPP

Statt die Tropfen mit einer Sprühflasche aufzutragen, kannst du auch eine Pipette benutzen. So kannst du jeden Tropfen einzeln anordnen und interessante Muster kreieren.

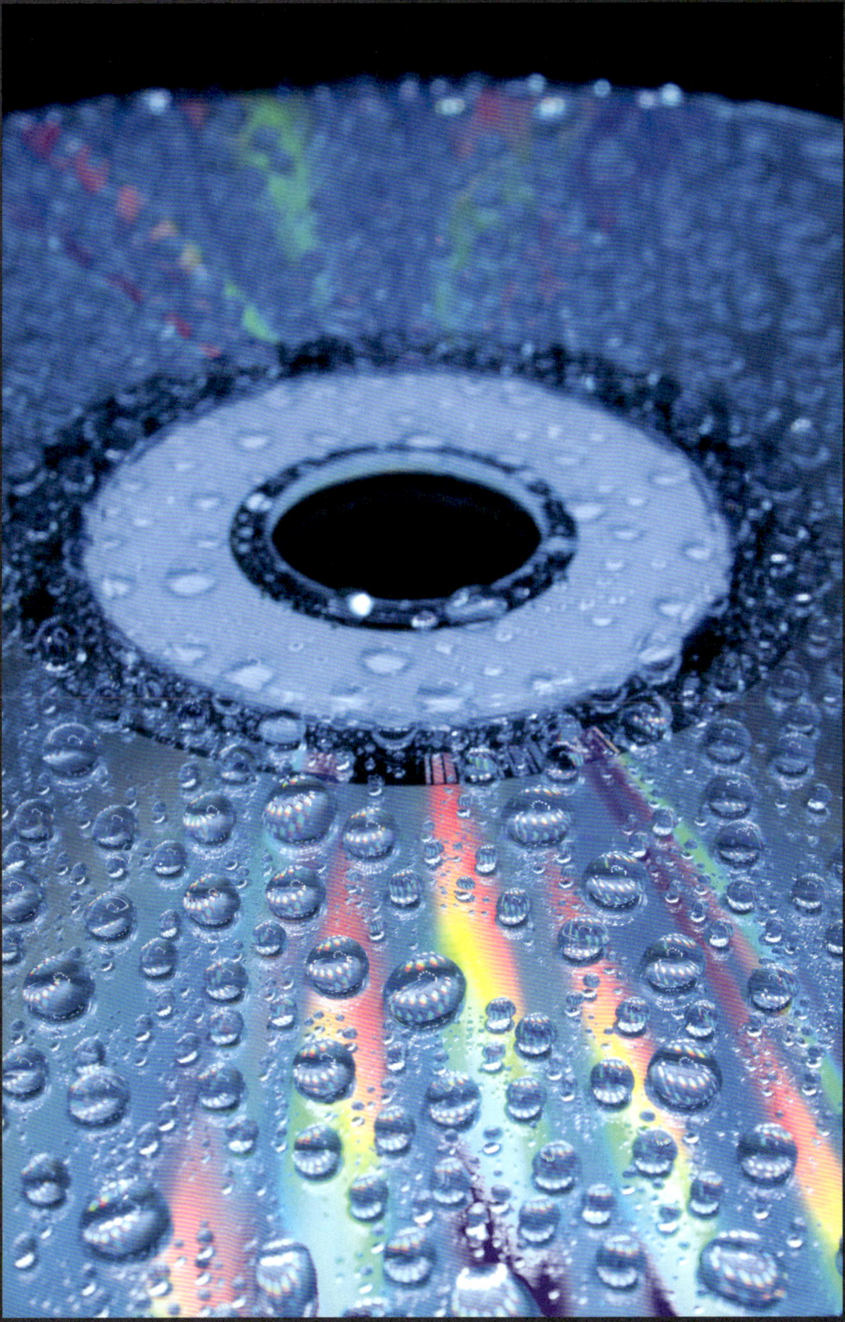

f22 / 1 s / ISO 100 / 55 mm

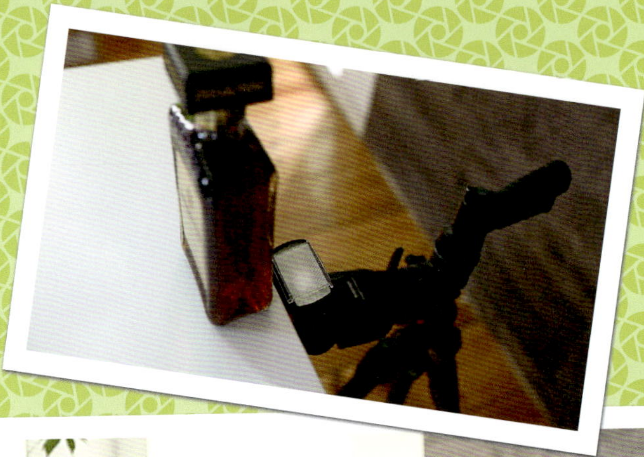

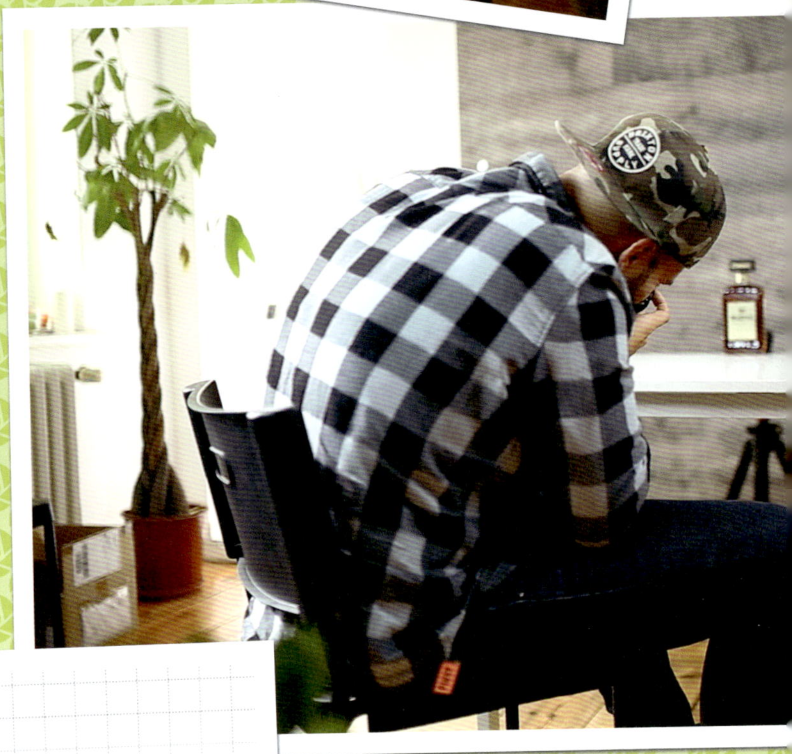

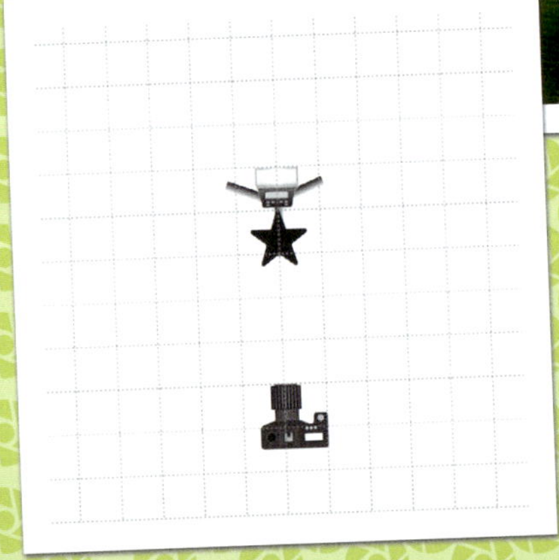

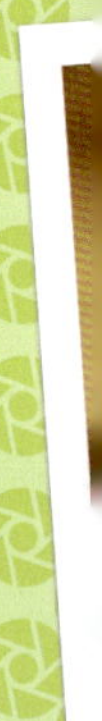

LEUCHTENDE FLASCHE

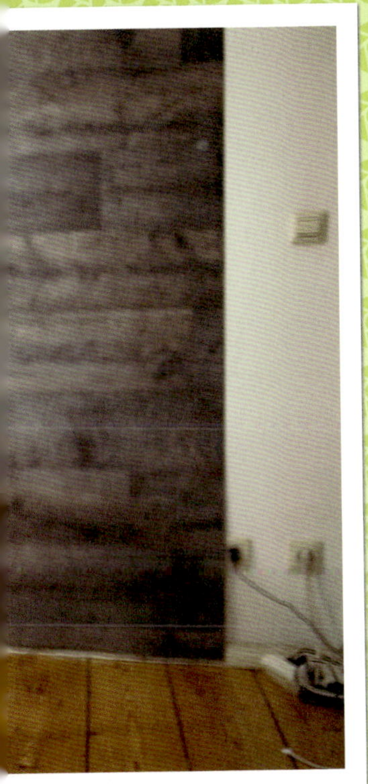

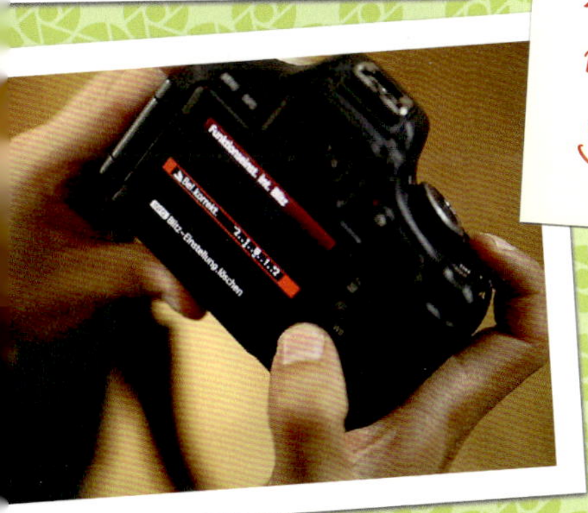

Zutaten

schöne Flasche mit farbigem Inhalt

geschlossener Raum ohne Tageslicht

Tisch mit hellem Untergrund

dunkler Hintergrund, z. B. Holz oder Steinwand

Utensilien

Kamera

Kit-Objektiv 18–55 mm

Aufsteckblitz im manuellen Modus

Stativ für den Blitz

Zubereitung

Stelle eine schön geformte Flasche mit dunkler Flüssigkeit (z. B. Amaretto oder Whiskey) auf einen Tisch mit hellem Untergrund in etwa 50 cm Entfernung zu einer dunklen Wand. Positioniere die Flasche direkt mittig an der hinteren Tischkante und befestige den Blitz auf dem Stativ. Richte den Blitz nach oben und fahre das Stativ mit Blitz auf genau die Höhe, dass es hinter der Flasche Platz findet. (Achtung, der Blitz darf nicht zu sehen sein!)

Fahre die Diffusorklappe des Blitzes aus und stelle ihn auf „Slave" mit 1/4 Leistung.

Wechsle in den manuellen Modus der Kamera und drücke die Blitztaste, um den internen Blitz zu aktivieren.

Wechsle in das Blitzmenü und ändere die Leistung des internen Blitzes auf −2. Wähle Blende *f*18, 1/160 s Verschlusszeit und ISO 100. Der Weißabgleich steht auf „Blitz", und das Objektiv ist auf 55 mm gezoomt mit aktiviertem Autofokus. Wenn du jetzt blitzt, dann löst deine Kamera mit internem Blitz den Aufsteckblitz aus. So hast du eine leichte Aufhellung von vorne und einen leuchtenden Schein in der Flasche durch den Aufsteckblitz.

TIPP

Halte deine Hand oder ein weißes Blatt Papier 5 cm entfernt vor den internen Blitz der Kamera. Das Licht fällt dann noch indirekter auf die Flasche und erzeugt eine geheimnisvolle Stimmung.

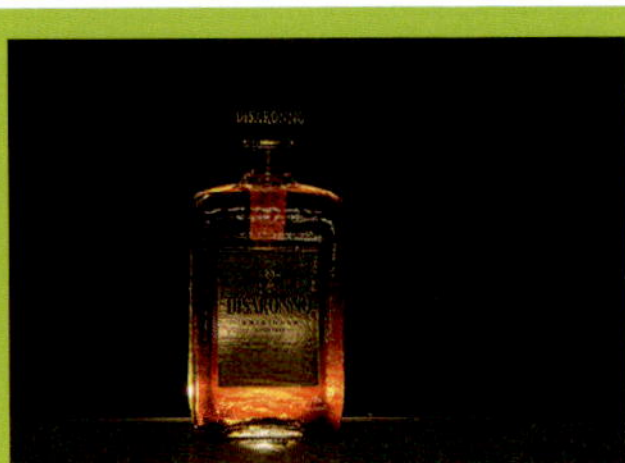

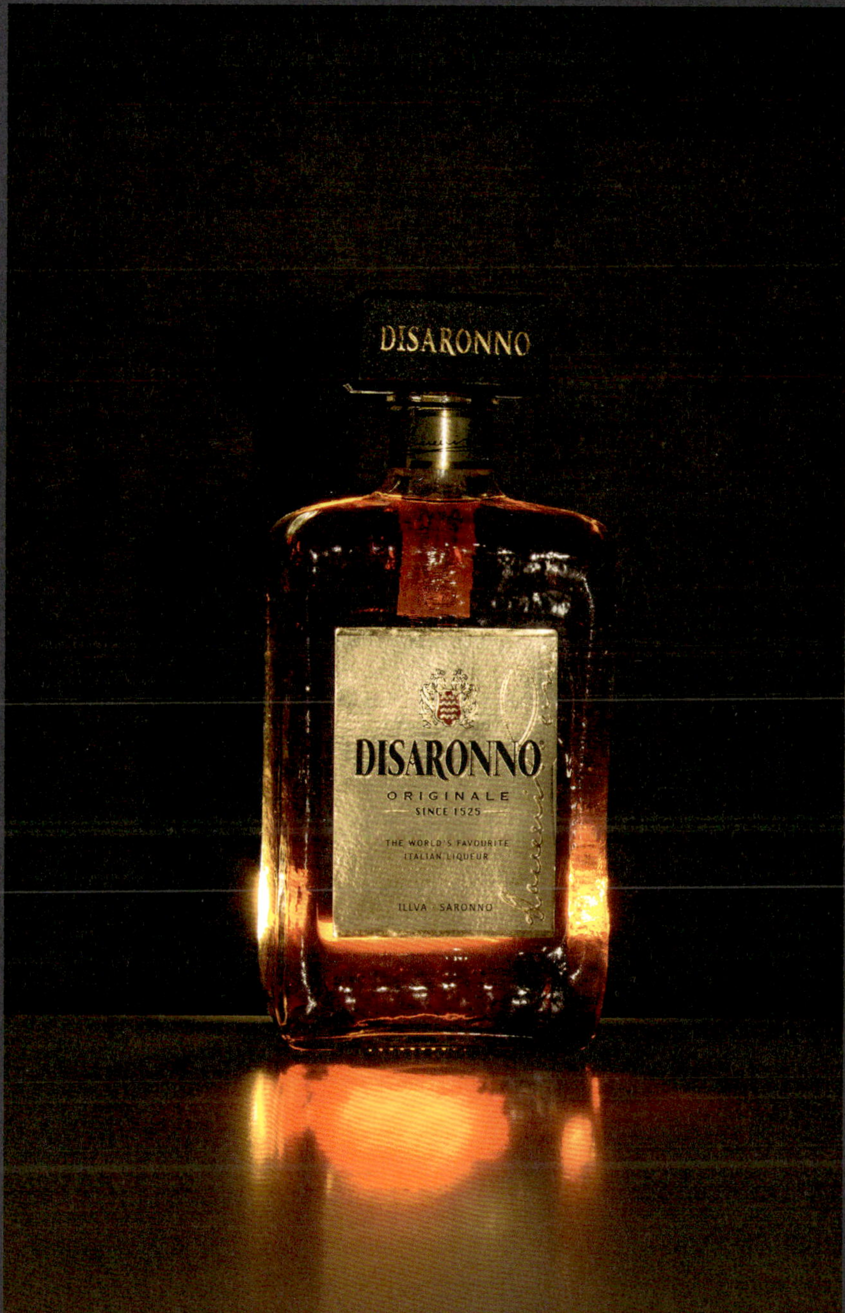

ƒ18 / 1/160 s / ISO 100 / 55 mm

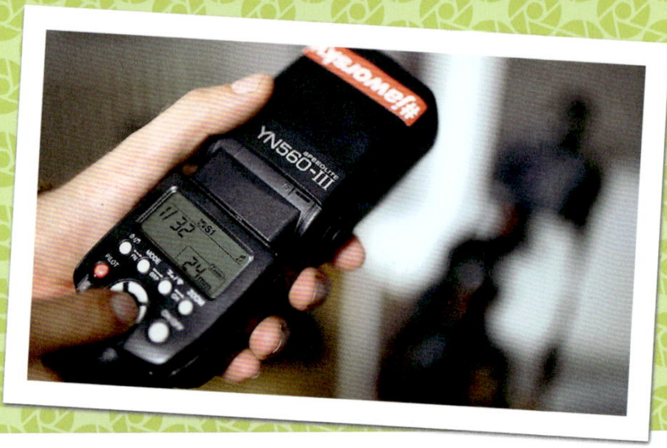
YN560-III
SPEEDLITE

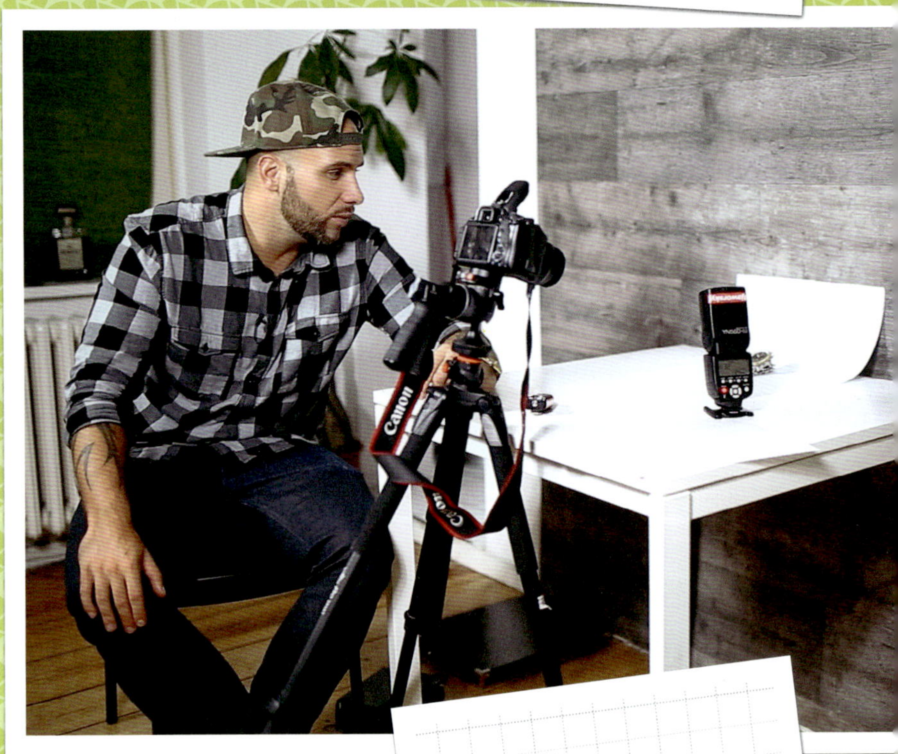
Canon

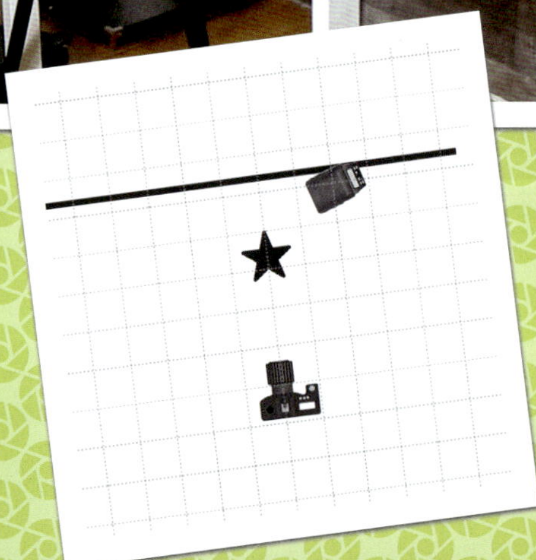

UHR AUF WEISSEM HINTERGRUND

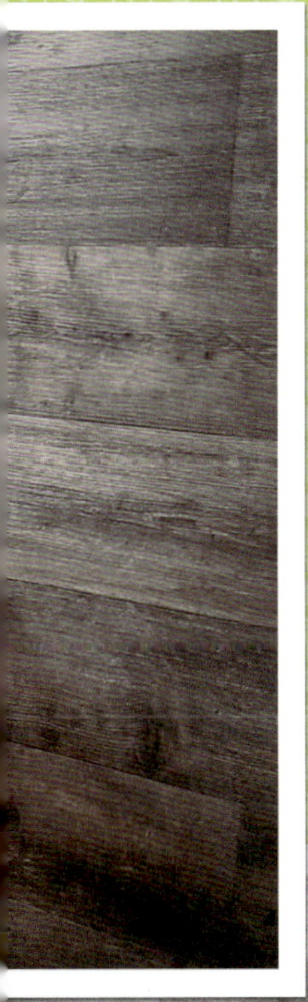

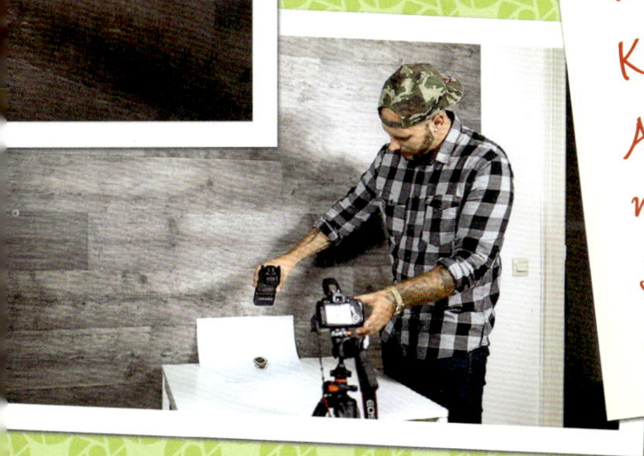

Zutaten

Uhr

drei Din-A4-Blätter weißes Papier

Klebeband

ein Tisch, der direkt an der Wand steht

Utensilien

Kamera

Kit-Objektiv 18–55 mm

Aufsteckblitz im manuellen Modus

Stativ

Funkauslöser

Zubereitung

Klebe mit Klebeband sorgfältig drei DIN-A4-Blätter weißes Papier zusammen und befestige eine Hälfte an der Wand und die andere auf einem Tisch. Es soll eine Miniaturhohlkehle entstehen, in die du dann die Uhr legst.

Positioniere die Uhr ein Stück vor der Biegung, sodass noch genug Platz ist, um später den Blitz dahinterzuschieben, und stelle den Blitz im manuellen Modus auf 1/4 Leistung.

Befestige die Kamera auf dem Stativ und zoome das Objektiv auf 55 mm. Wechsle in den manuellen Modus der Kamera und wähle Blende *f*10, 1/160 s Verschlusszeit und ISO 100. Der Weißabgleich steht auf „Blitz“, die Kamera ist im Querformat, der mittlere Fokuspunkt und Autofokus sind aktiviert. Der Bildausschnitt darf nur das weiße Papier zeigen, also korrigiere ggf. die Entfernung zur Uhr und zur Minihohlkehle. Aktiviere den Zwei-Sekunden-Selbstauslöser und halte den Blitz mit ca. 15 cm Abstand auf das Papier, hinter die Uhr gerichtet.

Der Blitz leuchtet jetzt das weiße Papier vollständig aus und lässt die Klebeband-Übergänge verschwinden. Die Uhr wird indirekt beleuchtet und bekommt einen geheimnisvollen Touch.

TIPP

Willst du die Uhr von vorne aufhellen, nimm ein weiteres weißes Blatt und halte es so vor die Uhr, dass es nicht im Bild ist und trotzdem das vom Hintergrund reflektierte Licht nochmals auf das Ziffernblatt reflektiert.

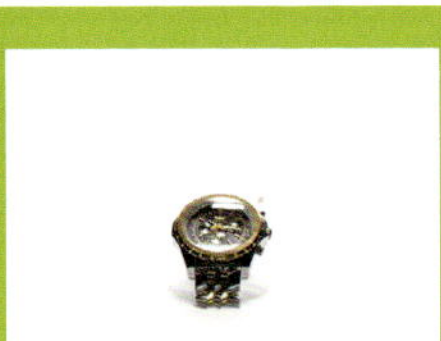

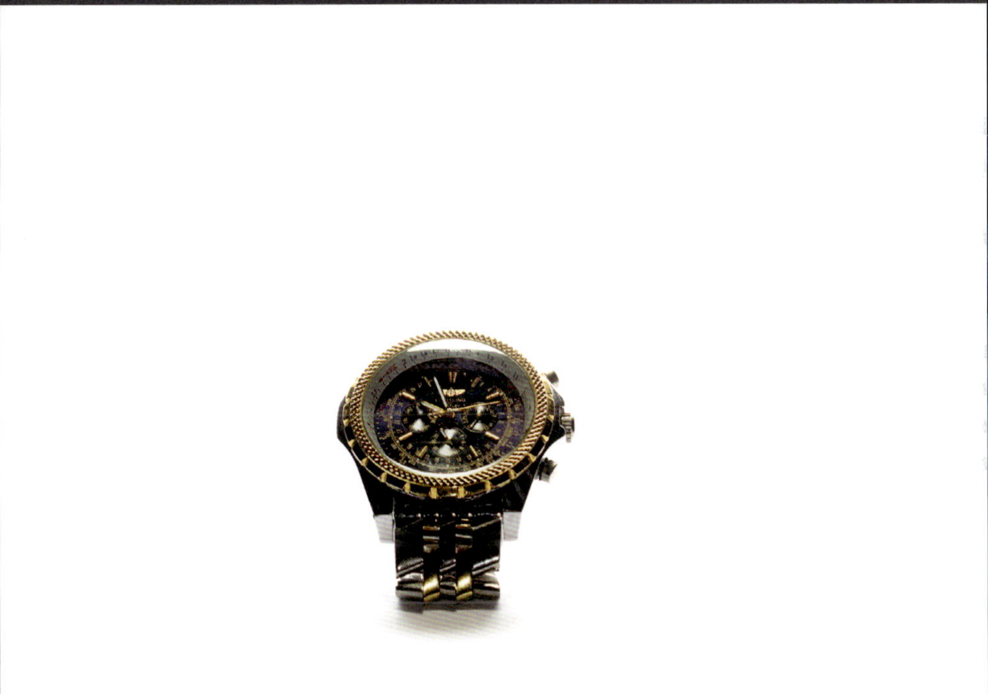

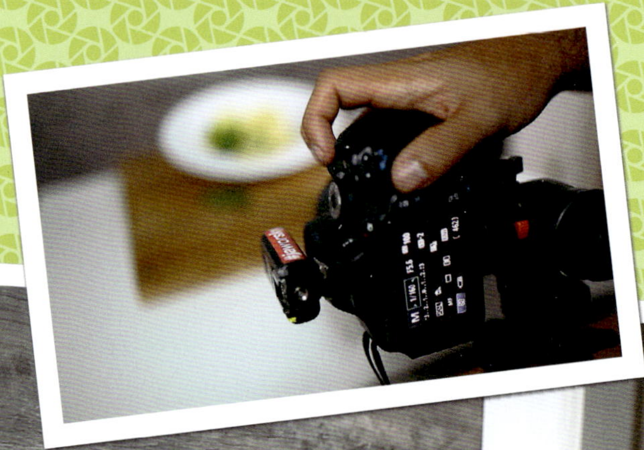

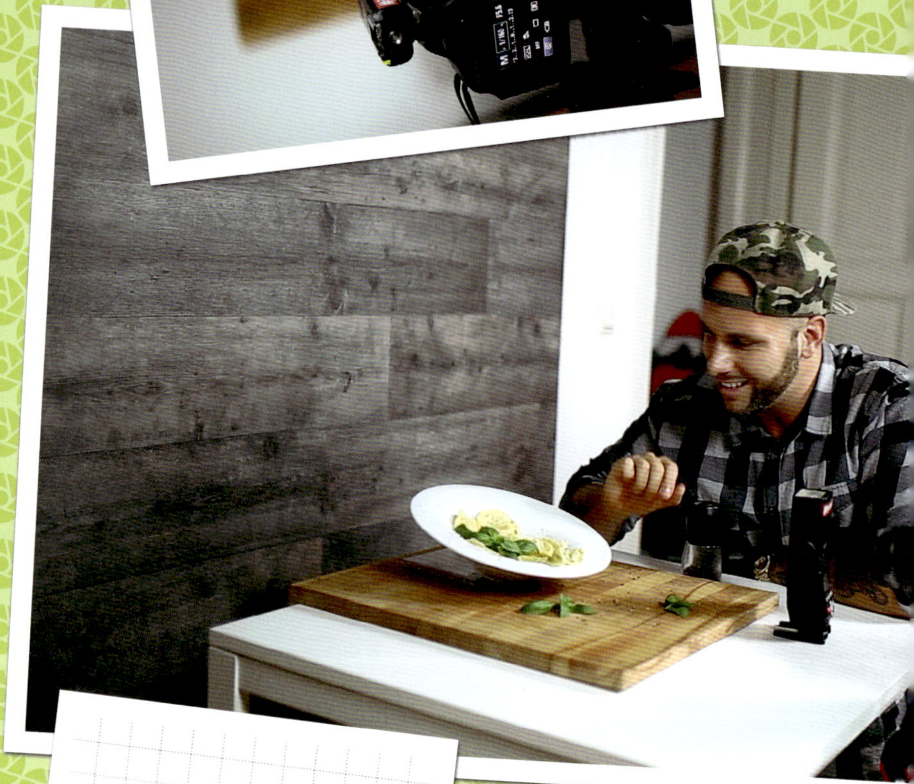

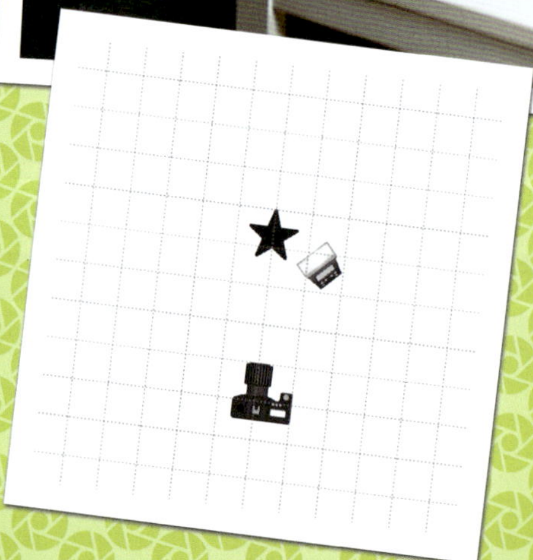

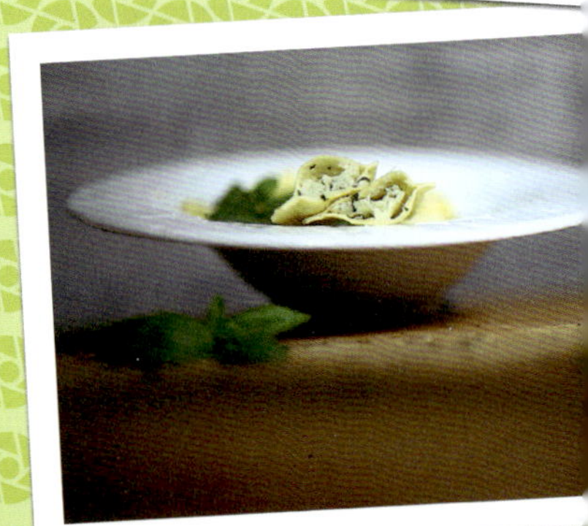

ESSEN MIT BLITZ

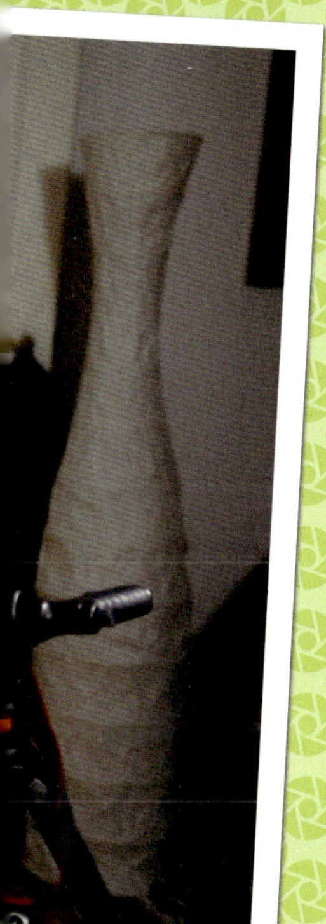

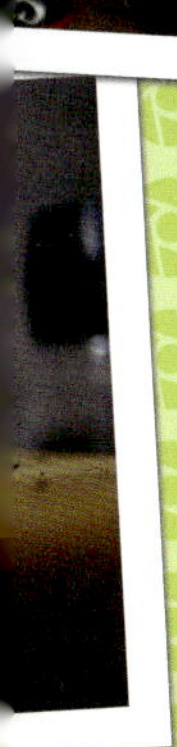

Zutaten

Topf

frische Fertigtortellini

Olivenöl

Parmesankäse am Stück

Reibe

schöner großer Teller

Basilikum, Pfeffermühle und Meersalz

CD-Hülle

Holzbrett

harmonischer Hintergrund, z. B. eine Holzwand

Utensilien

Kamera

Kit-Objektiv 18–55 mm

Aufsteckblitz im manuellen Modus

Standfuß

Zubereitung

Bereite die Tortellini nach Packungsanweisung zu. Nimm zwei bis drei Tortellini zur Seite und gib den Rest vorsichtig auf einen großen schönen Teller. Beträufle sie mit Olivenöl, reibe frischen Parmesankäse grob über den Teller, zupfe ein paar Blätter Basilikum dazu und mahle frischen schwarzen Pfeffer und grobes Meersalz darüber.

Schneide einen der Tortellini, die du zur Seite gelegt hast, mit einem scharfen Messer vorsichtig in der Mitte durch (drücke den Schnittrand ein wenig nach außen, damit er größer wirkt) und drapiere beide Hälften auf dem Tellerrand. Stell den Teller jetzt halb auf eine CD-Hülle und richte ihn vor der Wand schön aus. Die CD-Hülle erhöht den Teller auf einer Seite, und wir können besser auf den Teller schauen. (Achtung: Die Hülle darf nicht sichtbar sein!)

Stelle den Blitz mit dem Standfuß halb vorne neben den Teller auf den Tisch und richte ihn zur Decke. Wechsle in den manuellen Modus und regle auf 1/4 Leistung.

Zoome das Objektiv auf 55 mm und wähle Blende *f*5.6, 1/160 s Verschlusszeit und ISO 100. Der Weißabgleich steht auf „Blitz", der Autofokus ist aktiviert. Lege dir den Fokuspunkt nun im Hochformat auf die aufgeschnittenen Tortellini im Vordergrund und löse aus.

TIPP

Spieße einen aufgeschnittenen Tortellino auf eine Gabel auf und halte ihn mittig vor den Teller. Fokussiere nur auf die Gabel, und du erhältst einen unscharfen Hintergrund, auf dem man den Teller aber noch erkennt.

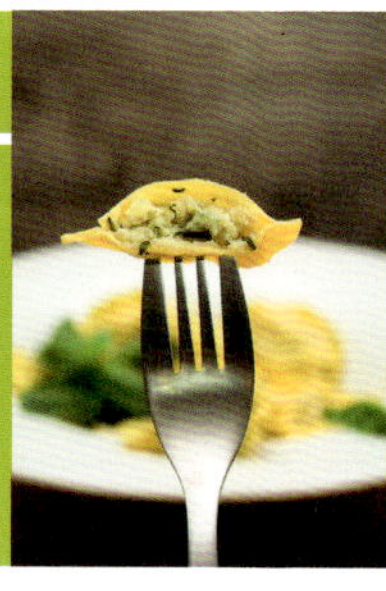

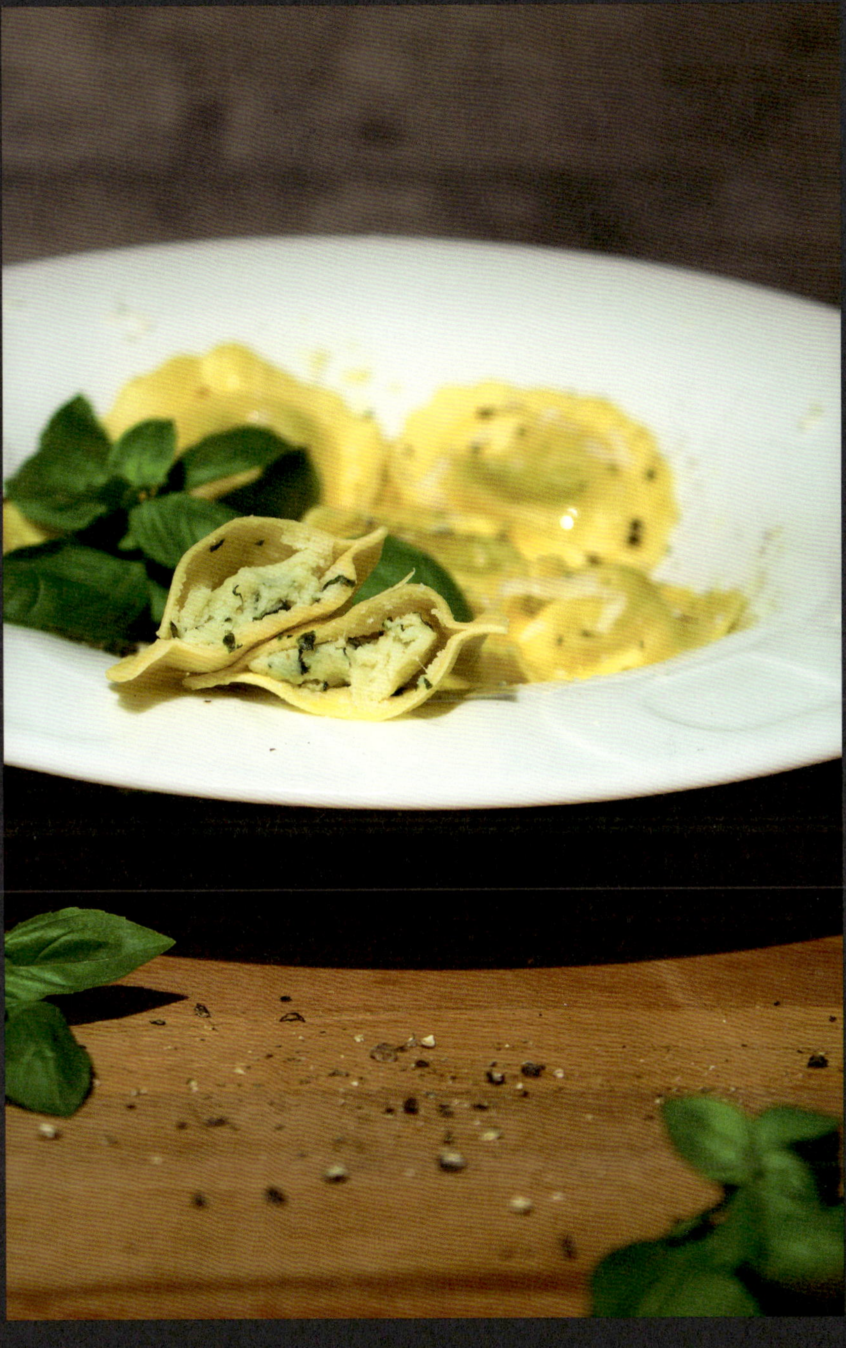

f5.6 / 1/160 s / ISO 100 / 55 mm

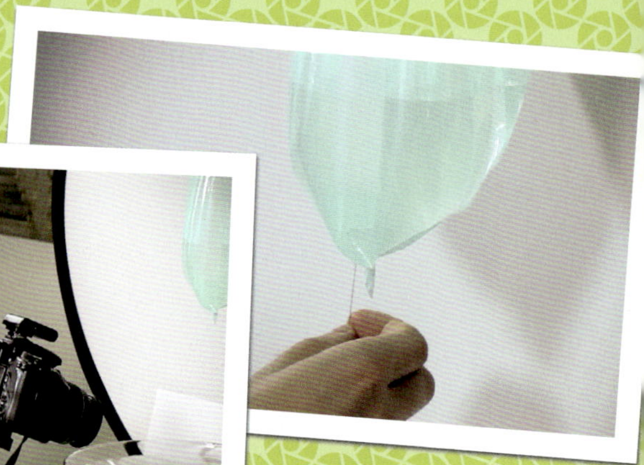

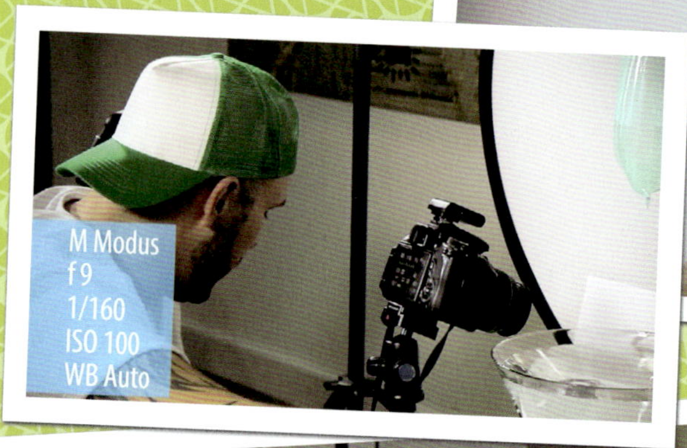
M Modus
f 9
1/160
ISO 100
WB Auto

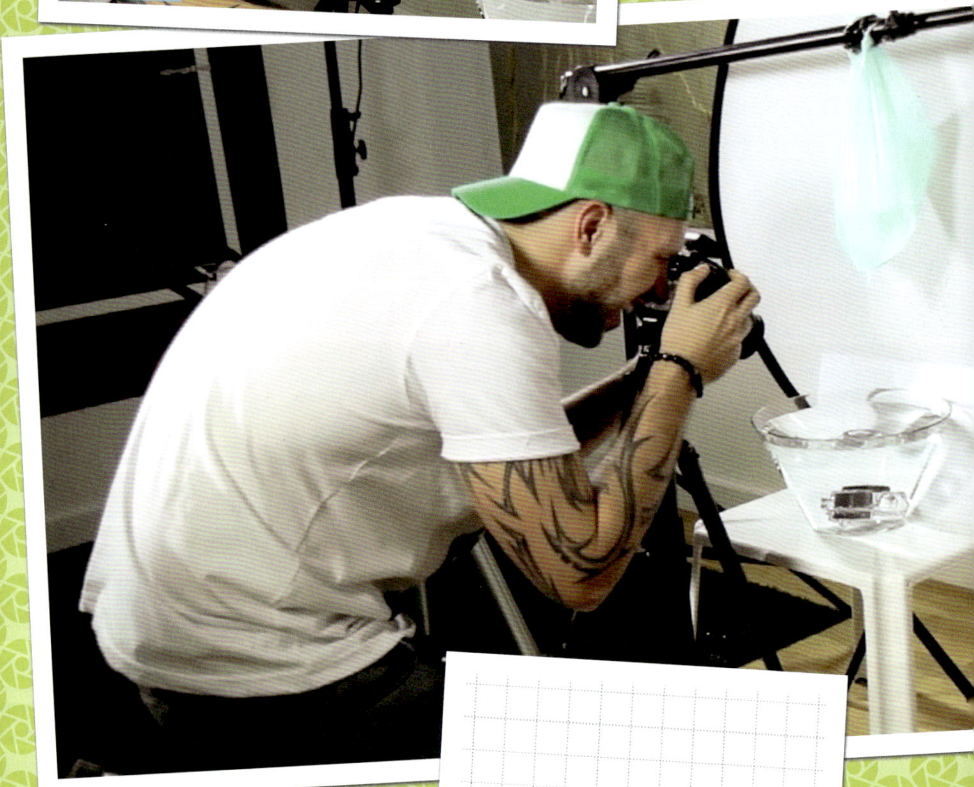

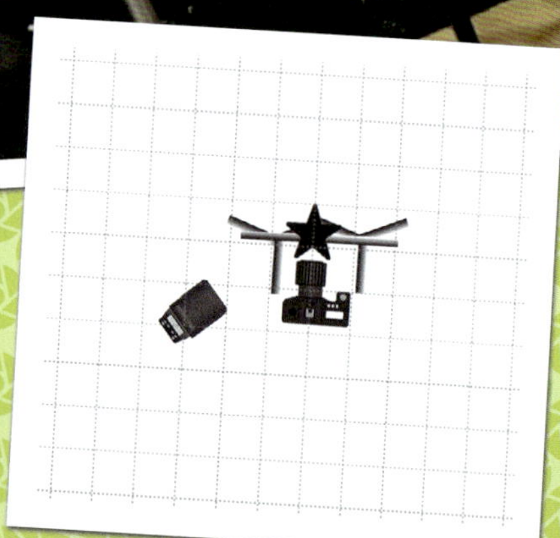

WASSERTROPFEN

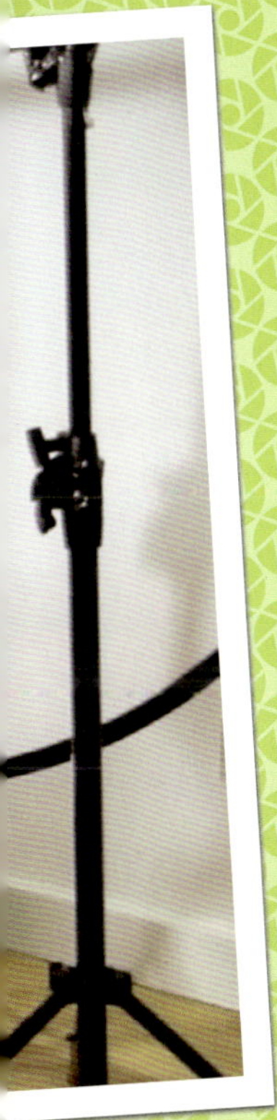

Zutaten

- eine Schüssel
- drei Stative oder Stangen
- Plastiktüte
- Klebeband
- Wasser
- Nadel
- geschlossener Raum
- Haushaltsrolle

Utensilien

- Kamera
- Kit-Objektiv 18–55 mm
- Aufsteckblitz im manuellen Modus
- Stativ
- Funkauslöser

Zubereitung

Stelle eine Schüssel mit ein wenig Wasser auf einen Tisch und baue aus drei Stangen oder Stativen eine Brückenkonstruktion über die Schüssel. Fülle eine Plastiktüte mit Wasser und klebe einen Streifen Klebeband unten an die Tüte. Befestige die Tüte an der Stativ-/Stangenkonstruktion über der Schüssel und steche mit der Nadel ein kleines Loch in die Stelle mit dem Klebestreifen. Achtung: Jetzt fängt es an zu tropfen!

Befestige die Kamera auf dem Stativ und zoome auf 55 mm. Gehe so nah wie möglich an die Stelle, auf der die Wassertropfen ins Wasser der Schüssel treffen. Verbinde den Blitz mit dem Funkauslöser und stelle ihn im manuellen Modus auf 1/4 Leistung. Fokussiere manuell auf die auftreffenden Wassertropfen und nimm den Blitz in die Hand. Stelle die Blende im manuellen Modus der Kamera auf *f*9, 1/160 s Verschlusszeit, ISO 100 und löse jetzt, sobald der Tropfen aufs Wasser trifft, aus.

Du wirst einige Versuche brauchen, aber irgendwann hast du den Dreh raus – und deine Wohnung steht wahrscheinlich unter Wasser: Deshalb: Halte die Haushaltsrolle stets bereit!

TIPP

Stelle den Weißabgleich auf „Kunstlicht“, um eine kühle Stimmung zu bekommen.

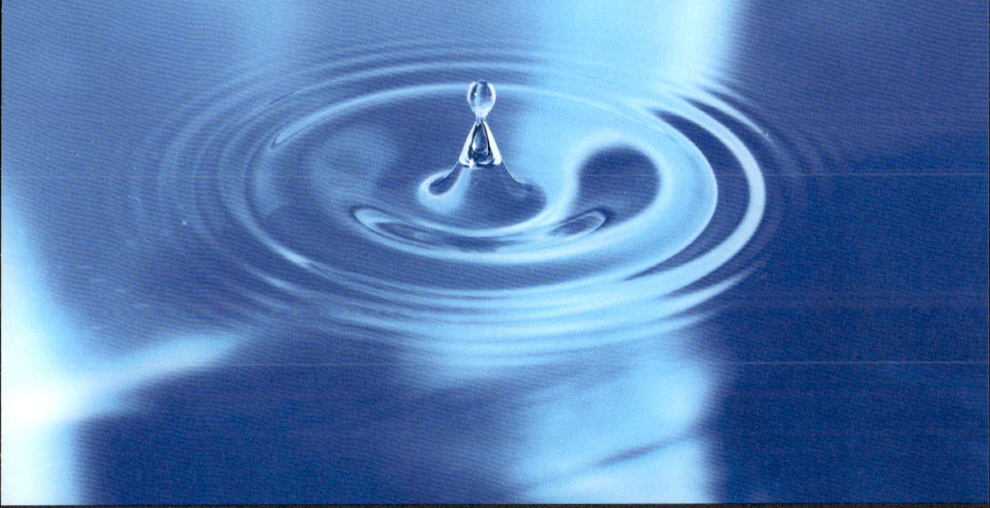

ƒ9 / 1/160 s / ISO 100 / 55 mm

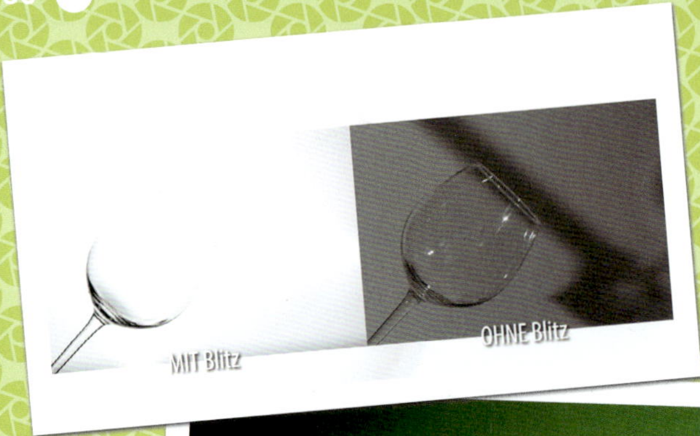
MIT Blitz
OHNE Blitz

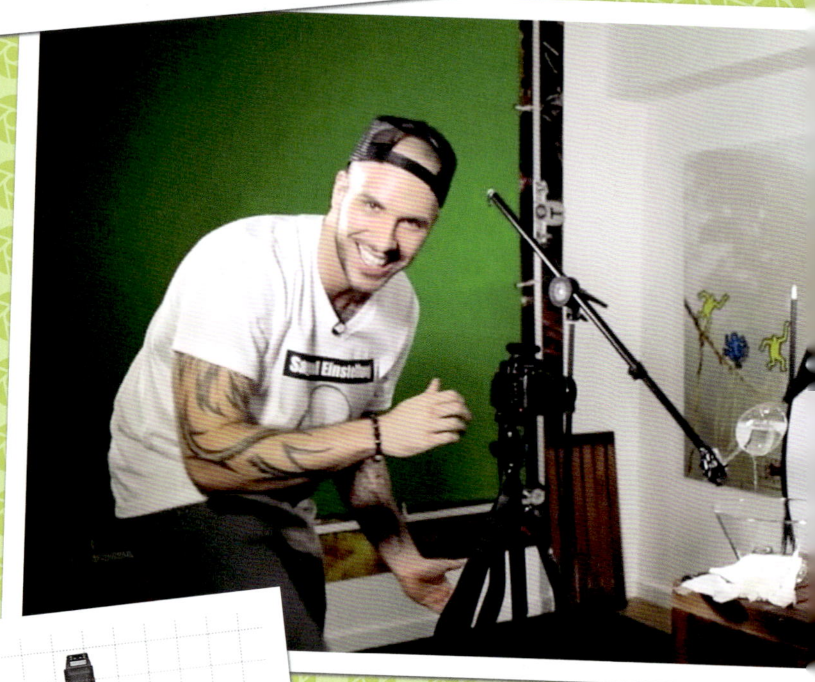

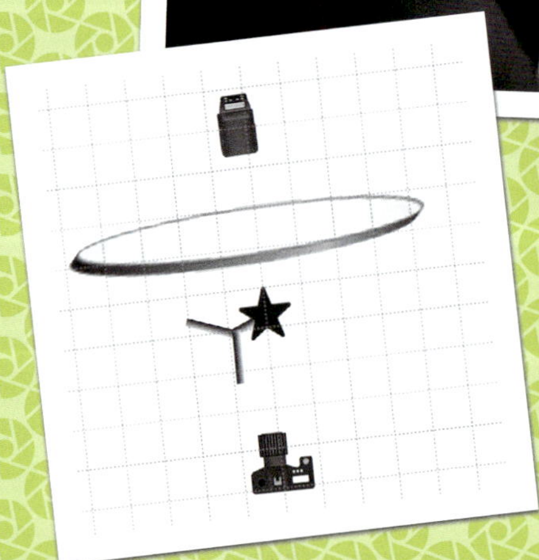

WASSER INS GLAS

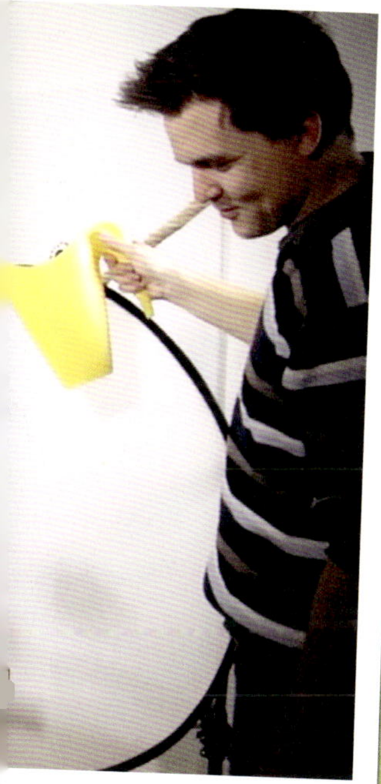

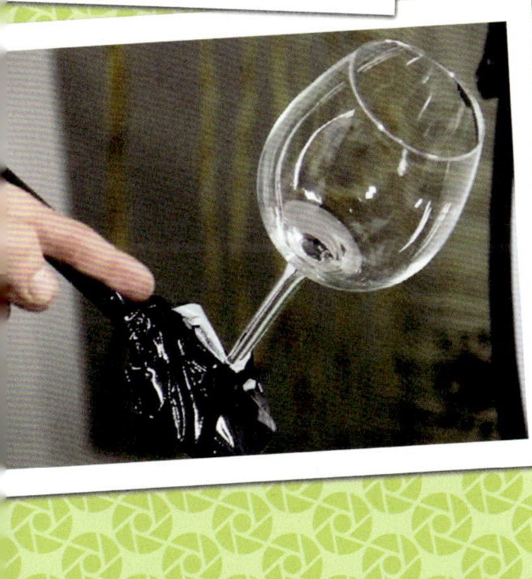

Zutaten

Weinglas
Klebeband
zwei Stative
weißer, diffuser Stoff (z. B. Gardine o. Ä.) oder ein Pop-up-Reflektor
Tisch
Schüssel
weißer Hintergrund
Wasser
Gießkanne
Helfer
Haushaltsrolle
geschlossener Raum

Utensilien

Kamera
Kit-Objektiv 18–55 mm
Aufsteckblitz im manuellen Modus
Funkauslöser
Stativ

Zubereitung

Befestige ein Weinglas mit starkem Klebeband so am Fuß an einem Stativ, dass es leicht schräg steht. Stelle den Blitz mit Funkauslöser auf das Kamerastativ und befestige davor etwas weißen, diffusen Stoff (eine Gardine o. Ä.). Ich nehme die Innenseite eines Pop-up-Reflektors, falls du so einen besitzt, ist der perfekt dafür geeignet. Platziere das Stativ mit dem Glas etwa fünf Zentimeter vor die weiße Hintergrundfläche. Unter das Glas stellst du eine Schüssel, die später das Wasser auffängt. Die Kamera befestigst du auf einem Stativ und stellst sie so auf, dass du einen schönen Bildausschnitt hast, wenn das Objektiv auf 40 mm gezoomt ist. Das Glas und der weiße Hintergrund sollten zu sehen sein und noch genügend Platz für den später folgenden Wasserstrahl bieten.

Stelle den Blitz auf 1/2 Leistung im manuellen Modus und richte ihn direkt durch den Diffusor auf das Glas. Wechsle in den manuellen Modus der Kamera und wähle Blende *f*11, 1/200 s Verschlusszeit und ISO 100. Fokussiere manuell auf das Glas und stelle den Weißabgleich auf „Blitz".

Jetzt beginnt der Spaß: Dein Helfer gießt nun vorsichtig das Wasser mit der Gießkanne in das Glas. Versuche den richtigen Moment zu treffen, in dem das Wasser am Glasrand hochschwappt, und löse aus. Auch bei diesem Motiv brauchst du sicher anschließend die Haushaltsrolle zum Aufwischen des Wassers!

TIPP

Nimm bunte Flüssigkeiten für coole Farbeffekte und mische auch Farben miteinander.

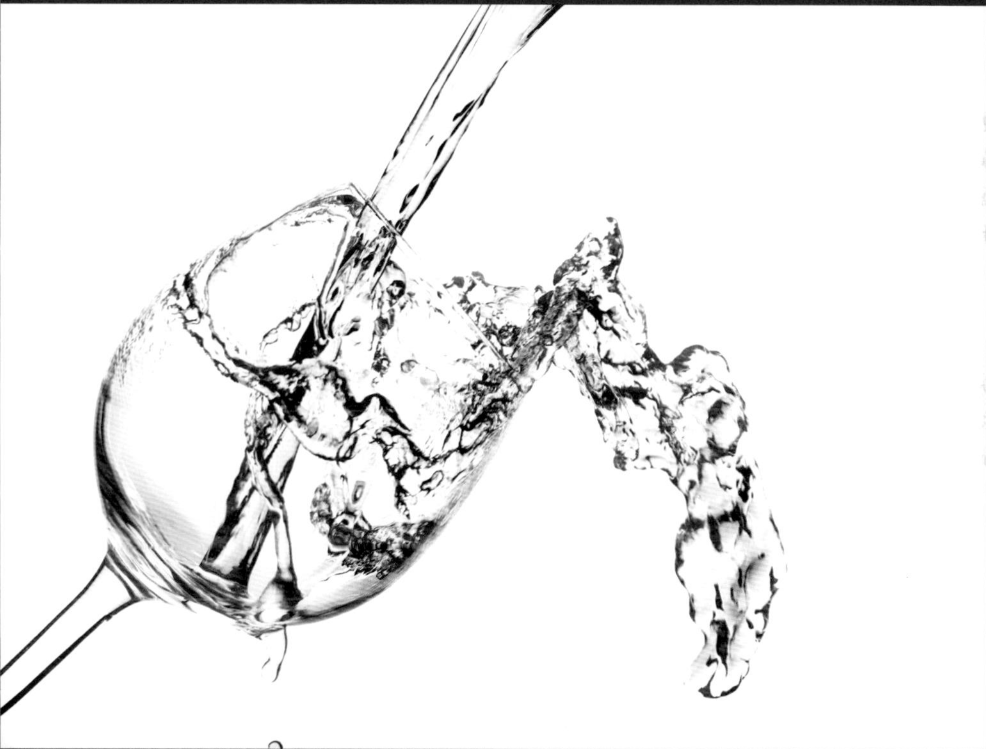

ƒ11 / 1/200 s / ISO 100 / 40 mm

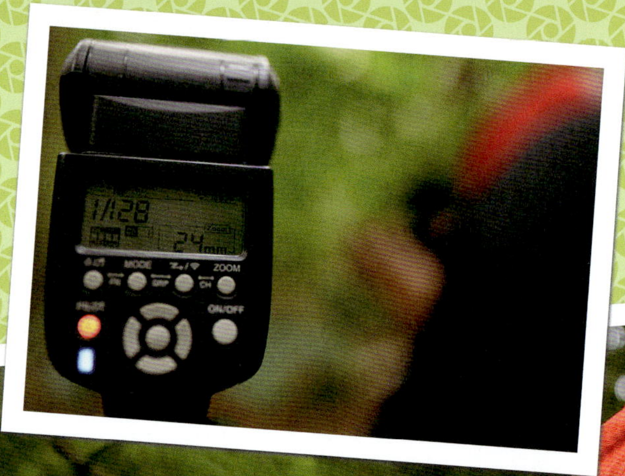
1/128
24mm
MODE
ZOOM
ON/OFF

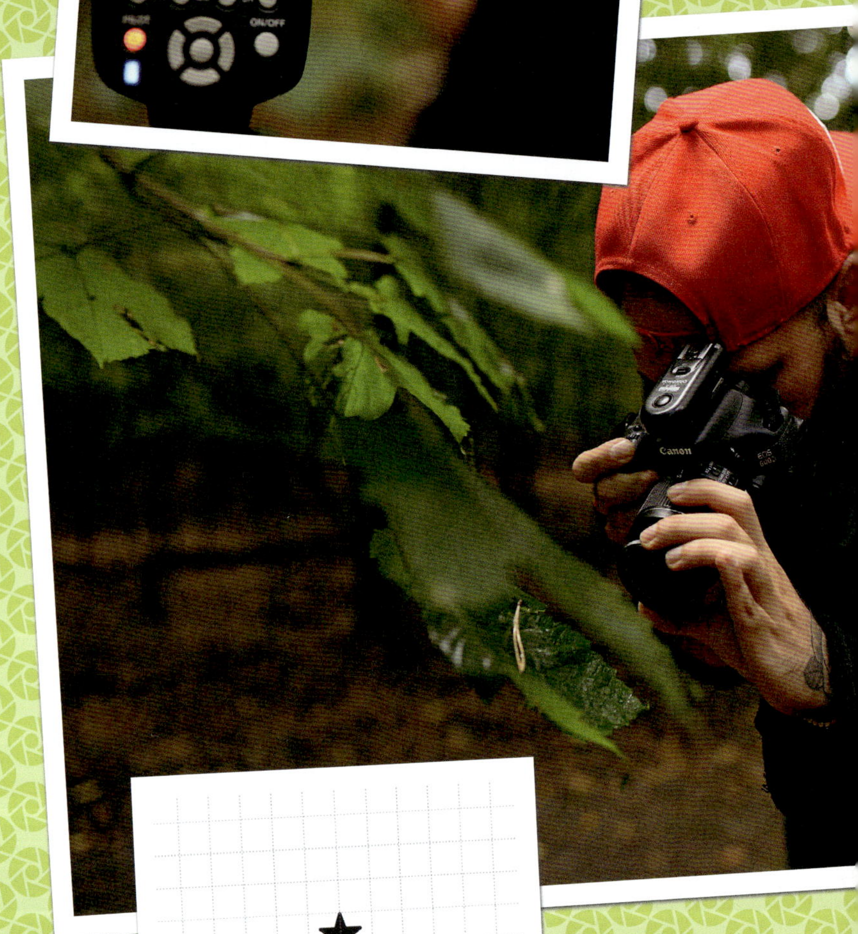
Canon

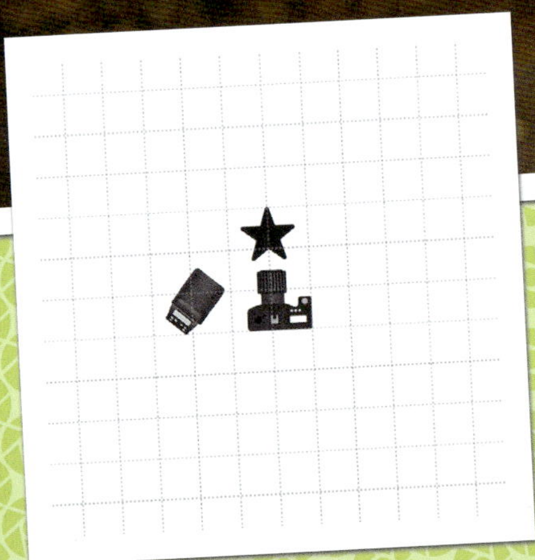

MAKRO INSEKT

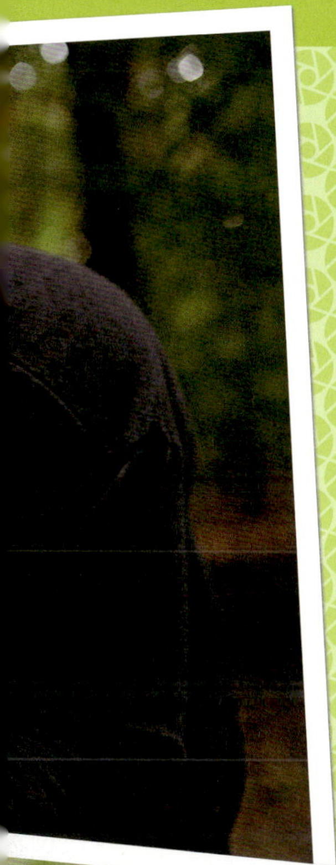

Zutaten

Insekt

Schatten

Pflanze

Zeitpunkt:
später Nachmittag

Utensilien

Kamera

Kit-Objektiv 18–55 mm

Aufsteckblitz im manuellen Modus

Funkauslöser

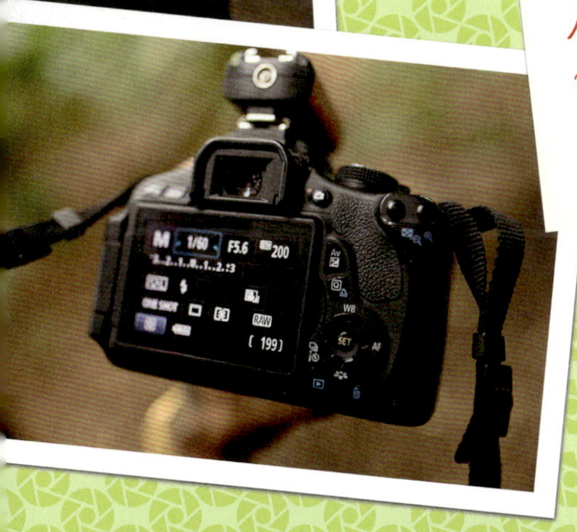

Zubereitung

Gehe am späten Nachmittag in den Wald oder auf eine Wiese und halte auf dem Boden und in Blättern Ausschau nach Insekten. Suche eine Stelle, die im Schatten liegt, da Insekten allgemein im Kühlen träger und dadurch einfacher zu fotografieren sind.

Stelle den Blitz auf ein Stativ und dieses mit einem halben Meter Abstand leicht schräg von vorne zu den Krabbeltieren. Begib dich auf Augenhöhe mit dem Insekt und wähle im manuellen Modus eine Blende *f*5.6, 1/60 s Verschlusszeit und ISO 200. Aktiviere den Fokuspunkt rechts oben und stelle im Blitz im manuellen Modus 1/128 Leistung ein. Zoome das Objektiv auf 55 mm und gehe so nah, wie die Fokussierung zulässt, an das Insekt ran. Achte darauf, dass du dir nicht selbst im Licht stehst, da das Bild sonst dunkel wird.

TIPP 1

Versuche auch den Winkel des Blitzes zu verändern, da du so interessante Lichtstimmungen schaffen kannst. Ein Blitz von schräg hinter dem Insekt betont die Form sehr schön und macht das Bild dramatischer.

TIPP 2

Beobachte, an welche Pflanzen die Insekten gerne gehen und welche sie eher meiden. Bienen und Hummeln tummeln sich z. B. oft bei denselben Blütenpflanzen und sammeln Pollen. Wenn du dir eine der Blüten aussuchst und einen Moment dort wartest, ist die Wahrscheinlichkeit groß, dass ein Insekt vorbeischaut. Spinnen sind abends meistens in und tagsüber neben ihrem Netz zu finden und können sehr gut stillhalten. Sie sind ein dankbares Motiv – wenn du dich traust, nah ranzugehen.

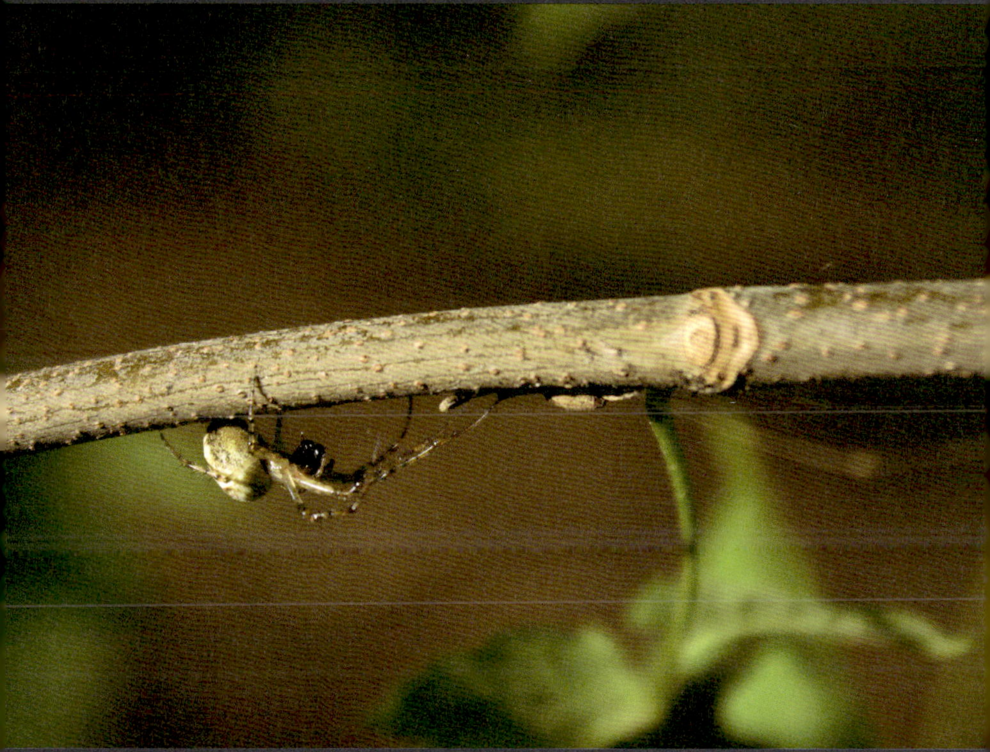

f5.6 / 1/60 s / ISO 200 / 55 mm

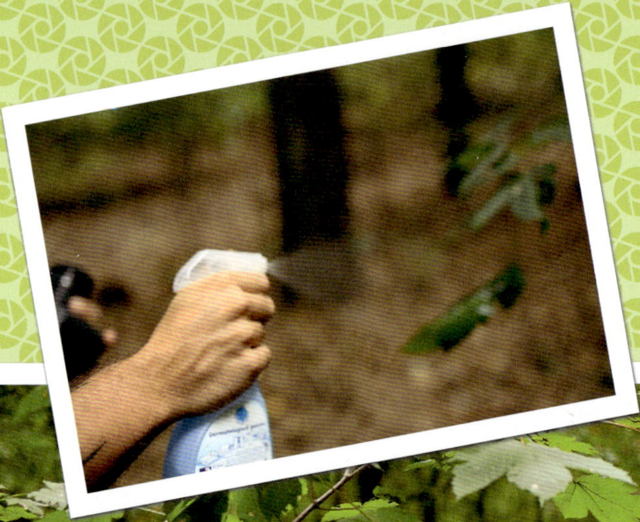

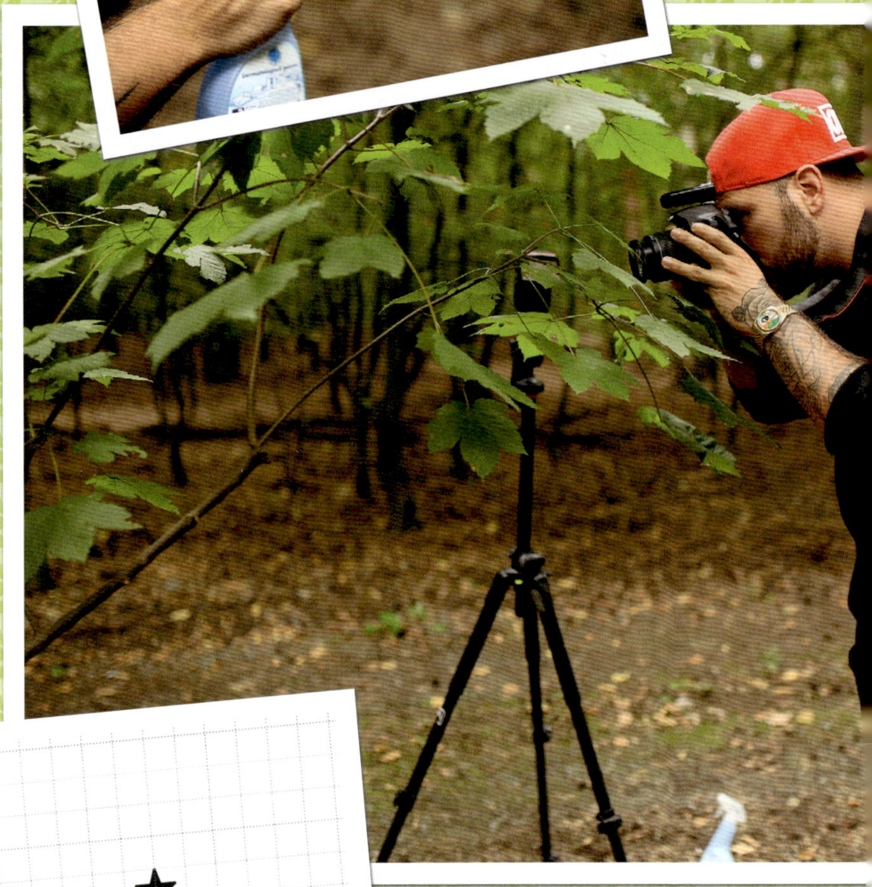

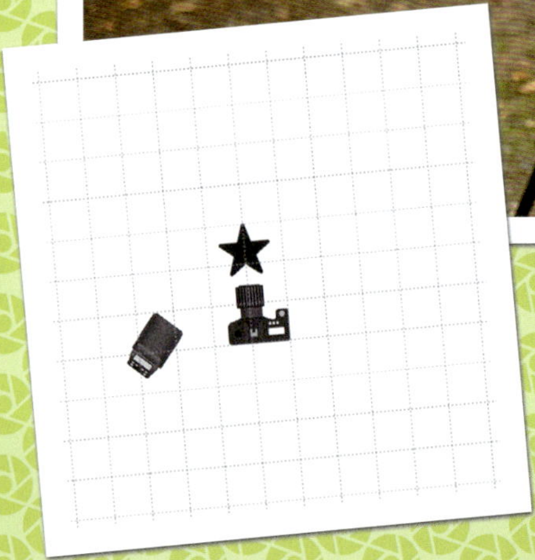

MAKRO SPINNENNETZ

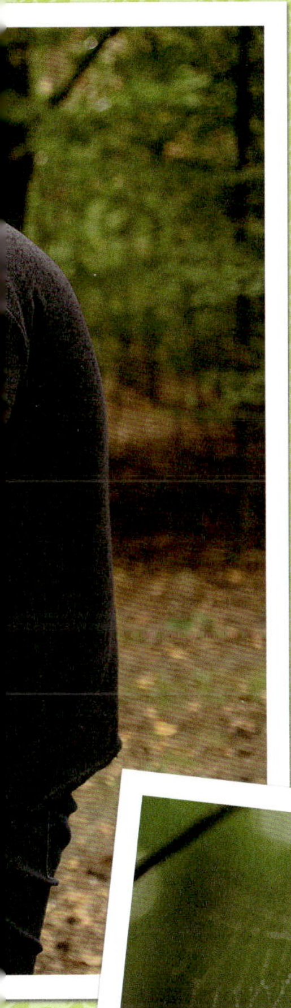

Zutaten

Spinnennetz

Schatten

Zerstäuber mit Wasser

Utensilien

Kamera

Kit-Objektiv 18–55 mm

Aufsteckblitz im manuellen Modus

Stativ

Funkauslöser

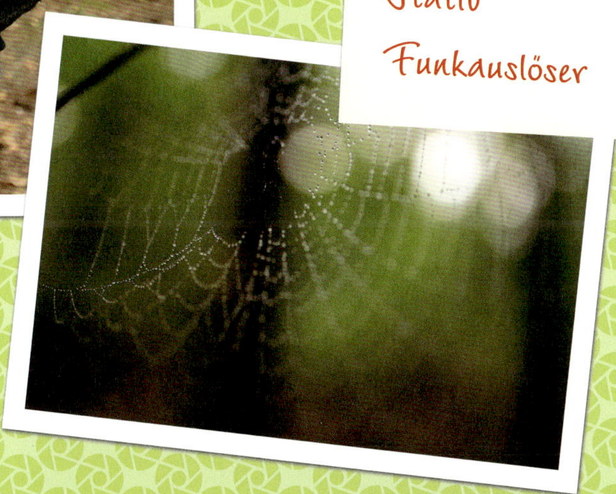

Zubereitung

Finde ein schönes großes Spinnennetz im Schatten und befestige den Blitz auf dem Stativ. Fahre die Diffusorklappe des Blitzes aus und regle im manuellen Modus auf 1/16 Leistung. Positioniere den Blitz leicht erhöht, ca. einen Meter entfernt schräg vor dem Netz, und wechsle in den manuellen Modus der Kamera.

Zoome das Objektiv auf 55 mm, wähle Blende *f*8, 1/160 s Verschlusszeit und ISO 100. Sprühe mit dem Zerstäuber einige Male kräftig auf das Netz. Je öfter du das hintereinander machst, desto dicker werden die Tropfen. Bewege dich so nah es geht an das Netz mit den Tropfen. Fokussiere über den mittleren Fokuspunkt ganz parallel zum Netz, um möglichst viele Tropfen scharf zu bekommen, oder richtig schräg, um mit Schärfe und Unschärfe zu spielen.

Den Weißabgleich stellst du auf „Kunstlicht", der Bildstabilisator ist aktiv. Durch die geschlossene Blende und die schnelle Verschlusszeit wird der Hintergrund komplett schwarz. Die Wassertropfen machen das Netz nicht nur besser sichtbar, sondern sorgen auch für eine interessantere Wirkung. Der bläuliche Look des Weißabgleichs tut sein Übriges – und wir haben es geschafft, aus einem alltäglichen Motiv etwas ganz Besonderes zu machen.

TIPP

Verändere den Winkel des Blitzes und beobachte, wie sich die Wassertropfen verändern.

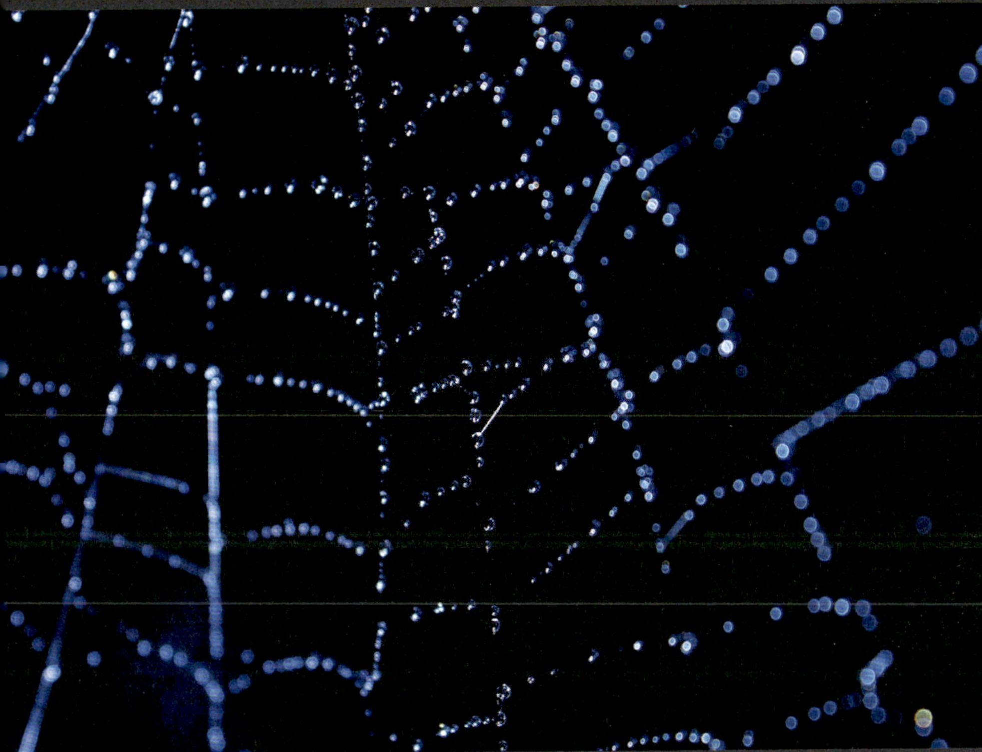

ƒ8 / 1/160 s / ISO 100 / 55 mm

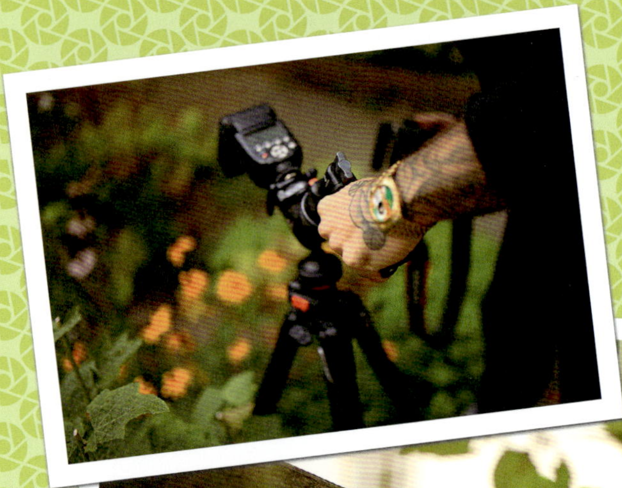

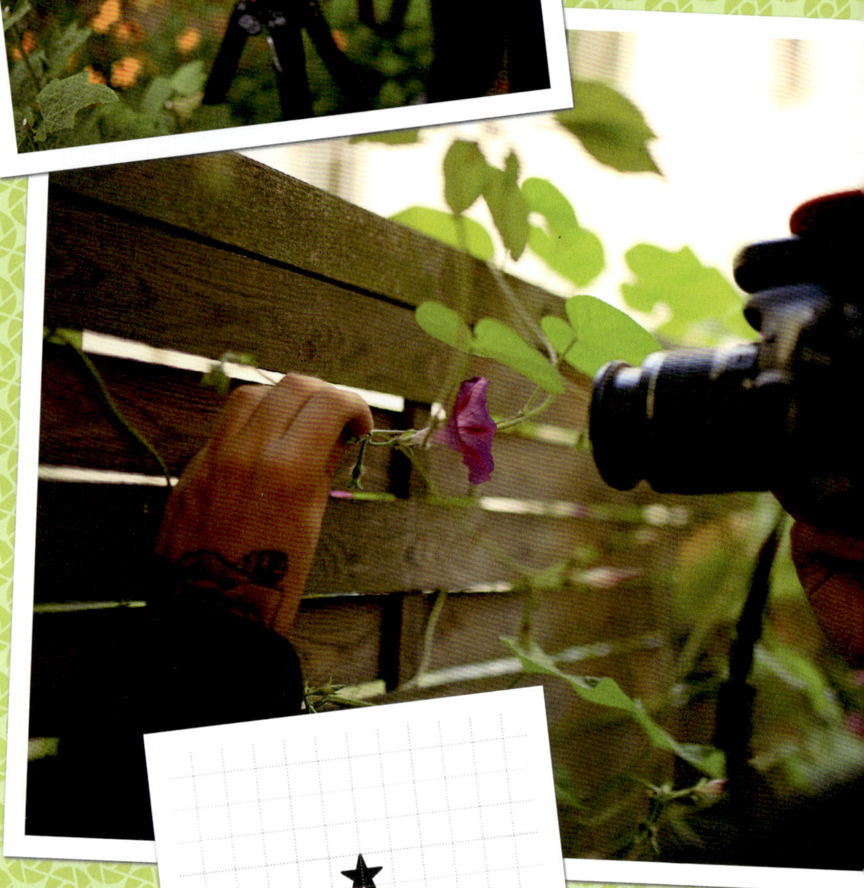

MAKRO BLUME

Zutaten

Blume

kein direkter Sonnenschein

Utensilien

Kamera

Kit-Objektiv 18–55 mm

Aufsteckblitz im manuellen Modus

Funkauslöser

Stativ

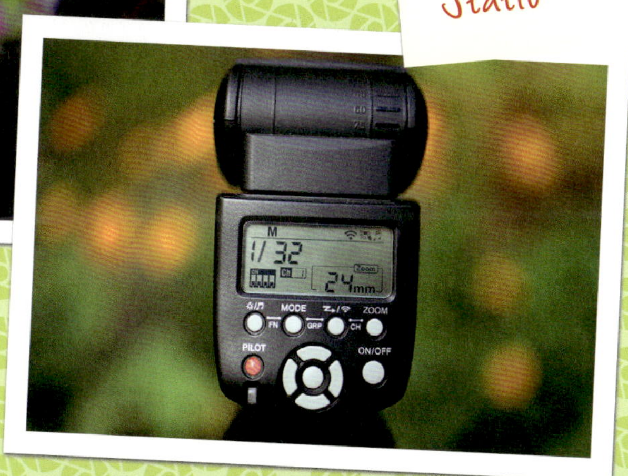

Zubereitung

Suche dir eine schöne Blume mit großer Blüte, die im Schatten steht, befestige den Blitz mit Funkauslöser auf dem Stativ und stelle es ca. 20 cm entfernt auf.

Wähle beim Blitz im manuellen Modus 1/32 Leistung und fahre die Diffusorklappe aus. Das Licht wird jetzt weiter gestreut und dadurch weicher. Zoome das Objektiv auf 55 mm und wechsle in den manuellen Modus der Kamera mit Blende *f*13, 1/100 s Verschlusszeit und ISO 100. Gehe mit der Kamera genau auf Augenhöhe mit der Blume und stelle den Blitz im 45-Grad-Winkel seitlich dazu, leicht erhöht auf.

Gehe so nah an die Blume heran, dass du gerade noch so fokussieren kannst, und löse aus. Solltest du den Blitz abschatten, versuche den Winkel zu verändern. Ich mag es, direkt in die Blume zu fotografieren, und fokussiere dabei auf den Stempel. Das Blitzlicht hellt das Motiv übrigens nicht nur einfach auf, sondern lässt auch die Farben sehr schön strahlen.

TIPP

Blumen im Morgentau mit vielen Wassertropfen haben ihren ganz besonderen Reiz. Gehe dabei so vor wie im Rezept mit dem Spinnennetz beschrieben.

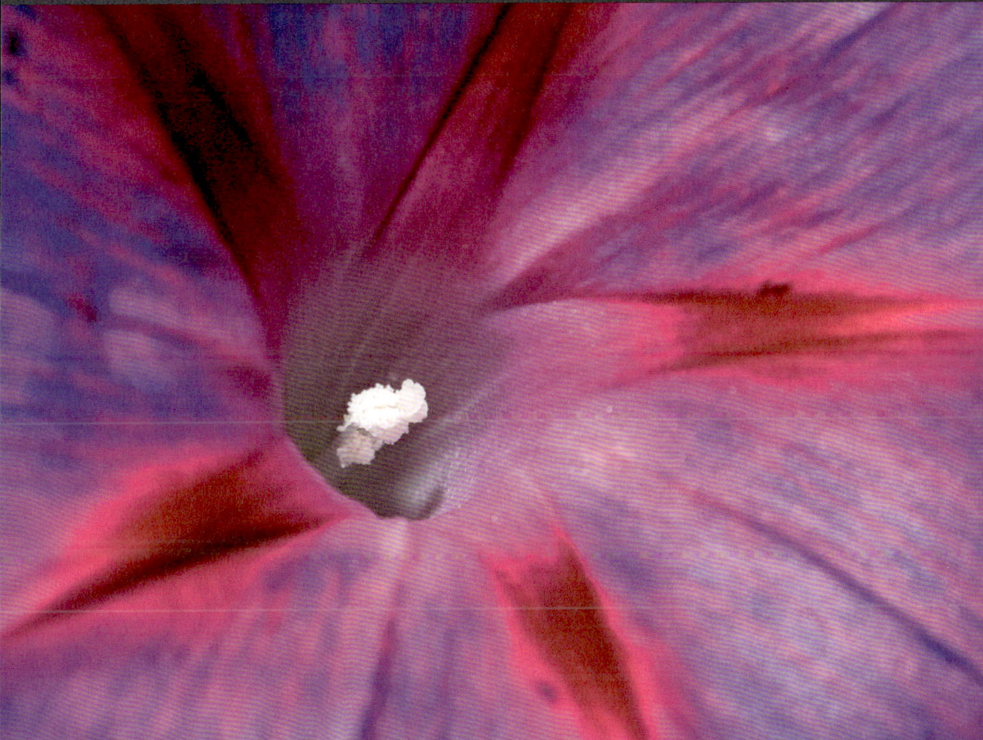

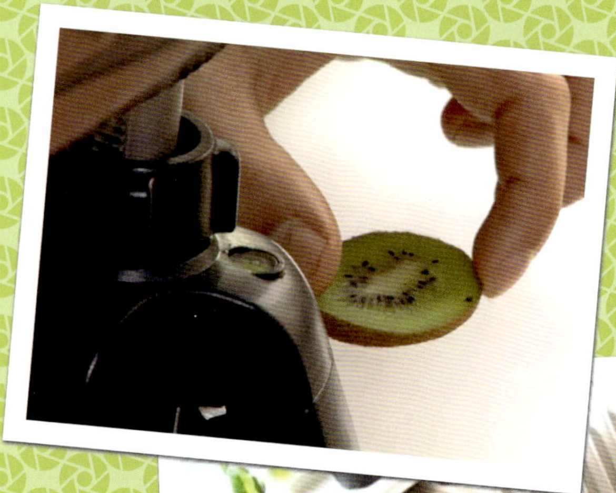

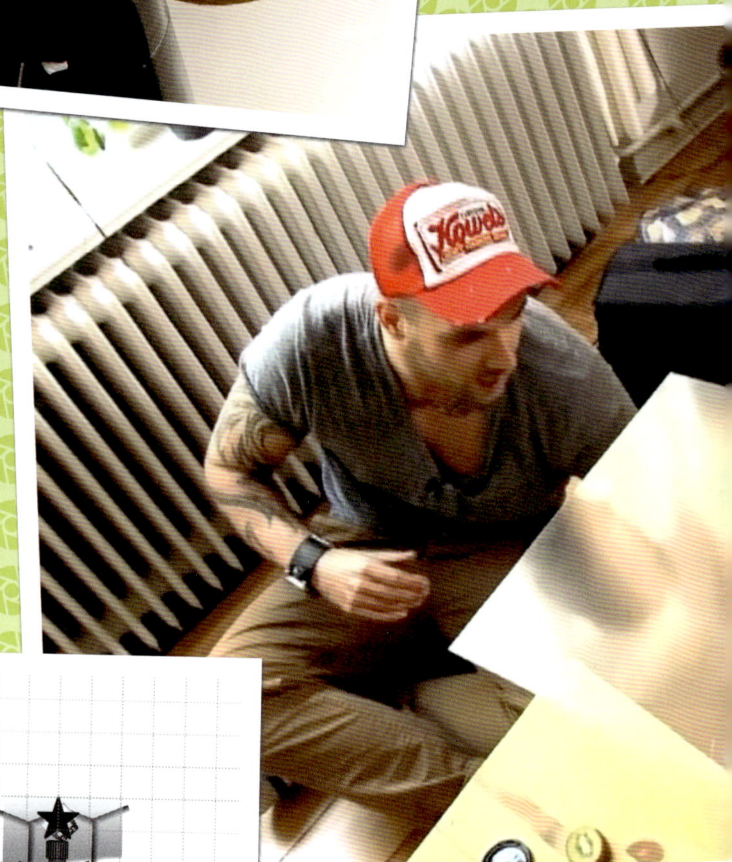

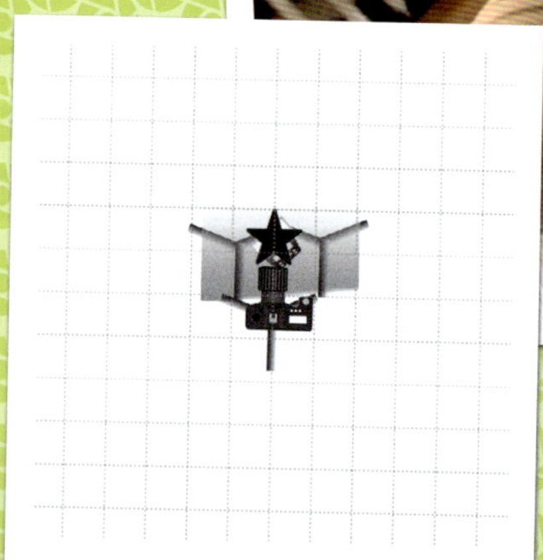

LEUCHTENDES OBST

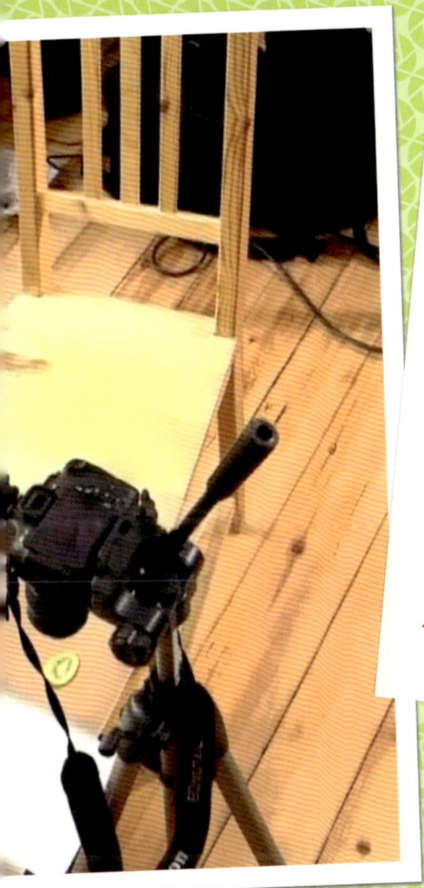

Zutaten

- Messer
- Kiwi
- Glas- oder Plexiglasplatte
- zwei Stühle

Utensilien

- Kamera
- Kit-Objektiv 18–55 mm
- Stativ
- Funkauslöser

Zubereitung

Schneide aus der Kiwi in der Mitte eine dünne Scheibe heraus und lege diese auf die Glasplatte. Dann stellst du zwei Stühle im Abstand von 20 Zentimetern so auf, dass ihre Sitzflächen zueinanderzeigen. Lege die Glasplatte auf die Lücke. Den Blitz legst du mit dem Funkauslöser darunter, sodass das Licht die Kiwischeibe von unten beleuchtet. Stelle die Kamera auf das Stativ, zoome es auf 55 mm und neige es nach unten. Gehe so nah wie möglich an die Kiwi heran und stelle manuell scharf. Den besten Effekt hast du, wenn du nur einen Ausschnitt der Kiwi im Bild hast.

Wechsle in den manuellen Modus der Kamera und wähle Blende *f*16, 1/160 s Verschlusszeit und ISO 100. Den Blitz stellst du im manuellen Modus auf 1/2 Leistung und fährst die Diffusorscheibe aus.

Durch das Licht von unten wird die Kiwi durchsichtig und fängt an zu leuchten. Der Rest wird durch die Überstrahlungen des starken Blitzes weiß.

TIPP

Du kannst auch andere Früchte und Gemüsesorten nach dem gleichen Verfahren von unten beleuchten und daraus z. B. eine Collage erstellen. Faszinierend, wie Dinge aussehen, wenn man Licht durch sie schickt, oder? Probiere selber aus, welches Obst oder Gemüse am besten aussieht: Orangen, Tomaten, Gurken – alles ist möglich.

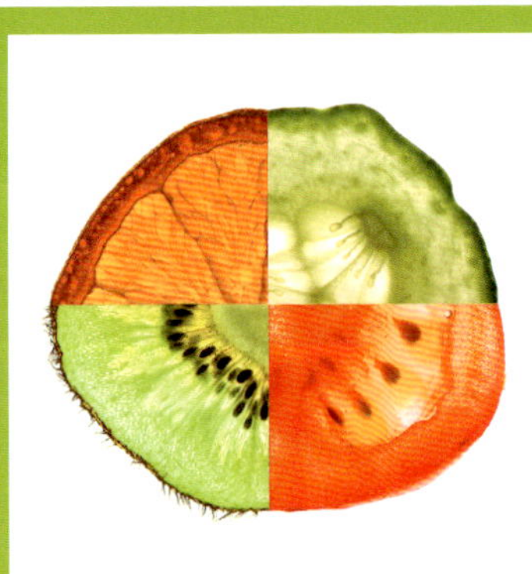

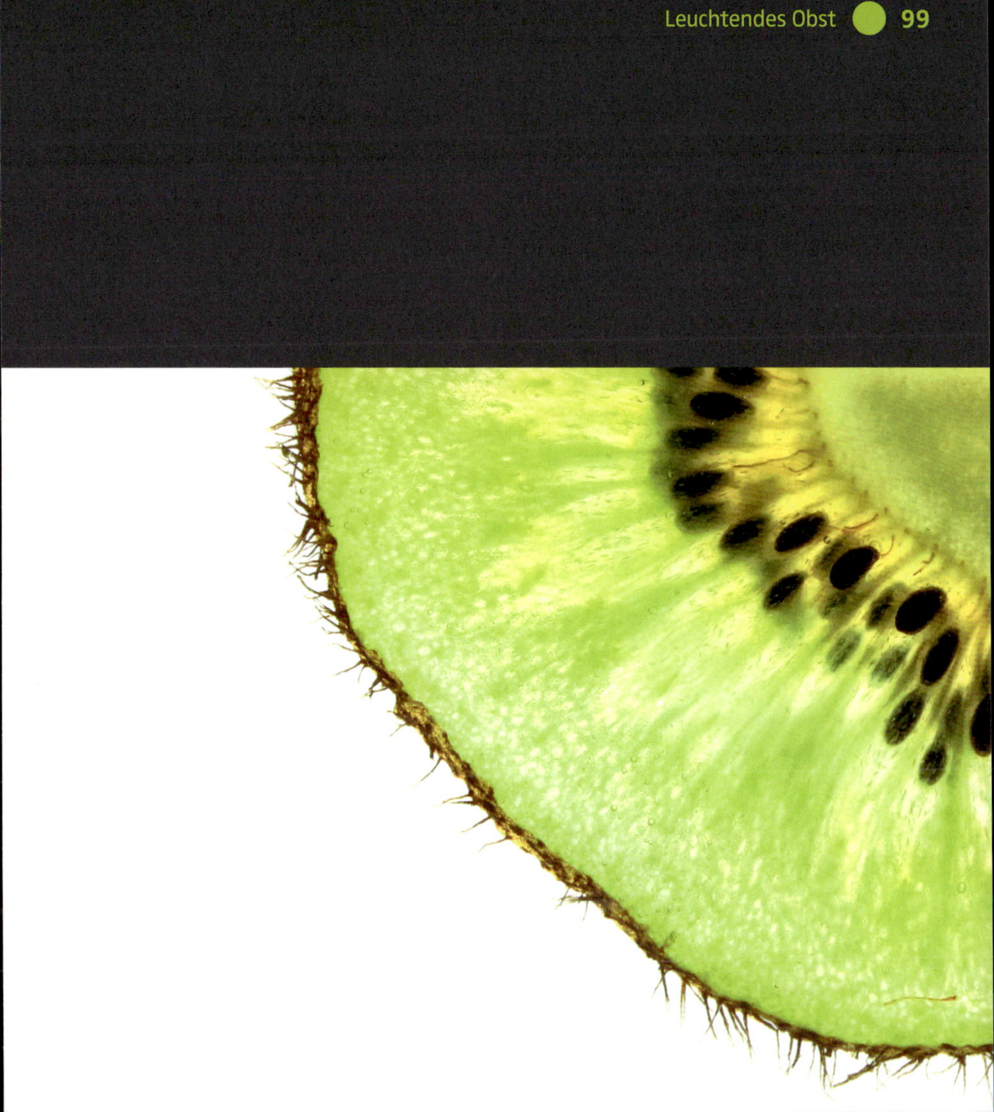

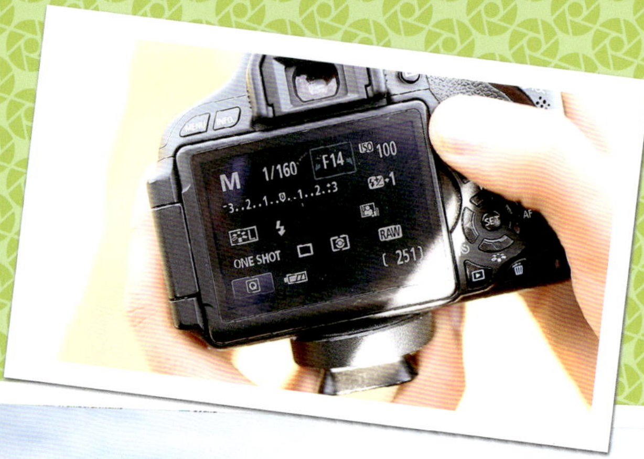
MENU
INFO.
M
1/160
F14
ISO 100
-3..2..1..0..1..2.:3
ONE SHOT
RAW
[251]

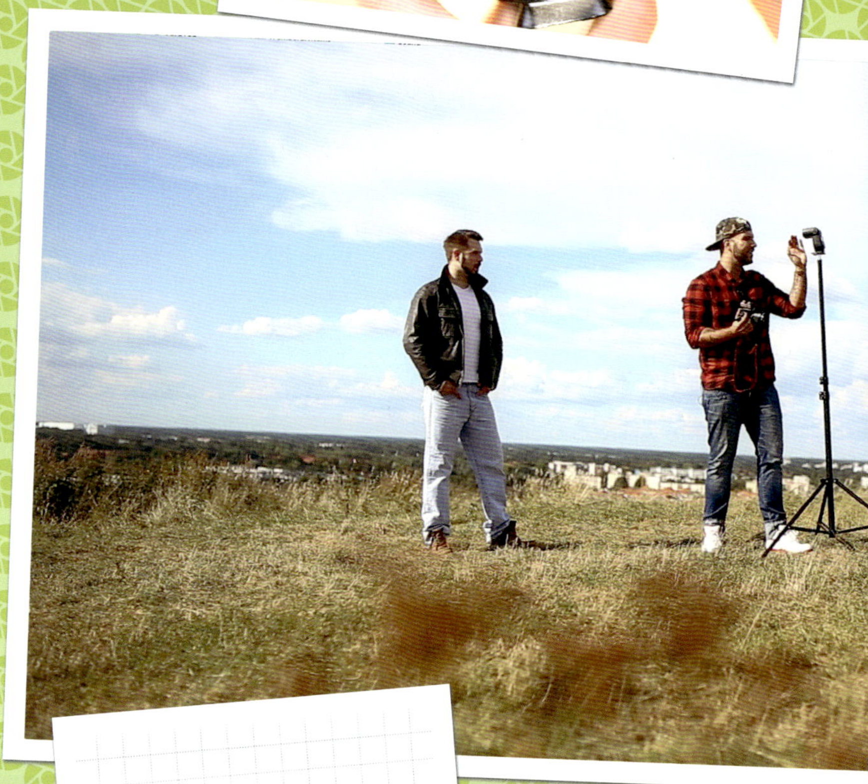

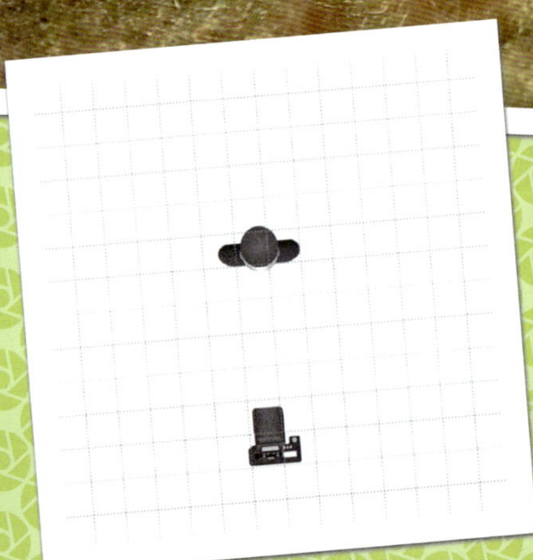

DIE SONNE WIRD ZUM STERN

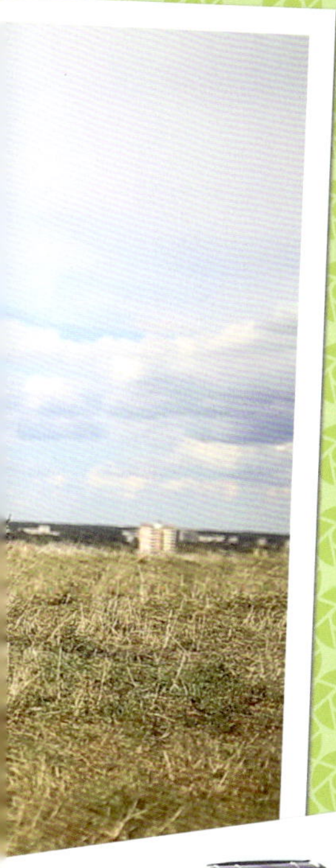

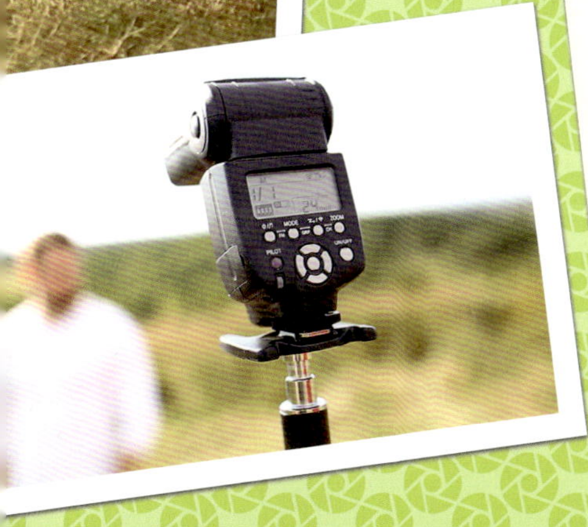

Zutaten

Model
Sonne am Nachmittag
freier Horizont

Utensilien

Kamera
Kit-Objektiv 18–55 mm
Aufsteckblitz im manuellen Modus
Stativ für Blitz
Funkauslöser

Zubereitung

Begib dich an einem schönen sonnigen Tag ohne viele Wolken an einen Platz, an dem du freie Sicht auf den Horizont hast, wie zum Beispiel auf einem Hügel oder einem Dach. Platziere das Model mit dem Rücken zur Sonne. Befestige den Blitz samt Funkauslöser am Stativ und positioniere ihn im 45-Grad-Winkel mit ca. 50 cm Abstand zum Model. Stelle den Blitz im manuellen Modus auf volle Leistung und bitte das Model, Gesicht und Körper in Richtung Blitz zu drehen.

Wechsle in den manuellen Modus der Kamera und wähle Blende *f*22, 1/200 s Verschlusszeit und ISO 100. Der Weißabgleich ist auf „Blitz“ gestellt und das Objektiv auf 18 mm gezoomt (mit aktiviertem Autofokus).

Lege dich jetzt auf den Boden und wähle deine Perspektive so, dass du die Sonne mit im Bild hast. Durch die geschlossene Blende wird sie jetzt zu einem riesigem Stern und das Model mit dem Blitz genügend ausgeleuchtet.

TIPP

Wenn du beim Blitz auf voller Leistung arbeitest, dauert es länger, bis er wieder blitzen kann, und die Batterien werden schneller leer. Nimm also Ersatzbatterien mit, solltest du dieses Rezept länger ausprobieren.

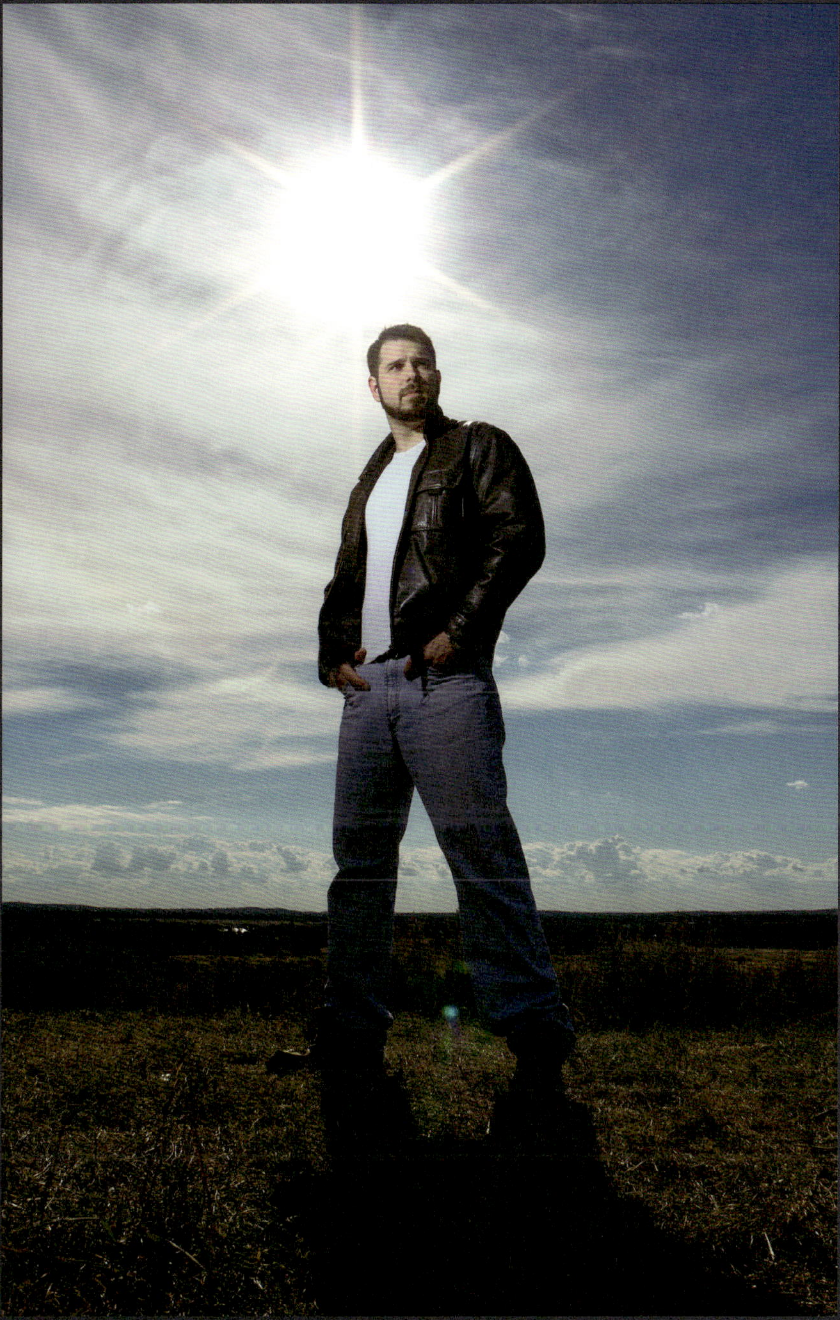

f22 / 1/200 s / ISO 100 / 18 mm

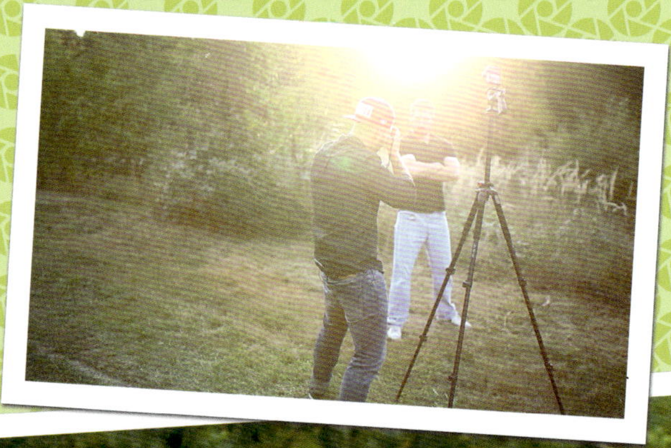

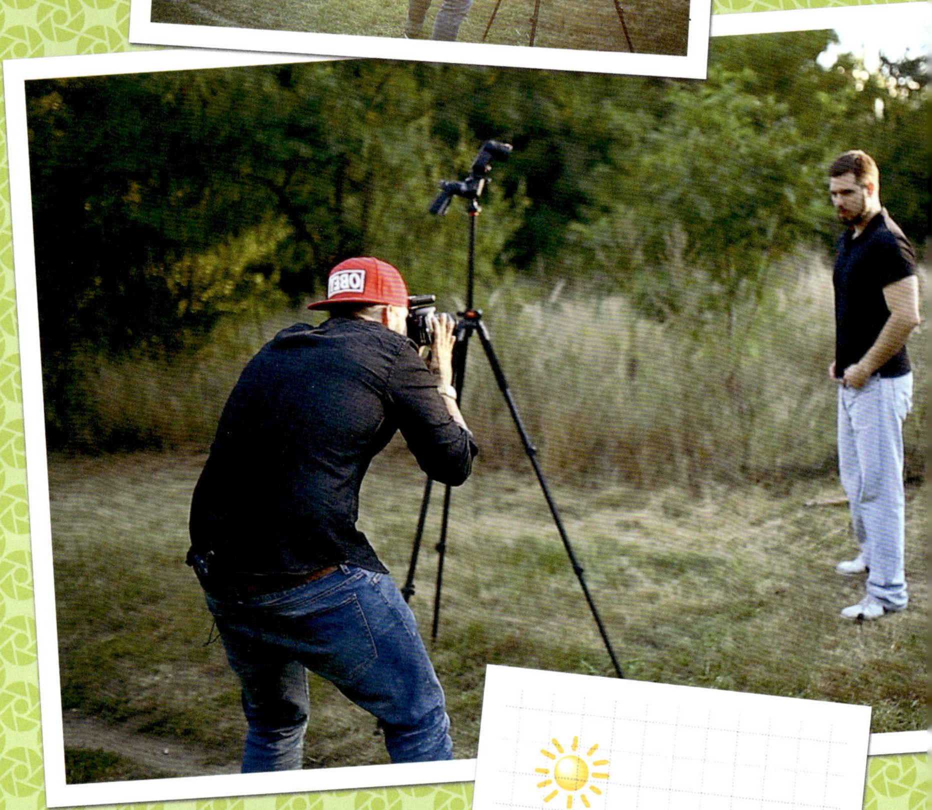

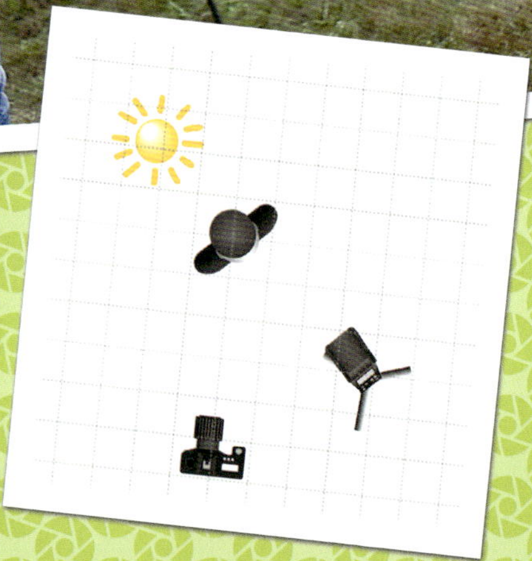

BLITZEN BEI SONNENUNTERGANG

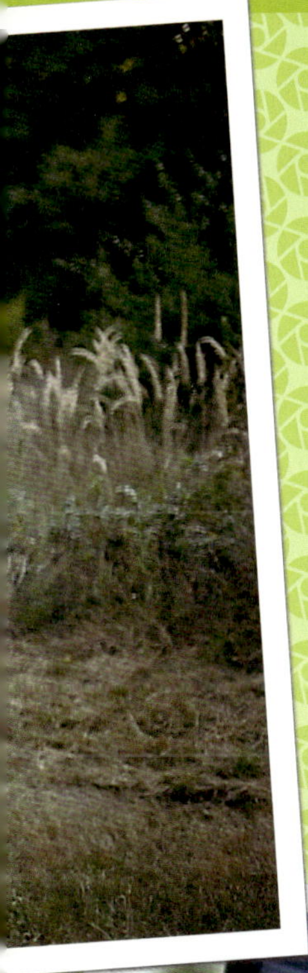

Zutaten

Model

sehr tief stehende Sonne

Feld

Utensilien

Kamera

Kit-Objektiv 18–55 mm

Aufsteckblitz im manuellen Modus

Stativ

Funkauslöser

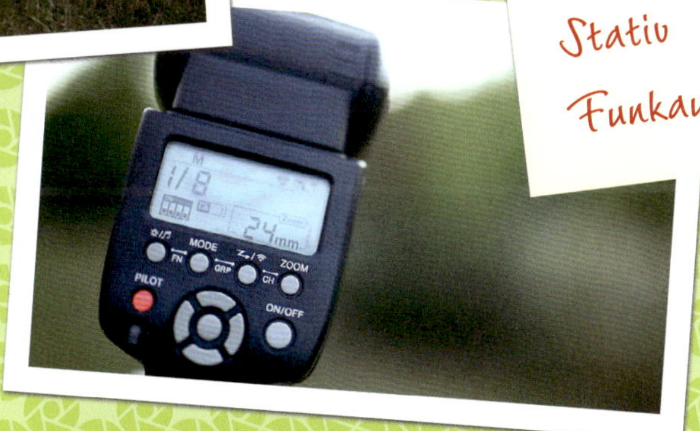

Zubereitung

Suche dir eine freie Stelle in einem Feld oder auf einer Wiese, von der aus du den Sonnenuntergang gut beobachten kannst. Es empfiehlt sich, mindestens eine halbe Stunde vor Sonnenuntergang an der Location zu sein.

Positioniere dein Model mit dem Rücken zur untergehenden Sonne. Befestige den Blitz mit Funkauslöser am Stativ und stelle ihn auf 1/8 Leistung. Bewege ihn im 45-Grad-Winkel zum Model entgegengesetzt zur Sonne. Das Stativ sollte leicht erhöht und etwa einen Meter entfernt stehen.

Wechsle in den manuellen Modus der Kamera und zoome das Objektiv auf 18 mm. Wähle Blende *f*5.6, 1/160 s Verschlusszeit und ISO 100. Der Weißabgleich ist dabei auf „Schatten" gestellt, und der Fokuspunkt liegt links oder rechts oben.

Suche die Perspektive so aus, dass du die Sonne gut im Bild hast und sie von schräg hinten, entgegengesetzt vom Blitz, scheint. So bekommt dein Model einen schönen orangefarbenen Schein auf der im Schatten liegende Kopfseite.

TIPP

Auch ohne Blitz kann man mithilfe der Sonne ein sogenanntes Streiflicht in seine Bilder bekommen. Das Licht kommt dabei von schräg hinten und betont die im Schatten liegende Gesichtshälfte.

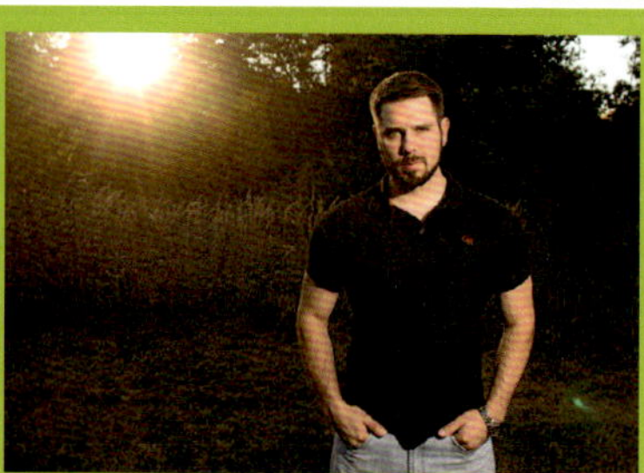

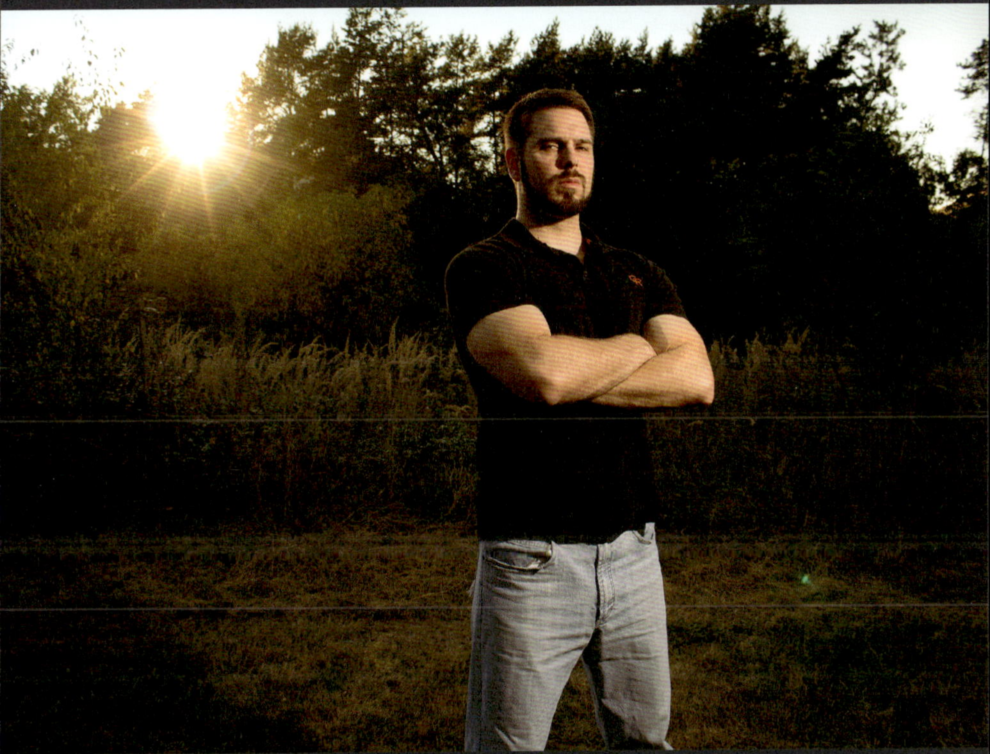

ƒ5.6 / 1/160 s / ISO 100 / 18 mm

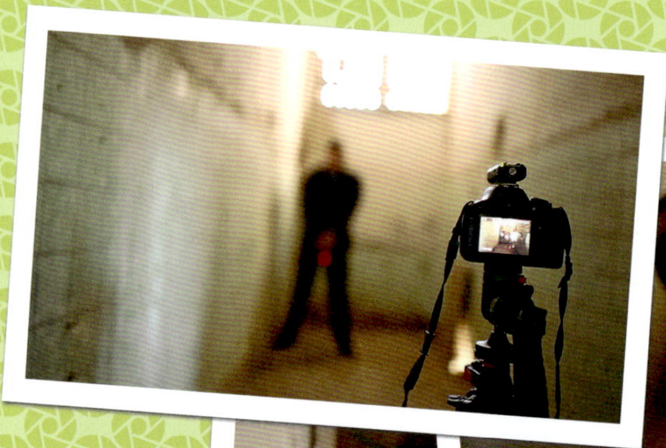

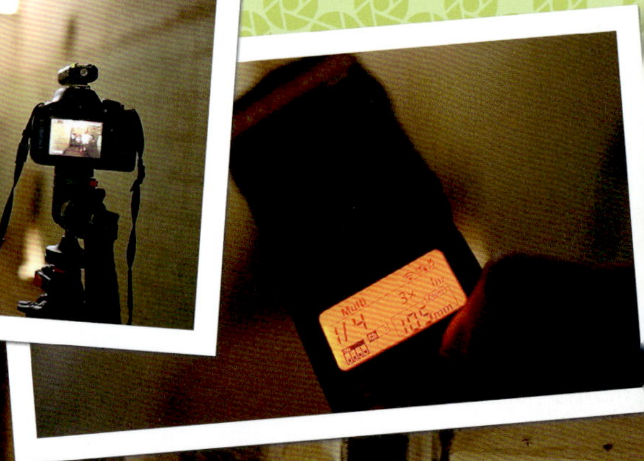

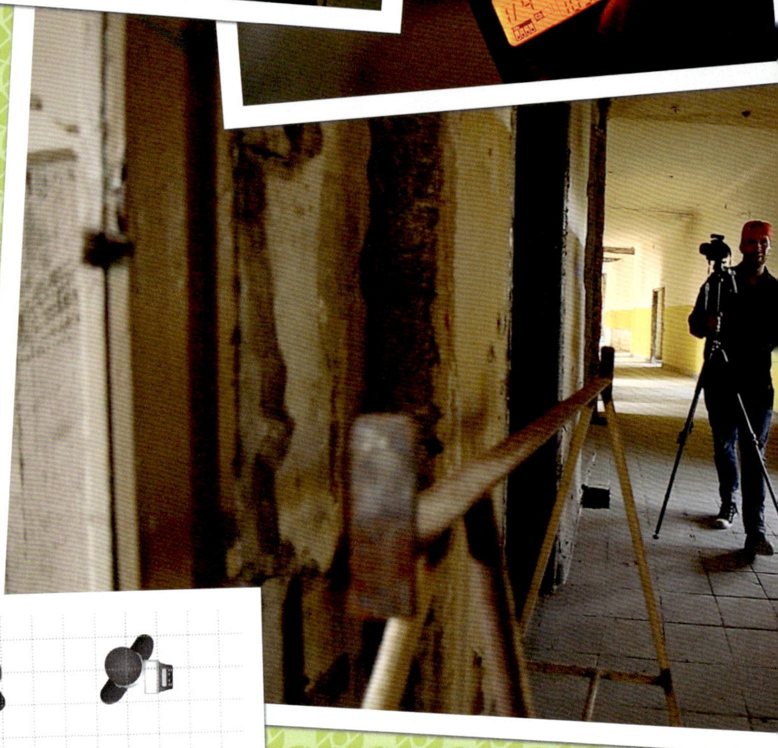

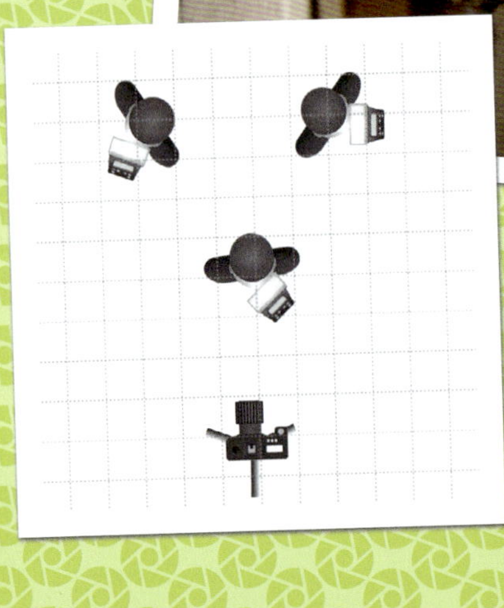

PORTRÄT MIT GRUSELEFFEKT

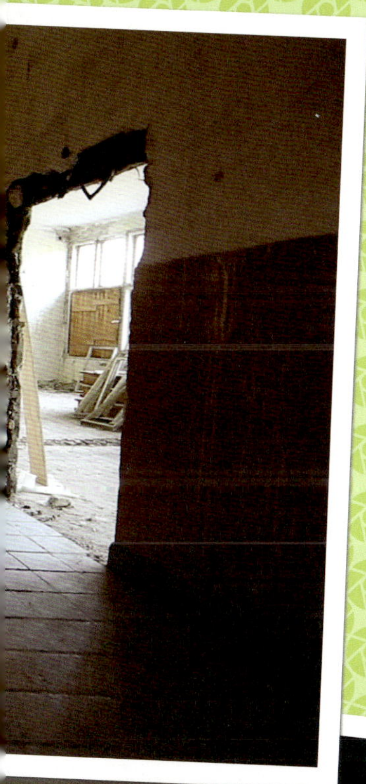

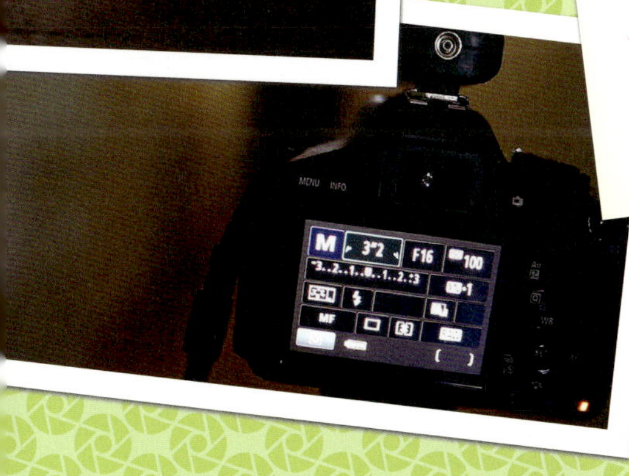

Zutaten

Model

geschlossener Raum mit „gruseliger" Atmosphäre

wenig bis kein Tageslicht

Utensilien

Kamera

Kit-Objektiv 18–55 mm

Aufsteckblitz mit Multiblitzmodus

Funkauslöser

Stativ

Zubereitung

Finde einen gruseligen Raum, z. B. in einem alten Keller oder einem verlassenen Gebäude, in den kein direktes Sonnenlicht scheint. Positioniere deine Kamera, befestigt auf dem Stativ, mittig und möglichst weit vom Motiv entfernt, sodass du viel vom Raum aufs Bild bekommst. Wähle Blende *f*16, 3"2 s Verschlusszeit und ISO 100. Stelle den Weißabgleich auf „Blitz“ und fokussiere manuell die hintere Wand an. Stelle den Blitz auf Multiblitz mit 3x1Hz ein.

Das Model nimmt nun den Blitz so in die Hand, dass er von unten auf das Gesicht gerichtet ist, aber von der Hand verdeckt wird. Eigentlich würde man nie von unten blitzen, da das hässliche Augenringe macht, aber für den Gruseleffekt ist es perfekt. Das Model muss den Blitz nun immer auf gleichem Abstand – am besten mit gestrecktem Arm – halten und sich durch den Raum bewegen. Übt den Ablauf des Bildes so ein, dass das Model bei jedem Blitz an einer anderen Stelle ist, sich dabei aber nicht selbst im Bild verdeckt. Ich habe gute Erfahrungen gemacht, wenn der „Geist“ erst links hinten, dann rechts hinten ist und dann mittig auf die Kamera zuspringt.

TIPP

Bitte das Model, still zu stehen und während des Blitzens nur den Kopf zu bewegen. Plötzlich wachsen dem Model drei Köpfe, und es wirkt wie eine Kreatur aus einem Horrorfilm. Grusel vom Feinsten!

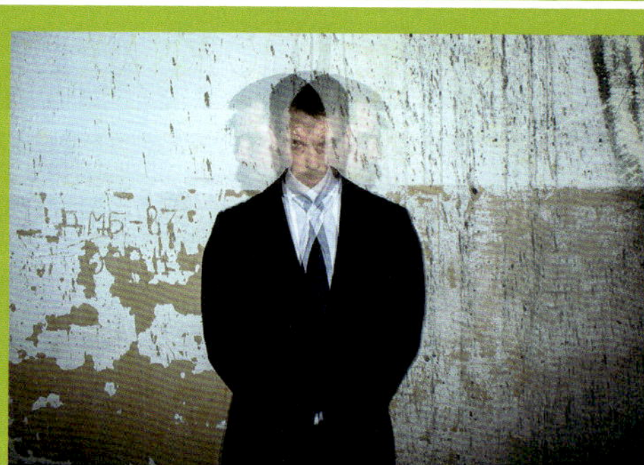

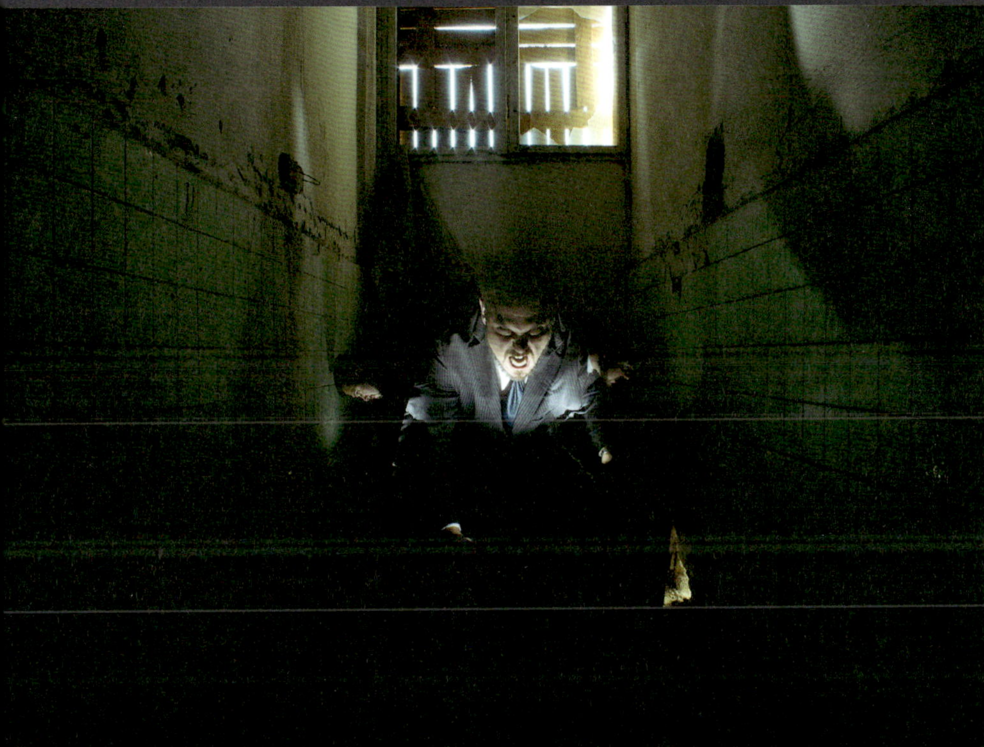

*f*16 / 3''2 s / ISO 100 / 18 mm

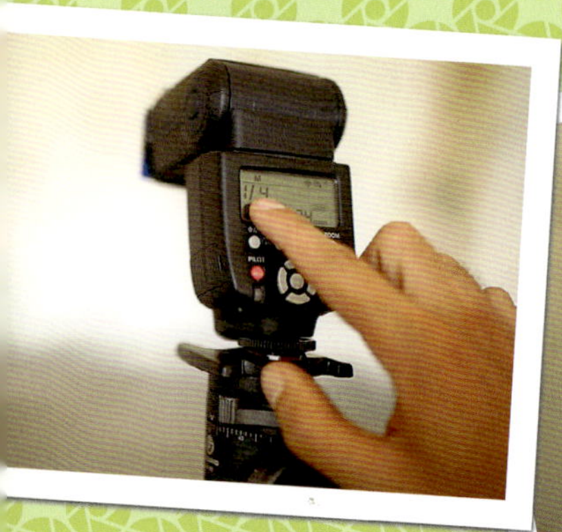

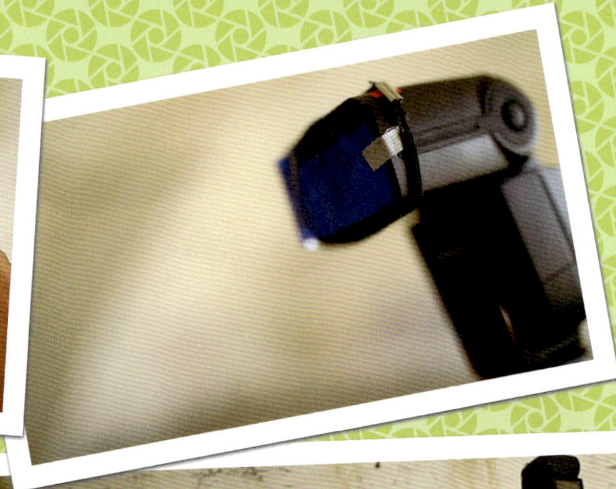

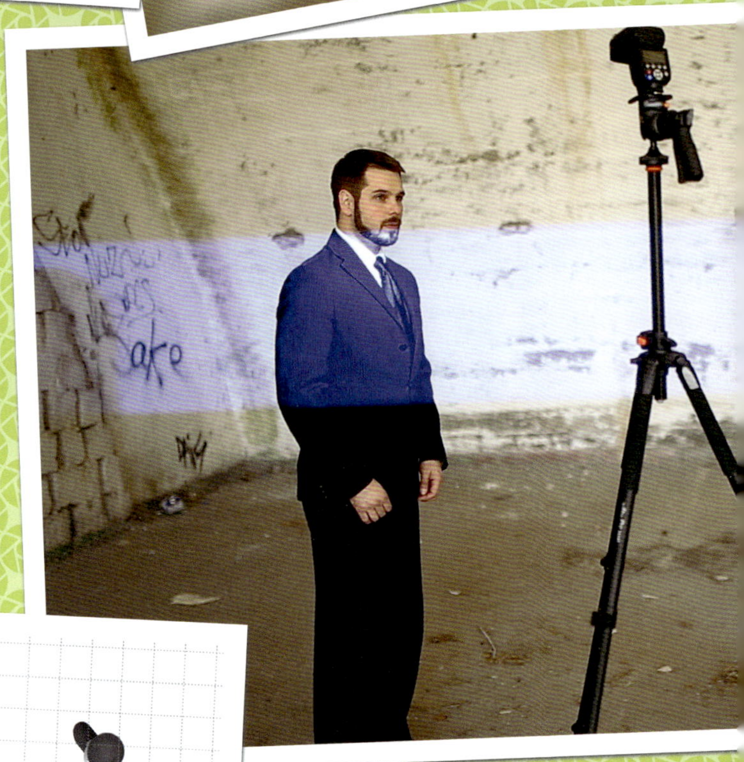

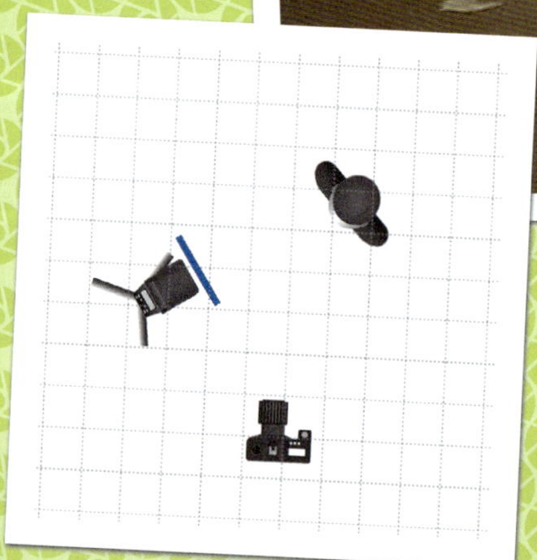

PORTRÄT MIT FARBFOLIE

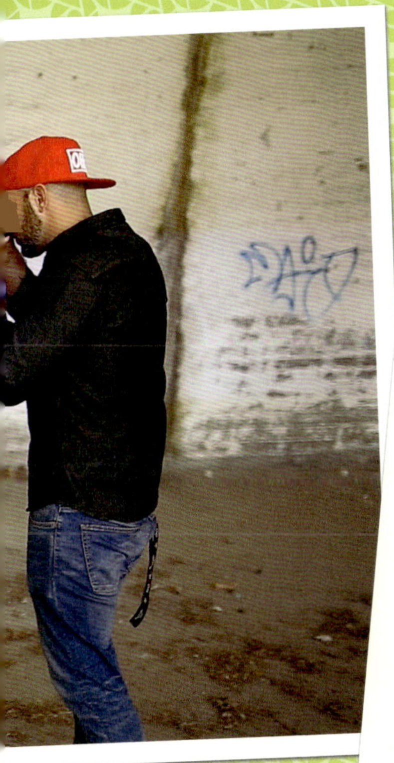

Zutaten

Model

Farbfolien

Klebeband

schattiger Platz mit Umgebungslicht

Wand, z. B. aus Beton oder Backstein

Utensilien

Kamera

Kit-Objektiv 18–55 mm

Aufsteckblitz im manuellen Modus

Stativ für Blitz

Funkauslöser

Zubereitung

Fixiere ein Stück Farbfolie mit Klebeband vor dem Aufsteckblitz und befestige ihn zusammen mit dem Funkauslöser am Stativ. Stelle das Model mit ca. einem Meter Abstand zur Wand hin und das Stativ mit Blitz im 45-Grad-Winkel mit ebenfalls einem Meter Abstand zum Model. Der Blitz zeigt leicht erhöht in Richtung Nasenspitze und ist im manuellen Modus auf 1/4 Leistung eingestellt.

Wechsle in den manuellen Modus der Kamera und wähle Blende *f*6.3, 1/160 s Verschlusszeit, ISO 100 und stelle den Weißabgleich auf „Blitz“. Zoome das Objektiv auf 35 mm und wähle den Fokuspunkt links oder rechts oben. Fokussiere auf eines der Augen und löse aus.

TIPP

Wechsle die Farben für verschiedene Effekte. Grün wirkt z. B. wie eine Szene aus dem Film „Matrix“, Rot hat eine Nachtclubatmosphäre und Orange wirkt wie eine Sonnenuntergangsszene.

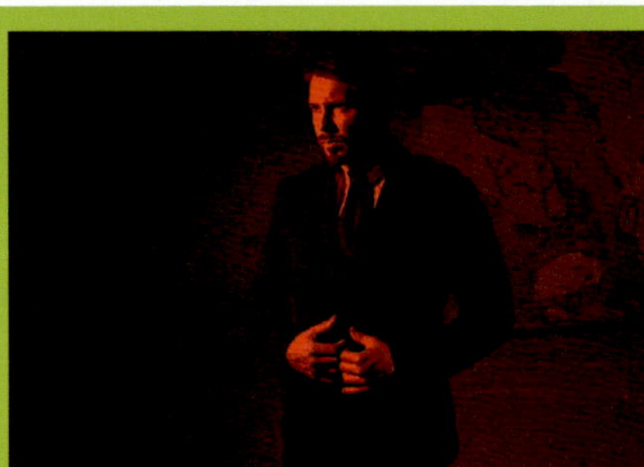

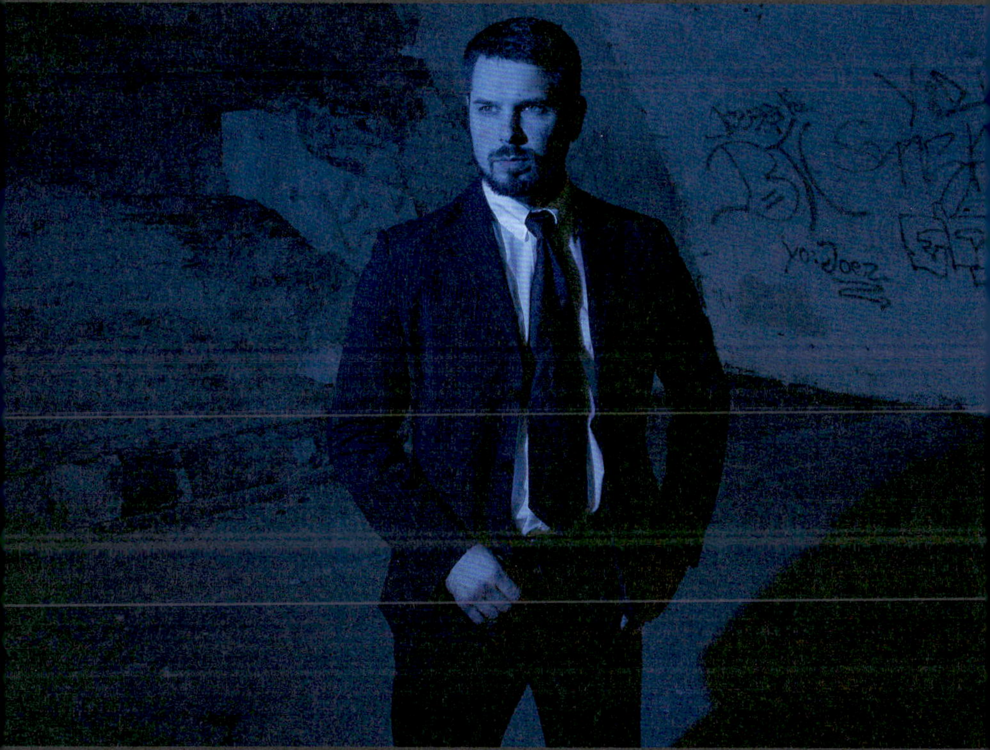

f6.3 / 1/160 s / ISO 100 / 35 mm

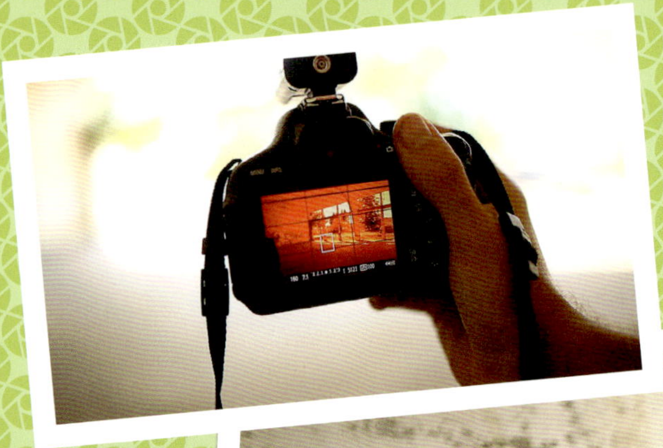

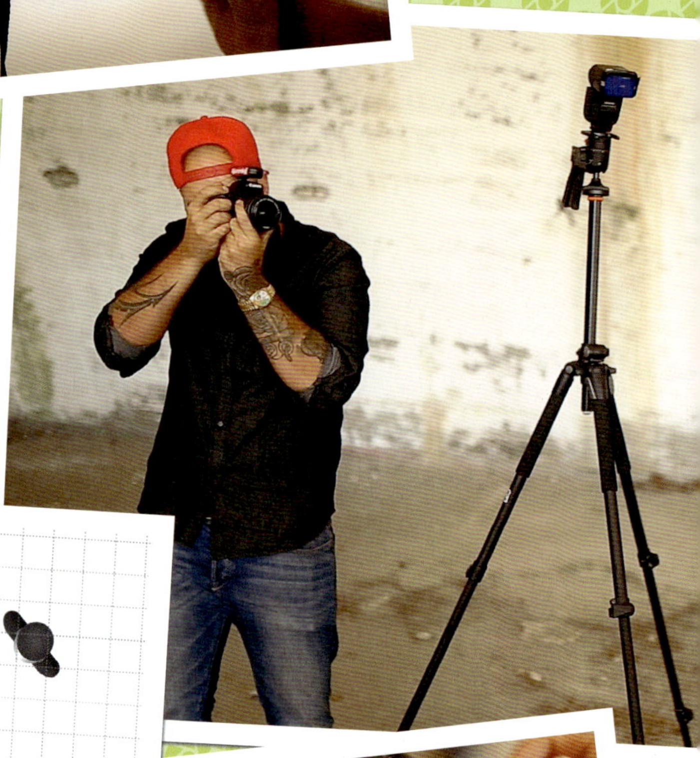

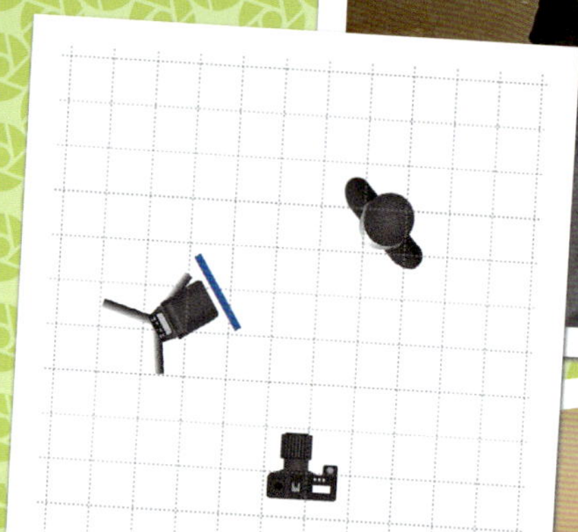

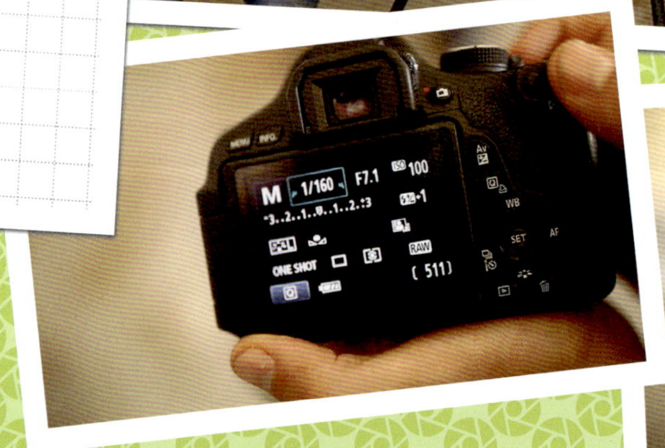
MENU
INFO.
M
1/160
F7.1
100
ONE SHOT
RAW
[511]
WB
SET
AF

PORTRÄT MIT FARBFOLIE UND SPEZIALEFFEKT

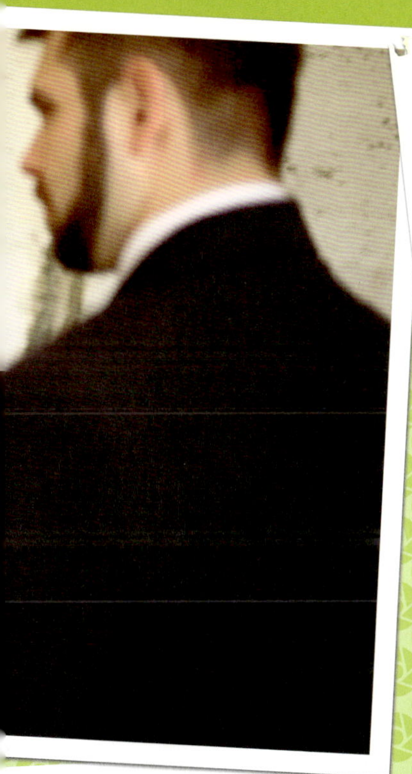

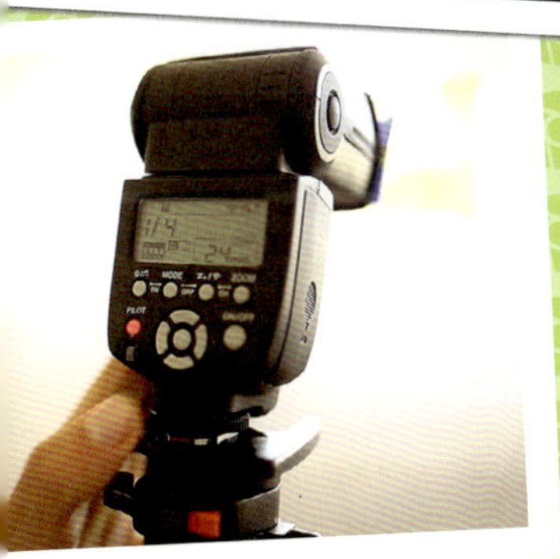

Zutaten

- interessante Location, z. B. eine Lagerhalle
- Farbfolien
- Klebeband
- Model
- schattiger Platz mit Tageslicht

Utensilien

- Kamera
- Kit-Objektiv 18–55 mm
- Aufsteckblitz im manuellen Modus
- Stativ für Blitz
- Funkauslöser

Zubereitung

Suche dir eine Location, die überdacht ist und nur indirekt Tageslicht bietet. Fixiere eine blaue Farbfolie mit Klebeband am Aufsteckblitz mit Funkauslöser. Platziere den Blitz auf den manuellen Modus mit 1/2 Leistung, die Kamera im manuellen Modus auf Blende *f*7.1, 1/160 s Verschlusszeit, ISO 100 und den Weißabgleich auf „Blitz". Stelle dich mit ca. einem Meter Abstand vor eine graue Wand und blitze dagegen. Stelle den Weißabgleich jetzt auf „manuell", gehe im Kameramenü zum Punkt „Custom WB" und wähle das eben gemachte Bild mit der Wand. Die Kamera denkt nun, das wäre der korrekte Weißabgleich, und du kannst loslegen.

Positioniere den Blitz mit einem Meter Abstand zum Model im 45-Grad-Winkel und bitte das Model, sein Gesicht Richtung Blitz zu richten. Zoome das Objektiv auf 30 mm und aktiviere den Autofokus und den Fokuspunkt links oder rechts oben. Fotografierst du jetzt mit Blitz, ist dein Model normal ausgeleuchtet und der Hintergrund wird orange. Das funktioniert aber nur, wenn auf das Model kein direktes Sonnenlicht, das stärker als der Blitz ist, trifft.

TIPP

Änderst du den Prozess und wählst eine orangefarbene statt einer blauen Folie, ändert sich die Farbwirkung des Bildes ins Gegenteil.
blaue Folie = orangefarbener/roter Hintergrund
orangefarbene Folie = blauer/lila Hintergrund

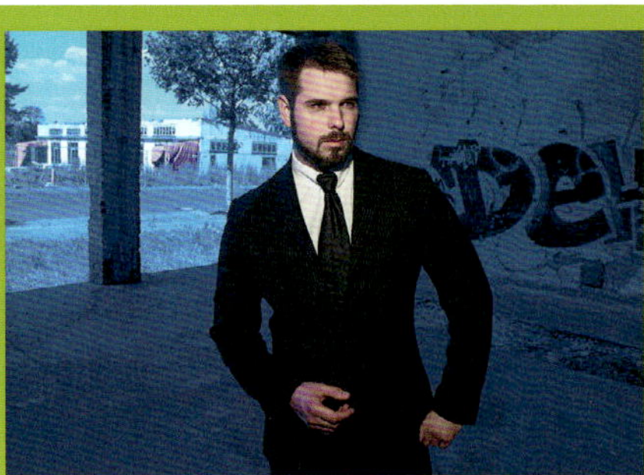

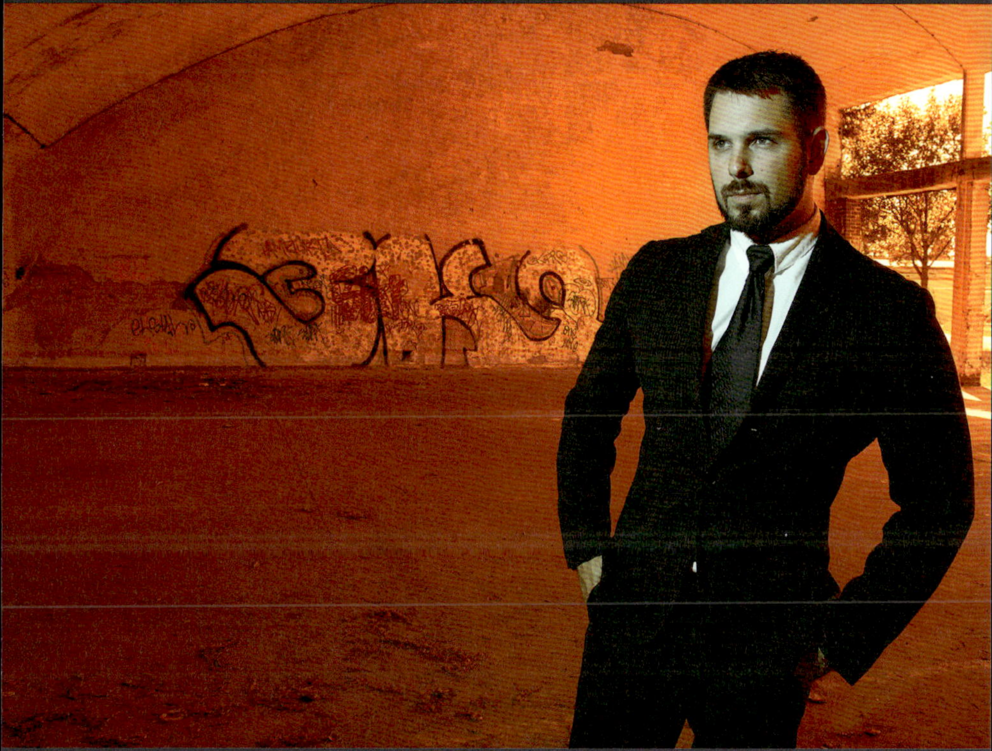

ƒ7.1 / 1/160 s / ISO 100 / 30 mm

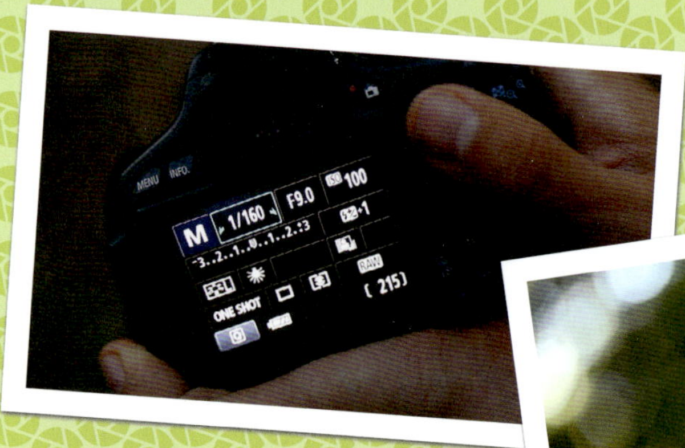
MENU
INFO.
M
1/160
F9.0
100
ONE SHOT
RAW
(215)

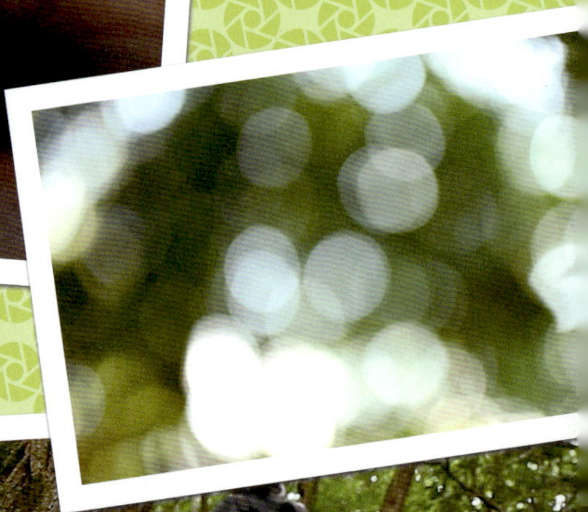

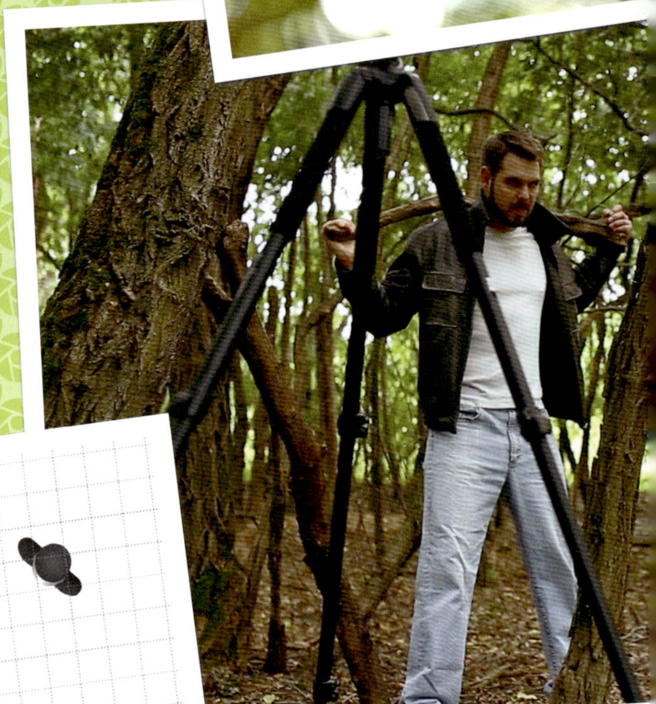

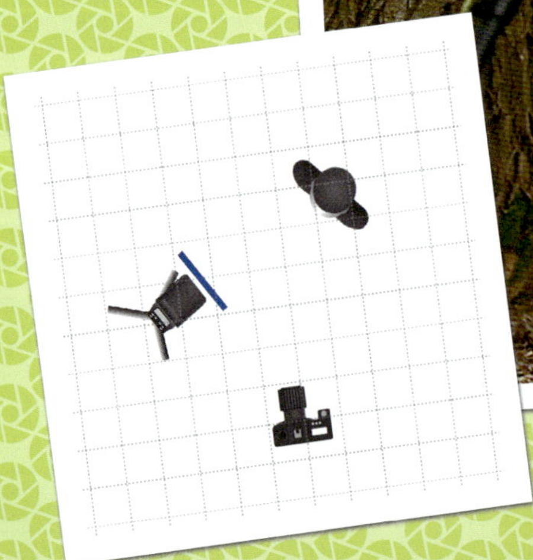

NACHT ZU TAG

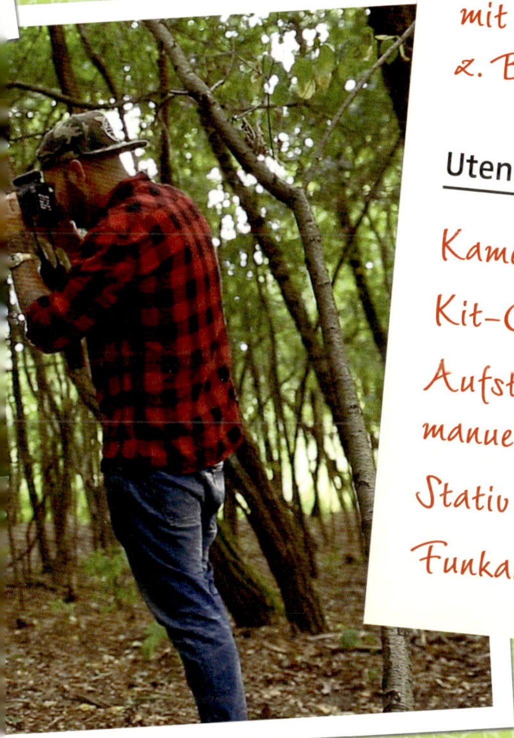

Zutaten

Model

Fläche draußen im Schatten mit wenig Licht, z. B. ein Wald

Utensilien

Kamera

Kit-Objektiv 18–55 mm

Aufsteckblitz im manuellen Modus

Stativ für Blitz

Funkauslöser

Zubereitung

Suche dir eine ruhige Stelle im Wald mit ein paar Bäumen, die genügend Schatten spenden, sodass es kein direktes Sonnenlicht gibt.

Befestige den Blitz mit Funkauslöser am Stativ und stelle es einen Meter entfernt im 45-Grad-Winkel zum Model auf. Der Blitz zeigt auf die Nasenspitze und ist leicht erhöht angebracht. Stelle den Blitz im manuellen Modus auf 1/2 Leistung.

Wechsle in den manuellen Modus der Kamera und wähle Blende *f*9, 1/125 s Verschlusszeit und ISO 100. Der Weißabgleich ist jetzt entscheidend, und deshalb wählst du „Kunstlicht" (3200 Kelvin) für eine bläuliche Farbstimmung. Wähle den Fokuspunkt links oder rechts oben und zoome mit aktiviertem Autofokus auf 18 mm. Mit ca. einem bis eineinhalb Metern Abstand kannst du jetzt mit dem Zusammenspiel aus Blitz, Verschlusszeit und Weißabgleich eine Stimmung zaubern, als ob es Nacht wäre – und das am helllichten Tag.

TIPP

Benutze den Blitz bewusst als Objekt im Bild und lasse das Model damit interagieren. Das wirkt wie eine Art UFO oder ein geheimnisvolles Waldlicht.

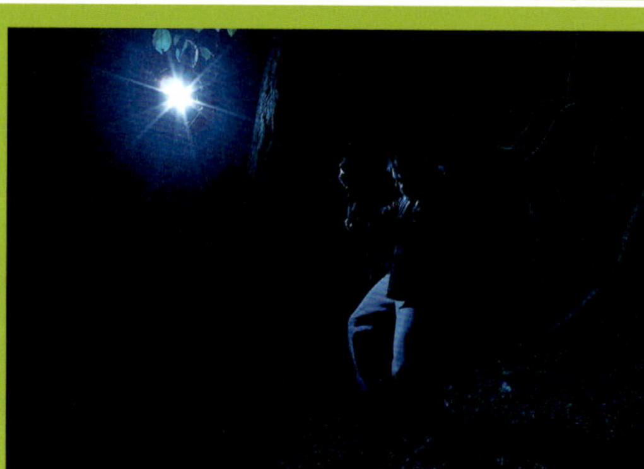

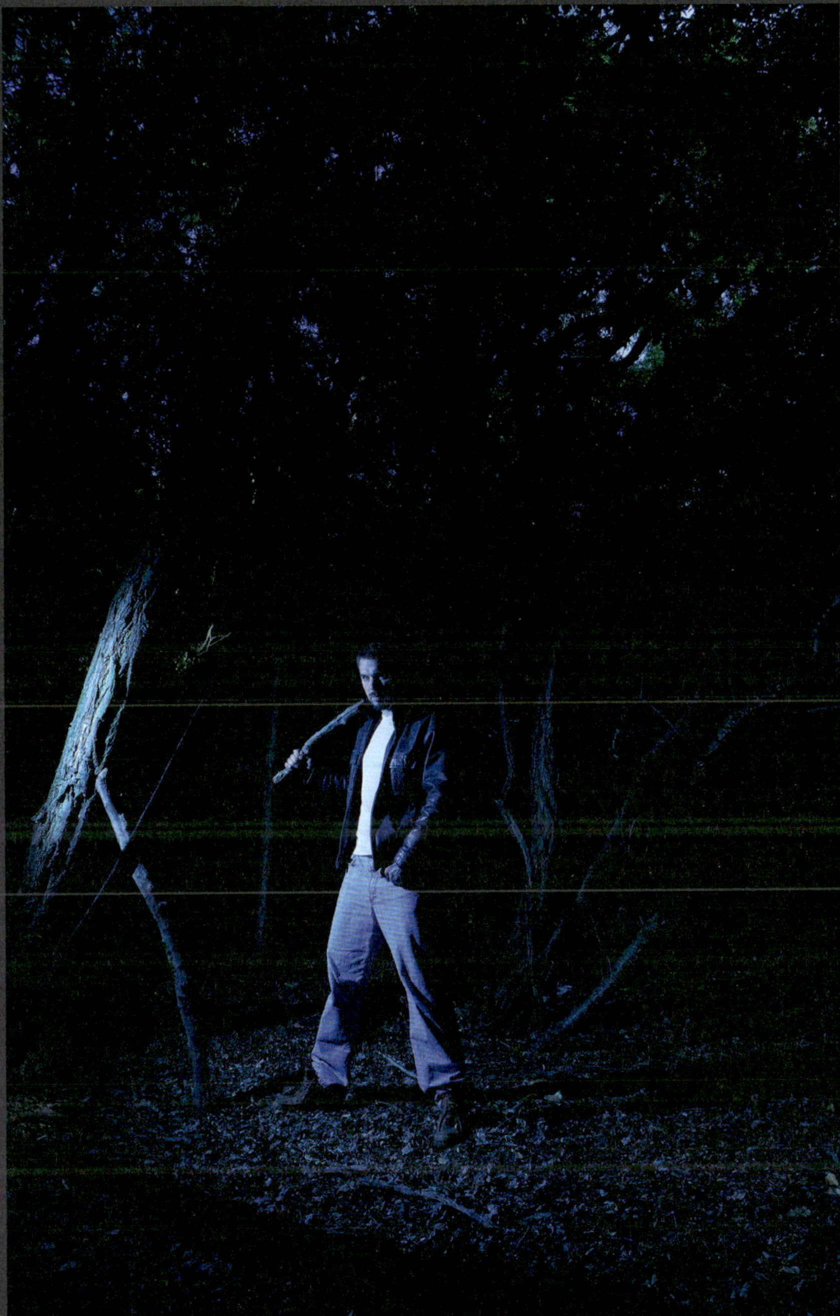

f9 / 1/125 s / ISO 100 / 18 mm

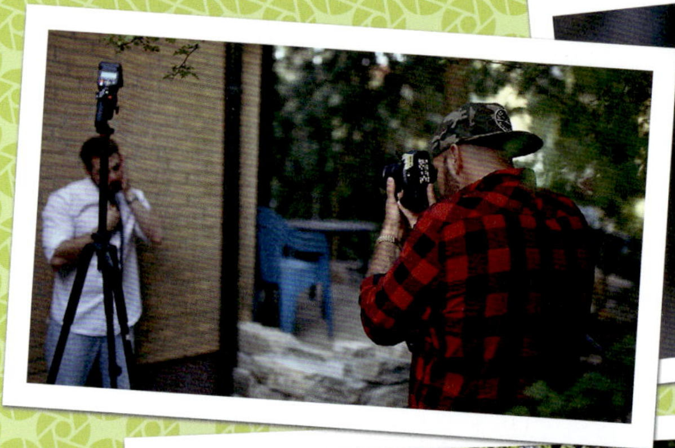

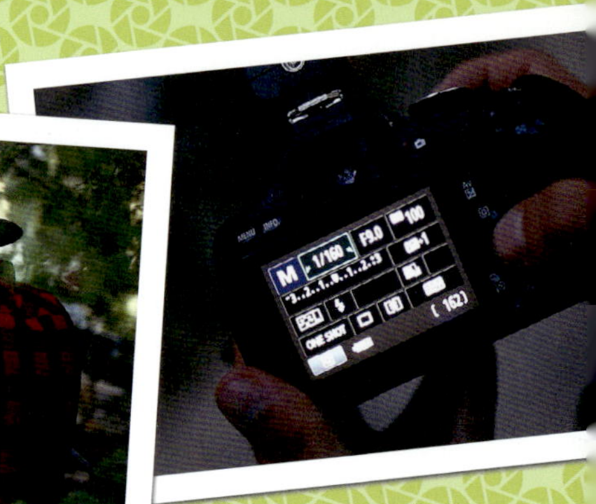
M
1/160
F3.0
100
ONE SHOT
162

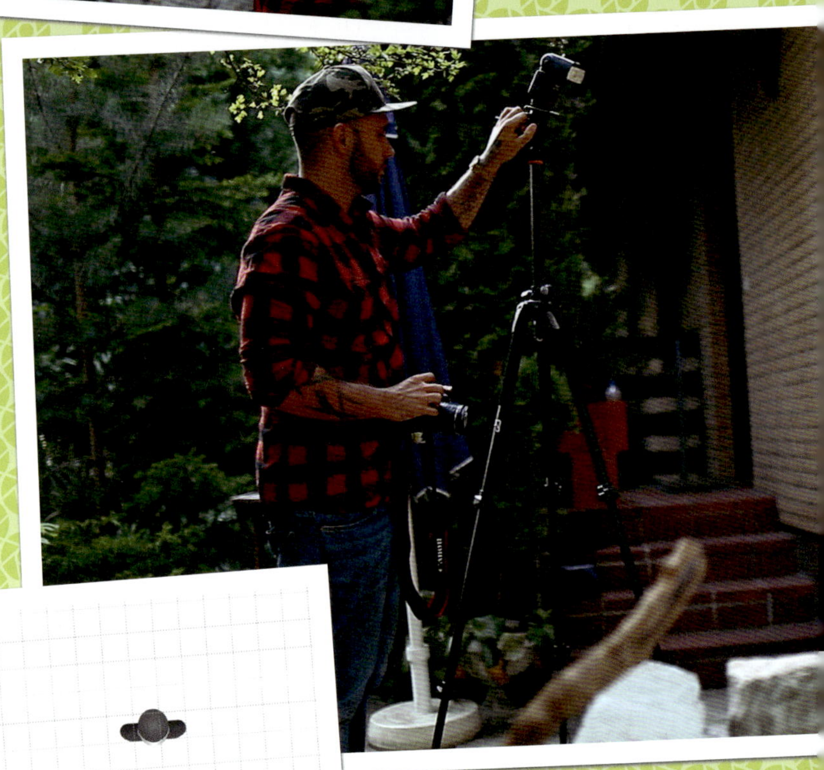

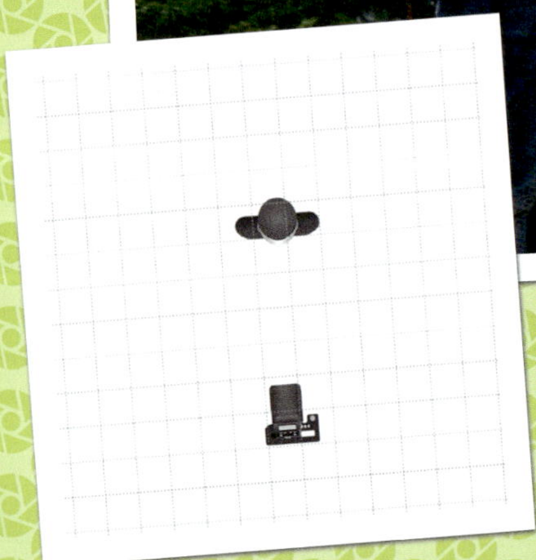

CHARAKTERPORTRÄT FÜR MÄNNER

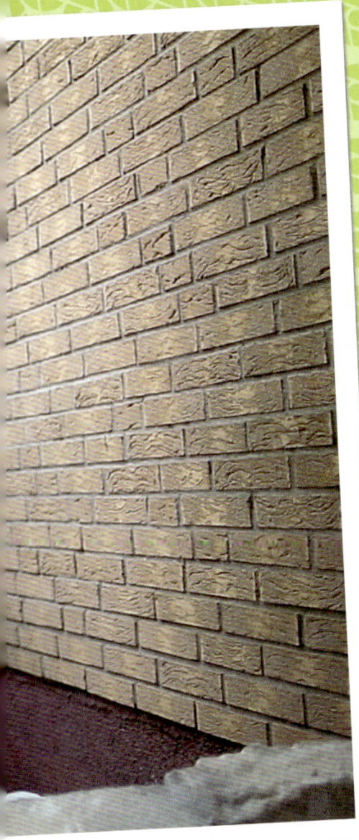

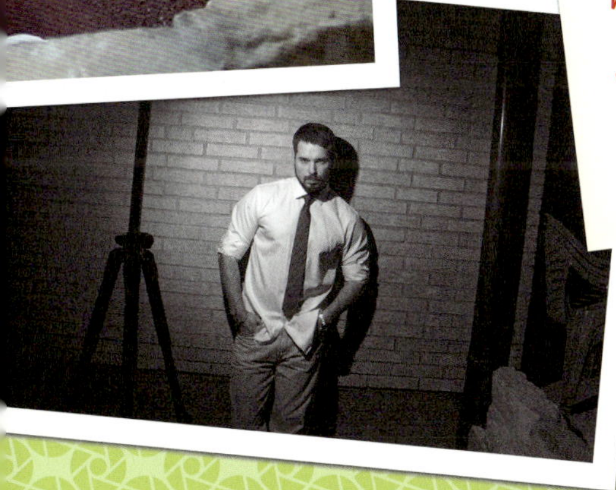

Zutaten

Model

schattige Stelle draußen

interessante Wand, z. B. aus Backstein

Utensilien

Kamera

Kit-Objektiv 18–55 mm

Aufsteckblitz im manuellen Modus

Stativ für den Blitz

Funkauslöser

Zubereitung

Positioniere dein Model direkt vor einer interessanten Wand (z. B. aus Backstein). Befestige den Blitz auf einem Stativ und stelle ihn einen Meter entfernt im 45-Grad-Winkel zum Model auf. Der Blitz ist dabei erhöht angebracht und zeigt geneigt direkt auf die Nasenspitze.

Stelle dich frontal vor das Model, wechsle in den manuellen Modus der Kamera, wähle Blende *f*9, 1/160 s Verschlusszeit und ISO 100. Der Weißabgleich ist auf „Blitz" eingestellt, das Objektiv auf Autofokus und 35 mm gezoomt. Wähle den Fokuspunkt links oder rechts oben, wenn du im Querformat fotografierst, und den äußersten Fokuspunkt fürs Hochformat. Stelle den Blitz im manuellen Modus auf 1/4 Blitzstärke. Mit dem Fokuspunkt fokussierst du nun auf ein Auge und löst aus.

Achte auf wenig Freiraum beim Kopf und auf verschiedene Blickrichtungen des Models. Für noch mehr Wirkung wechsle in den monochromen Picture-Style der Kamera und fotografiere in Schwarz-Weiß.

TIPP

Das Umgebungslicht wird durch die schnelle Verschlusszeit fast komplett ausgeblendet, und selbst ein langweiliges Making-of-Bild sieht dadurch cool aus.

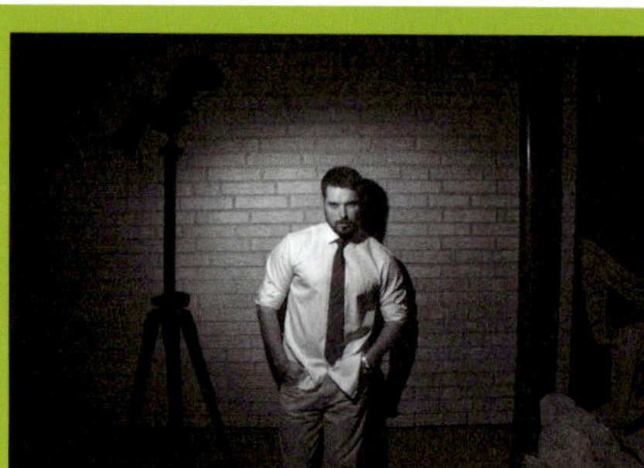

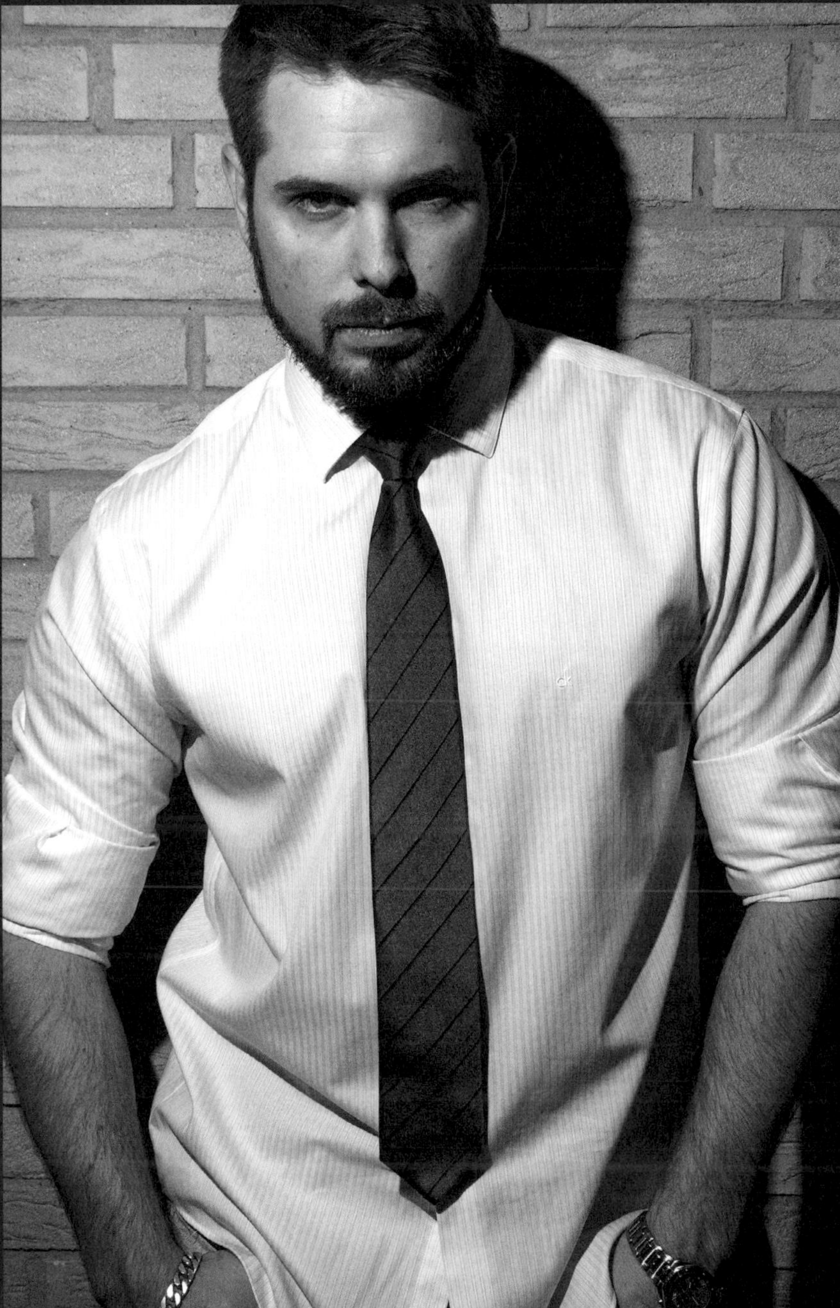

f9 / 1/160 s / ISO 100 / 35 mm

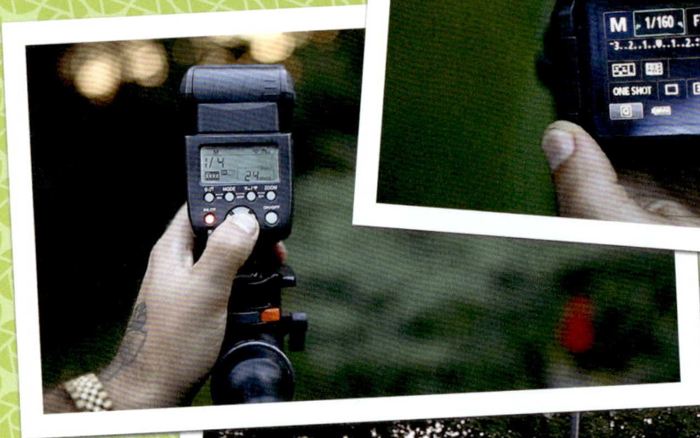

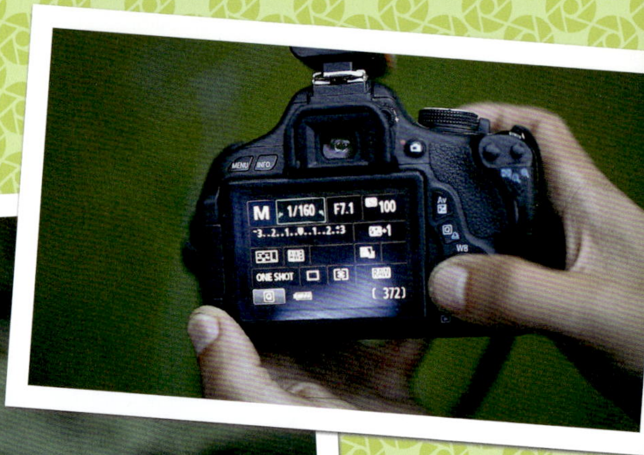
MENU
INFO
M
1/160
F7.1
100
ONE SHOT
RAW
(372)

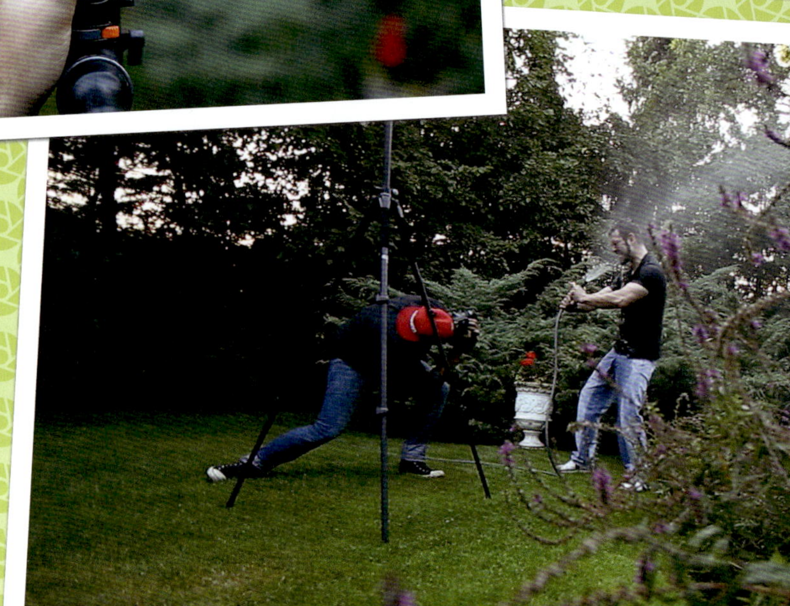

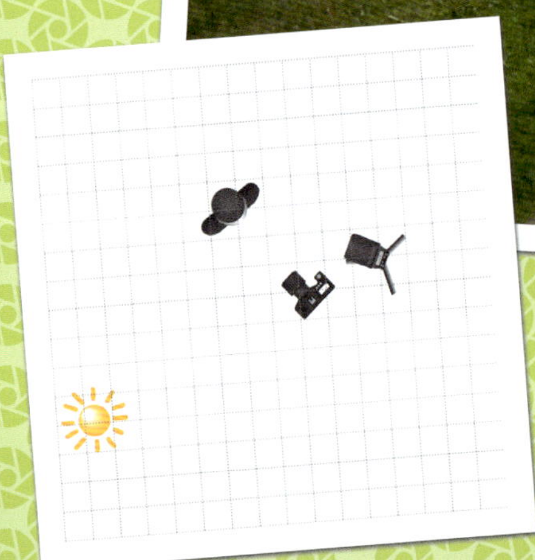

PORTRÄT MIT WASSERTROPFEN

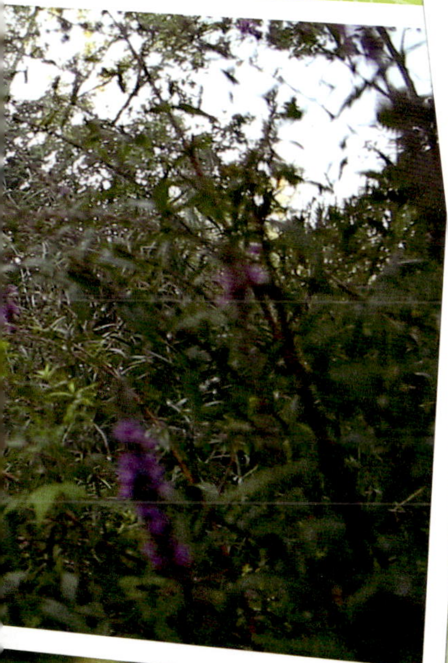

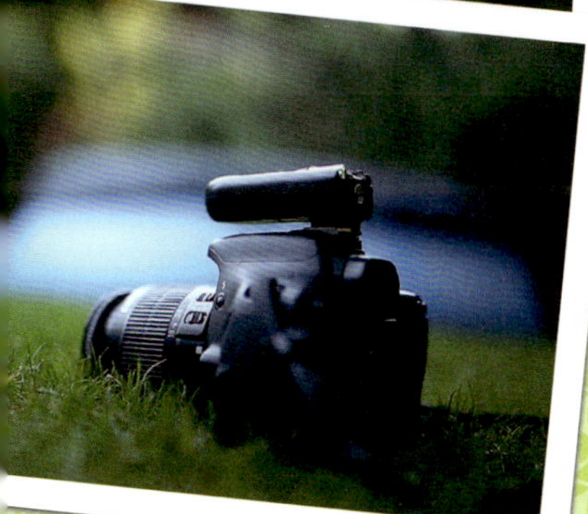

Zutaten

- freie Fläche im Garten
- Tageslicht
- Model
- Gartenschlauch mit feiner Düse
- Badesachen
- Handtuch

Utensilien

- Kamera
- Kit-Objektiv 18–55 mm
- Aufsteckblitz im manuellen Modus
- Stativ
- Funkauslöser

Zubereitung

Suche dir eine freie Fläche im Garten an einem schönen warmen Sommertag und lege dir einen Gartenschlauch bereit. Befestige den Blitz mit Funkauslöser am Stativ und stelle ihn auf 1/4 Leistung im manuellen Modus. Stelle den Blitz leicht erhöht einen Meter entfernt auf das Model gerichtet auf. Wechsle in den manuellen Modus der Kamera. Zoome dann das Objektiv auf 55 mm, wähle Blende *f*7.1, 1/160 s Verschlusszeit und ISO 100. Stell dir den Fokuspunkt mittig ein und entferne dich ca. einen Meter vom Model.

Jetzt kommt der lustige Teil: Das Model nimmt den Gartenschlauch und spritzt sich mit einer feinen Düse das Wasser von unten ins Gesicht. Übt diesen Vorgang vor dem Fotografieren ein paarmal, damit ihr wisst, wie der Schlauch gehalten werden muss, damit die Kamera und der Blitz nicht nass werden. Ein paar Spritzer machen weder Kamera noch Blitz etwas aus, aber eine volle Dusche sollte vermieden werden.

Gehe jetzt von der Perspektive weit nach unten und startet mit der Wasserfontäne. Während das Wasser in die gleiche Richtung sprüht, näherst du dich im Hochformat und versuchst, das Gesicht mittig zu fokussieren. Die Wassertropfen werden scharf und wirken eingefroren, der Himmel wird schön blau und der Gesichtsausdruck deines Models unbezahlbar sein.

TIPP

Probiere das Rezept mit verschiedenen Menschen aus und erstelle eine Serie. Auch Haustiere, sofern sie mitmachen, sehen in Verbindung mit Wasser sehr interessant aus.

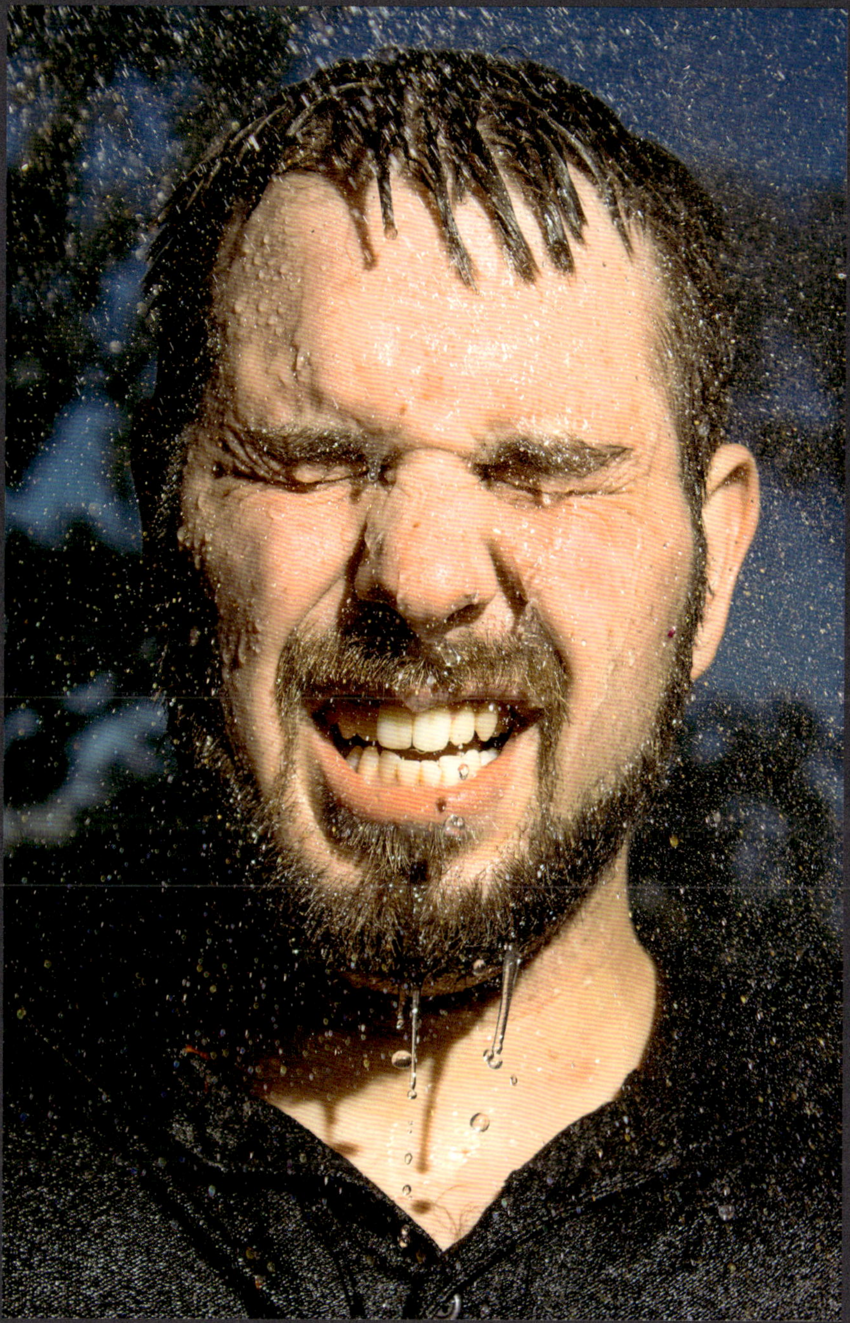

f7.1 / 1/160 s / ISO 100 / 55 mm

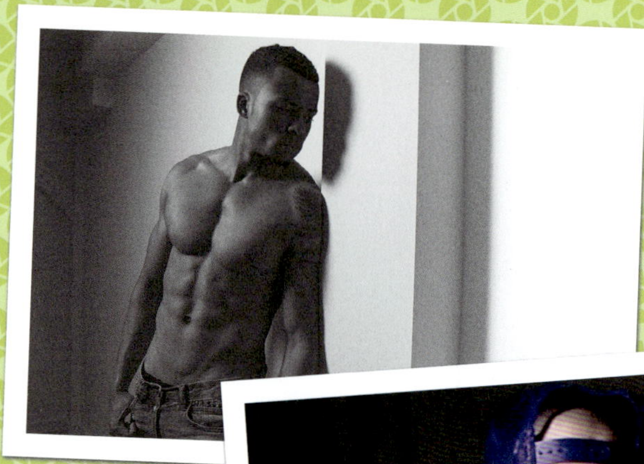

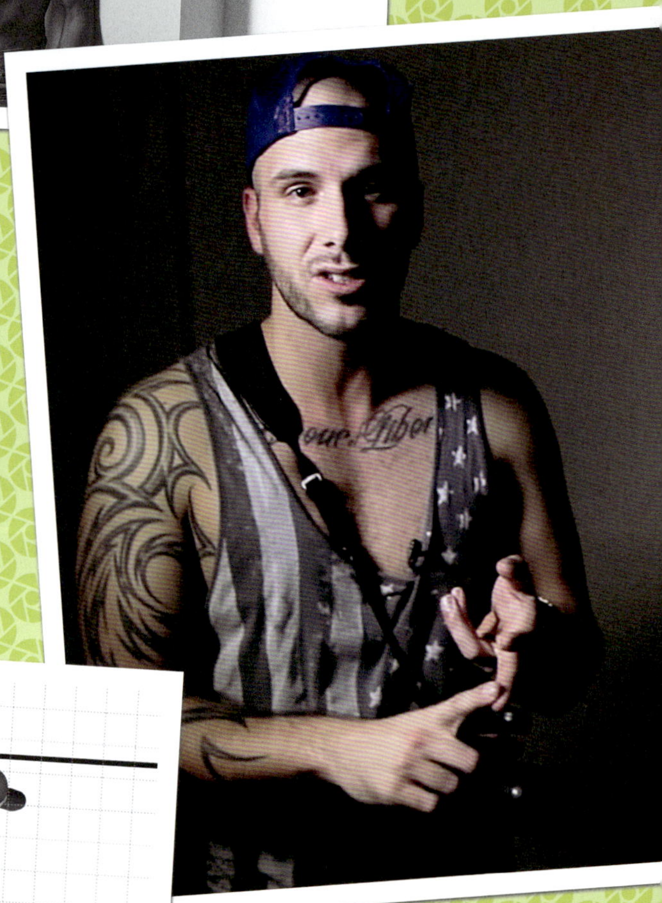

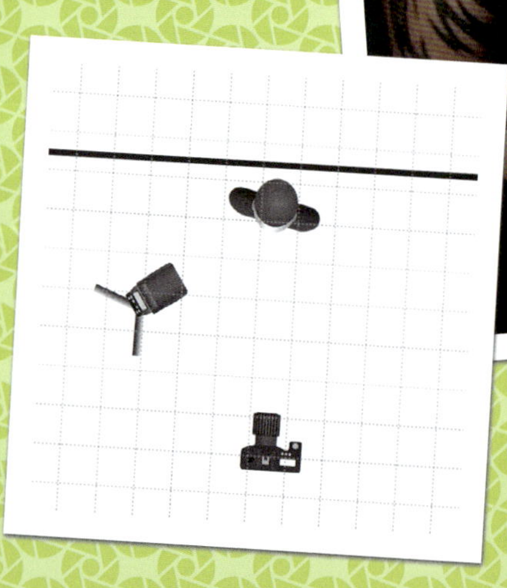

MUSKELPORTRÄT

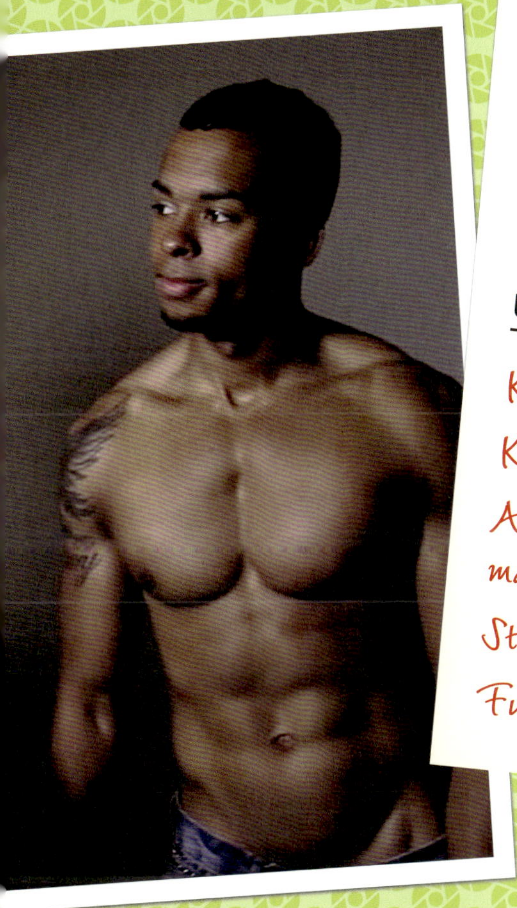

Zutaten

weiße Wand

kein direktes Sonnenlicht

muskulöses Model

Utensilien

Kamera

Kit-Objektiv 18–55 mm

Aufsteckblitz im manuellen Modus

Stativ

Funkauslöser

Zubereitung

Befestige den Blitz auf dem Stativ und regle im manuellen Modus auf 1/4 Leistung. Positioniere das Model direkt vor der weißen Wand und stelle den Blitz seitlich einen Meter entfernt auf. Der Kopf des Blitzes zeigt auf das Gesicht und sollte von schräg oberhalb kommen. Muskeln wirken mit Schatten viel größer und schöner geformt, deshalb ist es hier sehr wichtig, mit seitlichem Licht zu arbeiten.

Wechsle die Kamera in den manuellen Modus und wähle Blende *f*7.1, 1/160 s Verschlusszeit und ISO 100. Stelle den Weißabgleich auf „Blitz“, drehe die Kamera ins Hochformat und lege dir den Fokuspunkt nach oben. Zoome das Objektiv auf 35 mm und fokussiere auf eines der Augen.

Auch hier ist der monochrome Modus der Kamera, genau wie beim Charakterporträt, gut geeignet, um sich noch mehr auf die Formen, Licht und Schatten zu beschränken.

TIPP

Bitte dein Model, nicht direkt in die Kamera zu schauen, sondern eher auf den Boden.

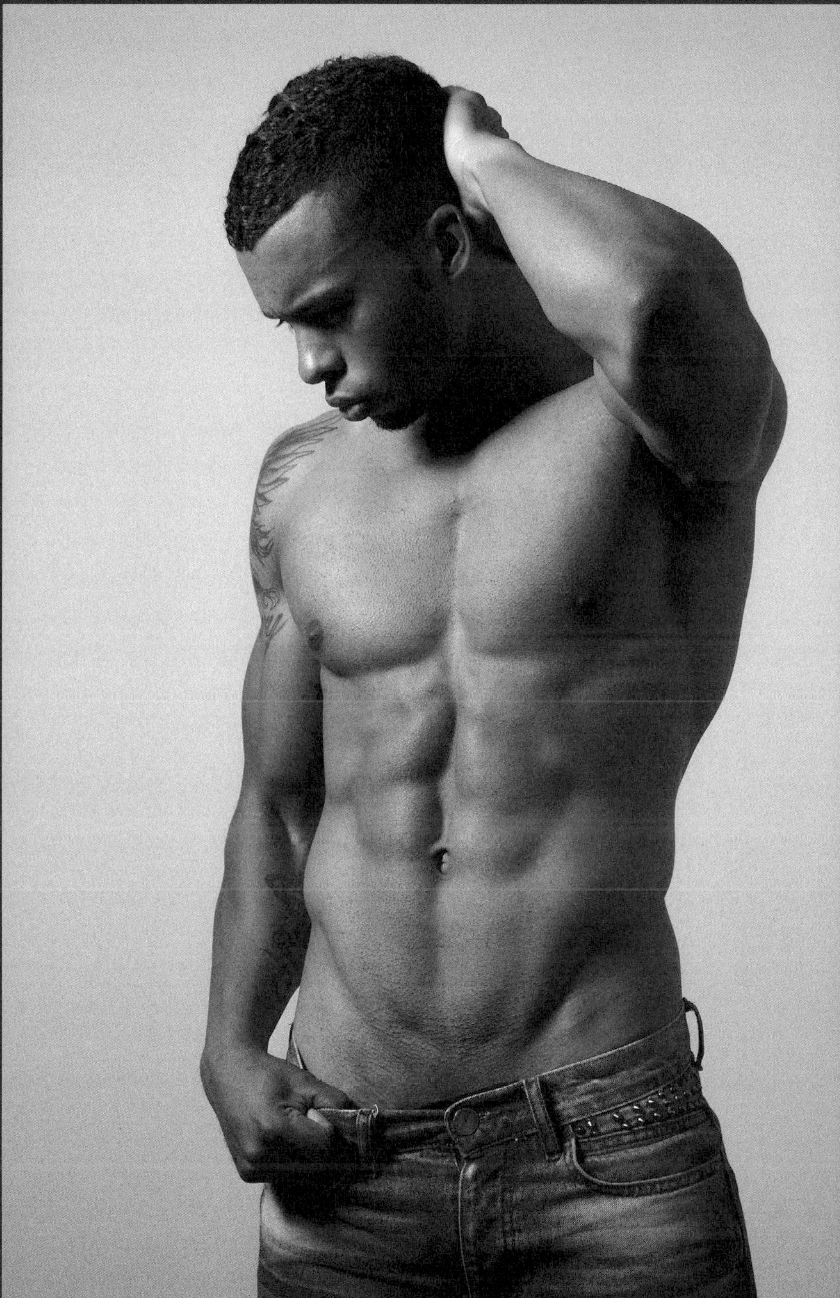

f7.1 / 1/160 s / ISO 100 / 35 mm

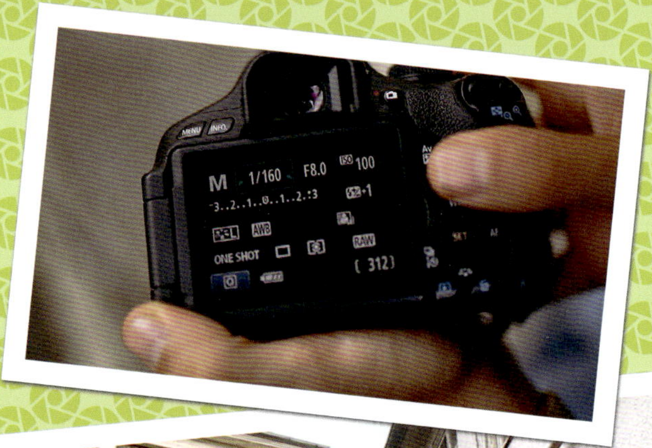
MENU
INFO
M 1/160 F8.0 ISO 100
-3..2..1..0..1..2.:3
AWB
RAW
ONE SHOT
(312)

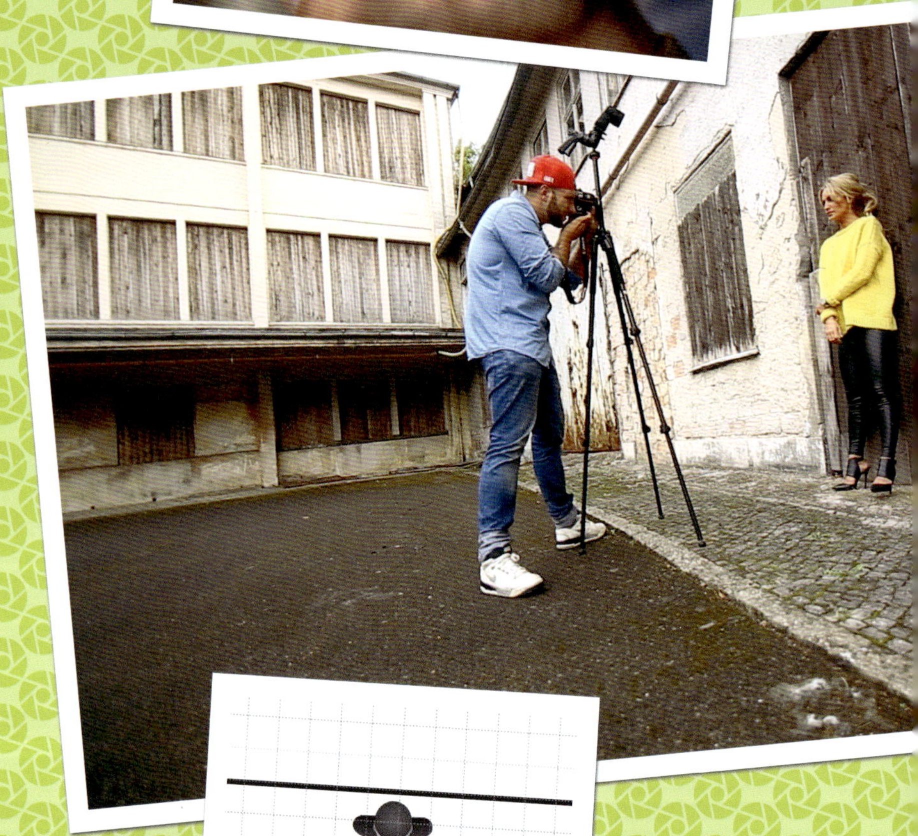

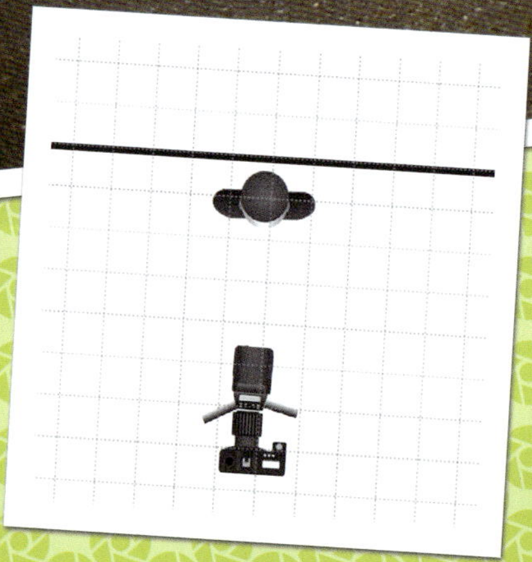

FRAUENPORTRÄT

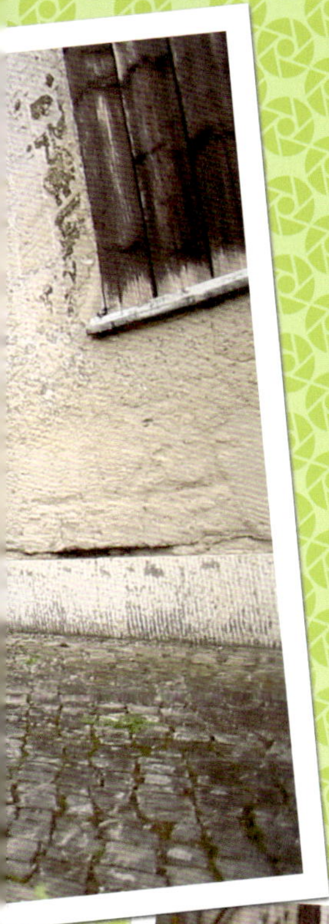

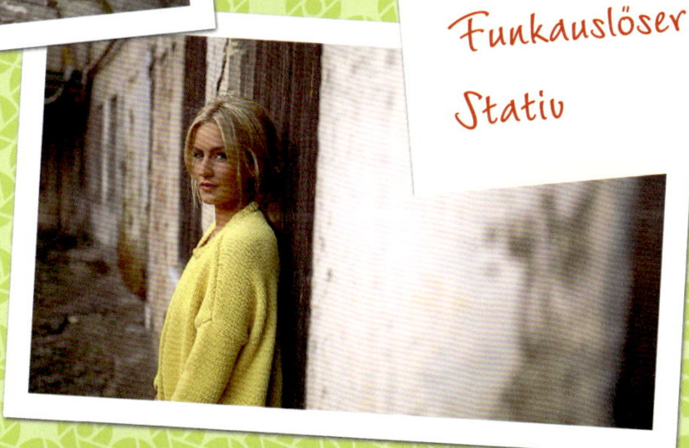

Zutaten

interessante Wand, z. B. aus Holz oder Beton

kein direktes Sonnenlicht

Model

Utensilien

Kamera

Kit-Objektiv 18–55 mm

Aufsteckblitz im manuellen Modus

Funkauslöser

Stativ

Zubereitung

Suche dir eine interessante Wand mit einer coolen Struktur, wie z. B. Holz oder Beton, und stelle dein Model direkt davor, mit dem Rücken zur Wand. Befestige den Blitz mit Funkauslöser auf dem Stativ und positioniere ihn einen Meter entfernt, leicht erhöht und direkt frontal vor dem Model. Der Blitz zeigt auf die Nasenspitze und ist im manuellen Modus auf 1/4 Leistung eingestellt.

Wechsle auch in den manuellen Modus der Kamera und wähle Blende *f*7.1, 1/160 s Verschlusszeit und ISO 100. Der Weißabgleich ist auf „Blitz" gestellt, den Fokuspunkt legst du im Hochformat nach ganz oben und zoomst das Objektiv auf 40 mm. Fokussiere jetzt auf die Augen und stelle dich mit der Kamera ganz dicht an das Stativ mit dem Blitz.

TIPP

Hast du einmal das Licht und die Kamera eingestellt, musst du dich nicht mehr darum kümmern, sondern kannst dich voll auf das Model einlassen, solange der Abstand vom Model zum Blitz der gleiche bleibt.

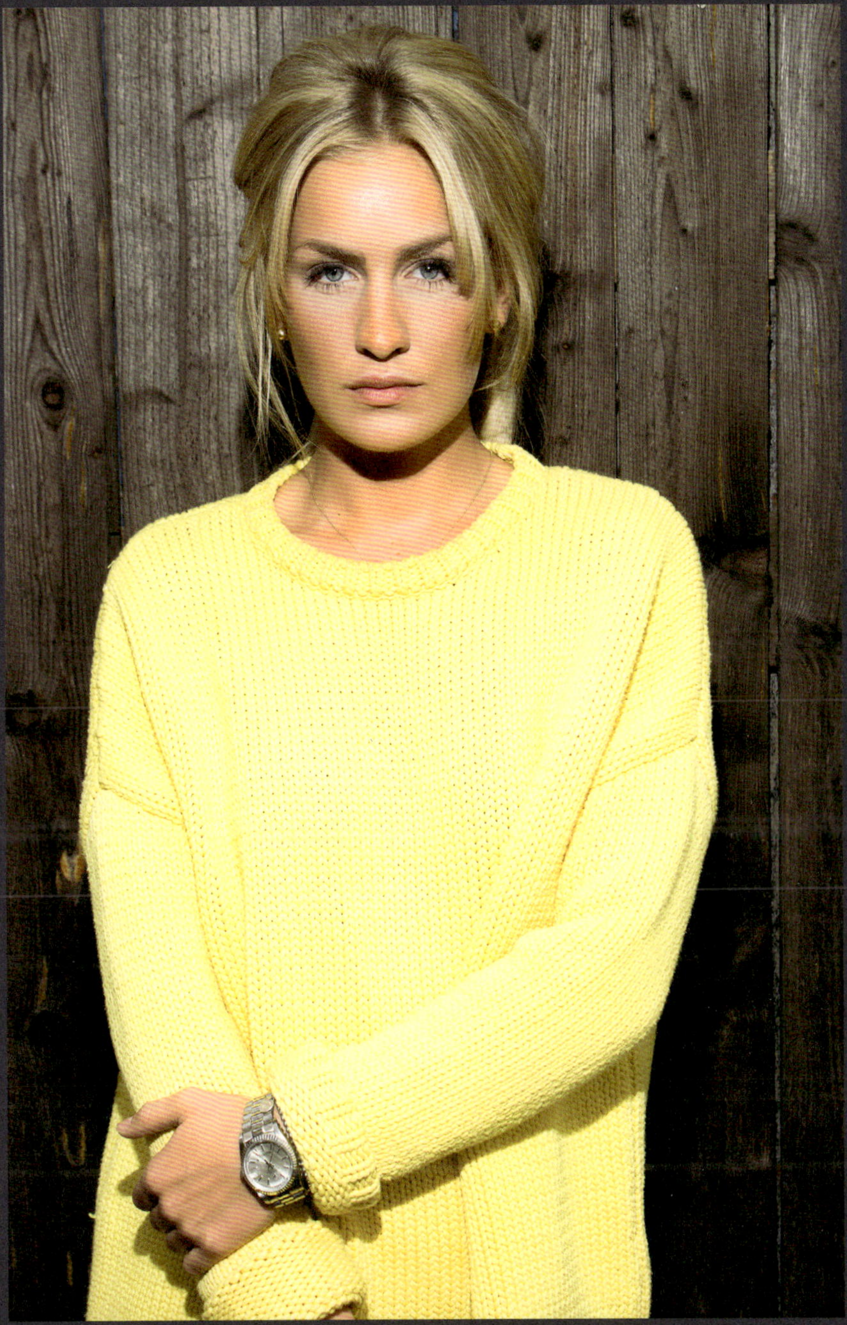

f7.1 / 1/160 s / ISO 100 / 40 mm

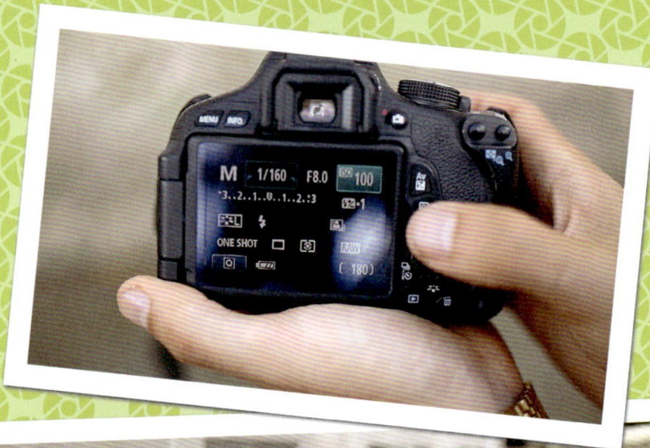
MENU
INFO
M
1/160
F8.0
100
ONE SHOT
RAW
[180]

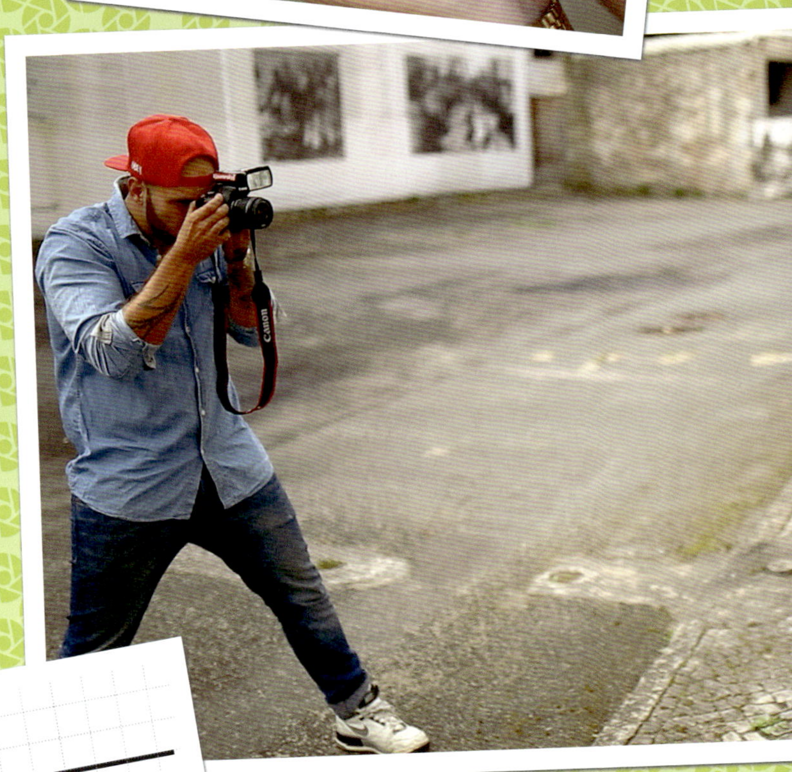
Canon

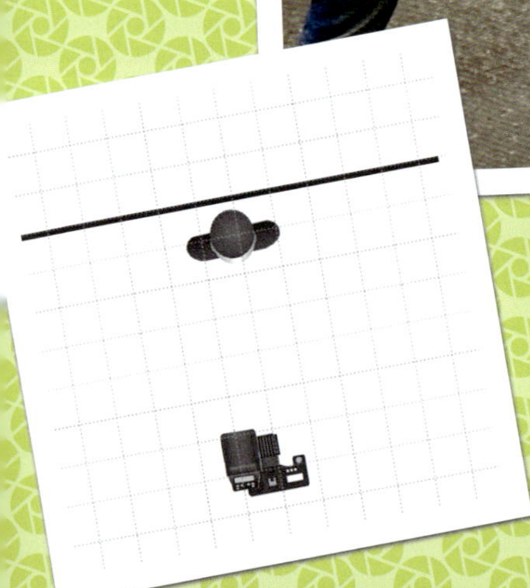

KNALLIGES PORTRÄT

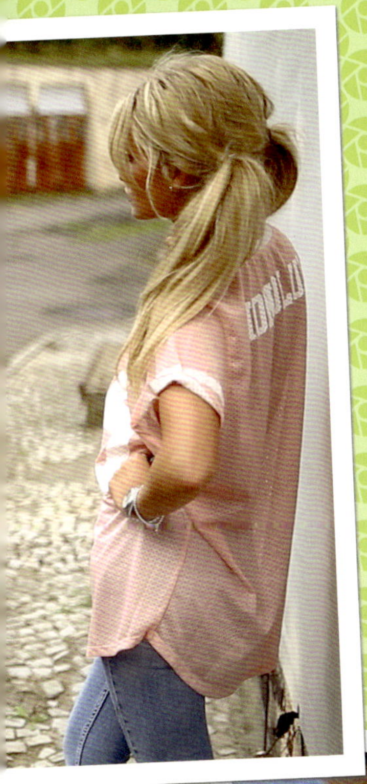

Zutaten

Model

weiße Wand

kein direktes Sonnenlicht

Utensilien

Kamera

Kit-Objektiv 18–55 mm

Aufsteckblitz im manuellen Modus

Funkauslöser

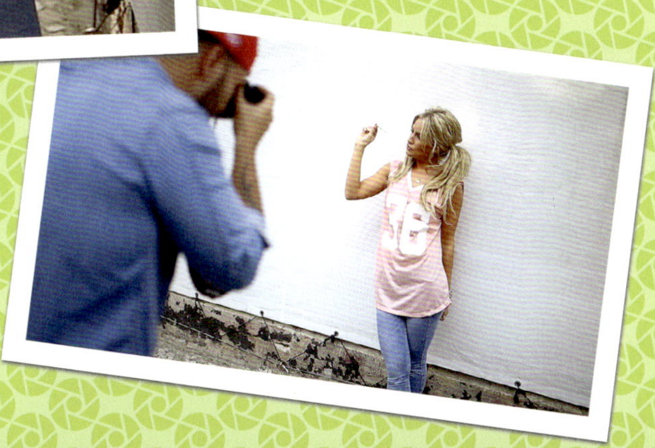

Zubereitung

Suche dir eine weiße Wand, die nicht in der Sonne liegt, und positioniere dein Model direkt davor. Stelle den Blitz mit dem Funkauslöser im manuellen Modus auf 1/4 Leistung mit 105 mm Zoom. Das Licht wird jetzt nicht mehr weitflächig gestreut, sondern sehr gerichtet ausgesendet.

Wechsle in den manuellen Modus der Kamera und wähle Blende *f*8, 1/160 s Verschlusszeit und ISO 100. Der Weißabgleich ist auf „Blitz" eingestellt, das Objektiv auf 35 mm gezoomt, und der Fokuspunkt liegt schräg rechts oben. Halte den Blitz jetzt direkt seitlich neben das Objektiv. Wichtig ist, dass beides eine Linie ergibt und das Licht des Blitzes genau dort auftrifft, wohin das Objektiv gerichtet ist. Stehe beim Fotografieren einen Meter von der Wand und dem Model entfernt und achte darauf, dass du dich nicht nach vorne und hinten bewegst.

Das Model wird nun sehr hell und frontal ausgeleuchtet, ohne viel Schatten. So erreicht man einen ähnlichen Effekt wie bei einem Ringblitz, der um einiges teurer ist als ein Aufsteckblitz.

TIPP

Ich lasse das Model bei diesem Licht-Set-up selten frontal in die Kamera schauen, sondern eher seitlich an der Kamera vorbei.

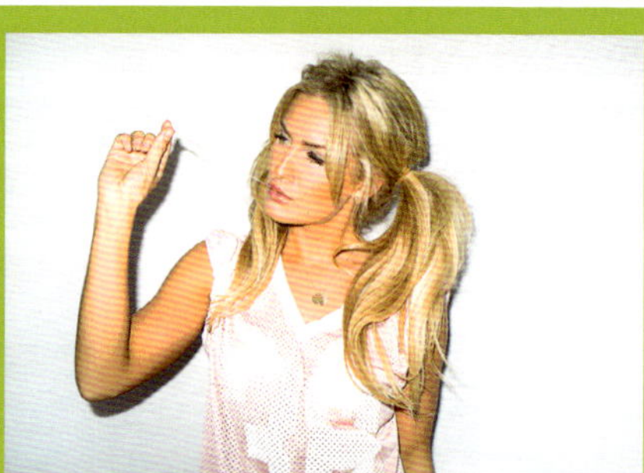

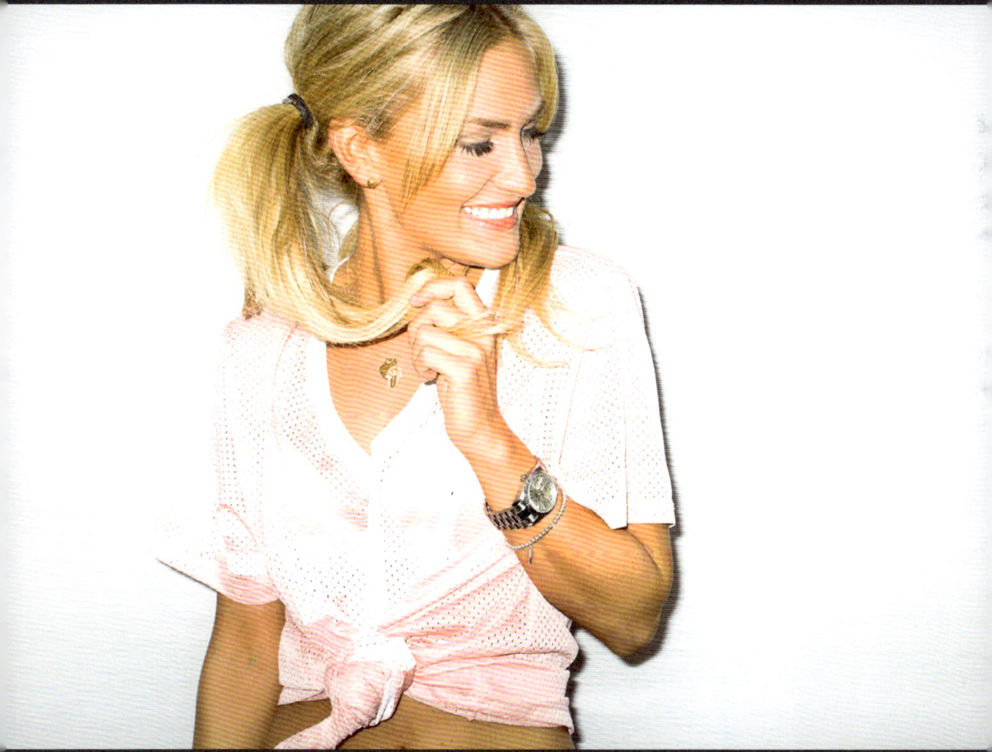

f8 / 1/160 s / ISO 100 / 35 mm

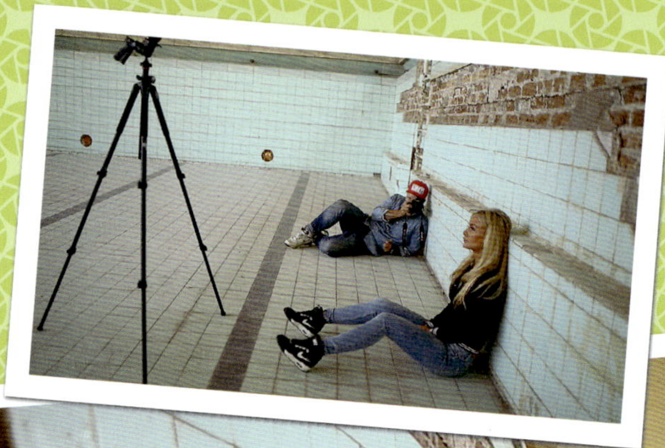

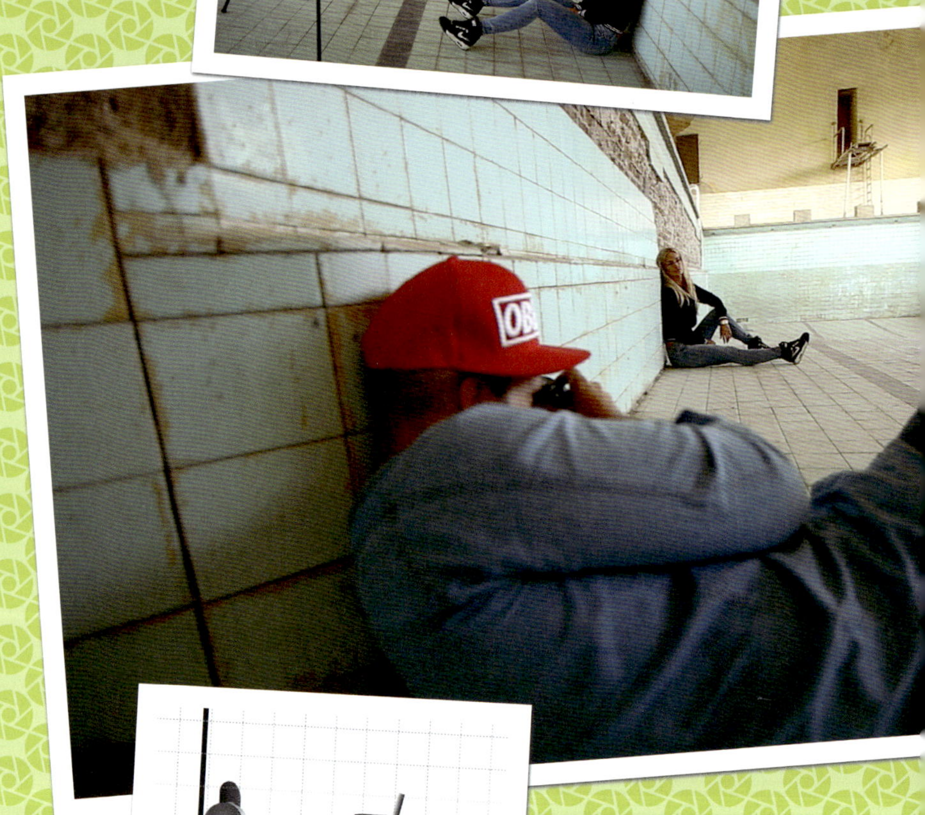

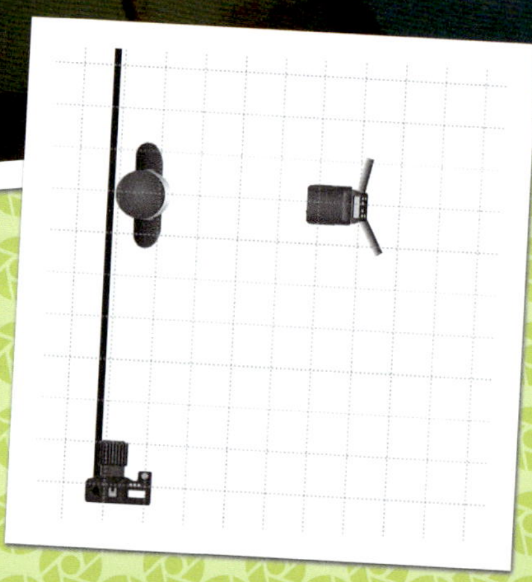

SEITLICHES PORTRÄT

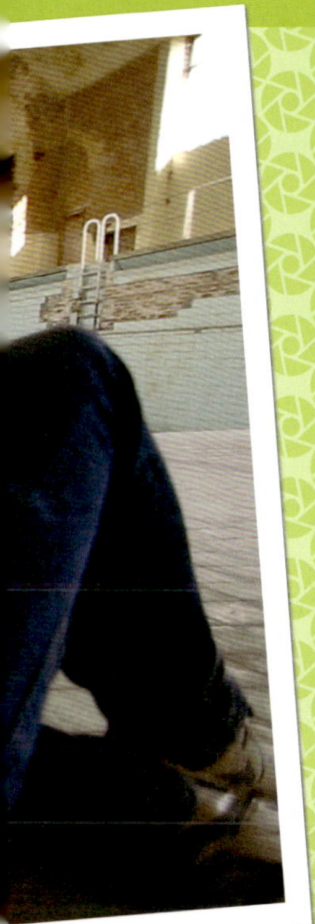

Zutaten

Model

interessante Wand

kein direktes Sonnenlicht

Utensilien

Kamera

Kit-Objektiv 18–55 mm

Aufsteckblitz im manuellen Modus

Stativ

Funkauslöser

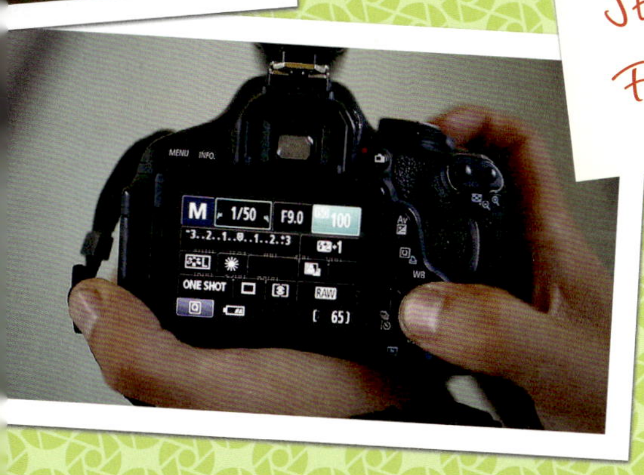

Zubereitung

Finde eine interessante Wand im Schatten und lasse das Model mit dem Rücken zur Wand auf dem Boden Platz nehmen. Befestige den Blitz mit dem Funkauslöser an dem Stativ und platziere es leicht erhöht, einen Meter entfernt vor das Model. Stelle den Blitz im manuellen Modus auf 1/4 Leistung und achte darauf, dass er auf die Nasenspitze des Models zeigt.

Wechsle in den manuellen Modus der Kamera und wähle Blende *f*9, 1/50 s Verschlusszeit und ISO 100. Den Weißabgleich stellst du für den besonderen Farbkick auf „Leuchtstoff", das Objektiv zoomst du auf 35 mm.

Setze dich nun zwei Meter entfernt vom Model auf den Boden, ebenfalls direkt an die Wand, und halte die Kamera möglichst nah an Boden und Wand. So entsteht eine interessante Perspektive, vor allem, wenn du hauptsächlich die Wand mit ins Bild nimmst und das Model nur als „Beiwerk" am Rand positionierst.

TIPP

Wenn du z. B. wie ich Kacheln als Hintergrund hast, achte auf die Linien und versuche, diese möglichst gerade ins Bild zu bekommen. Ich orientiere mich dabei an der vordersten Linie.

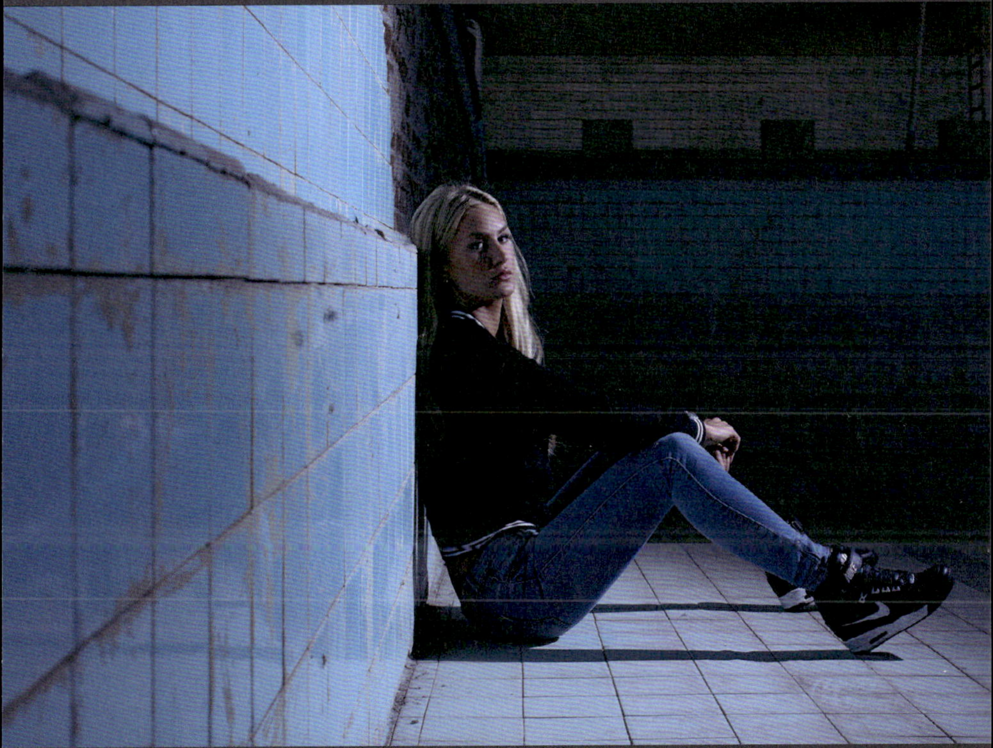

f9 / 1/50 s / ISO 100 / 35 mm

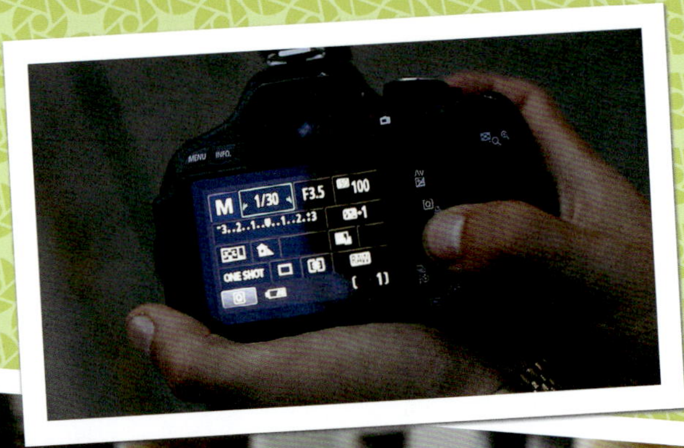
MENU
INFO.
M
1/30
F3.5
100
ONE SHOT

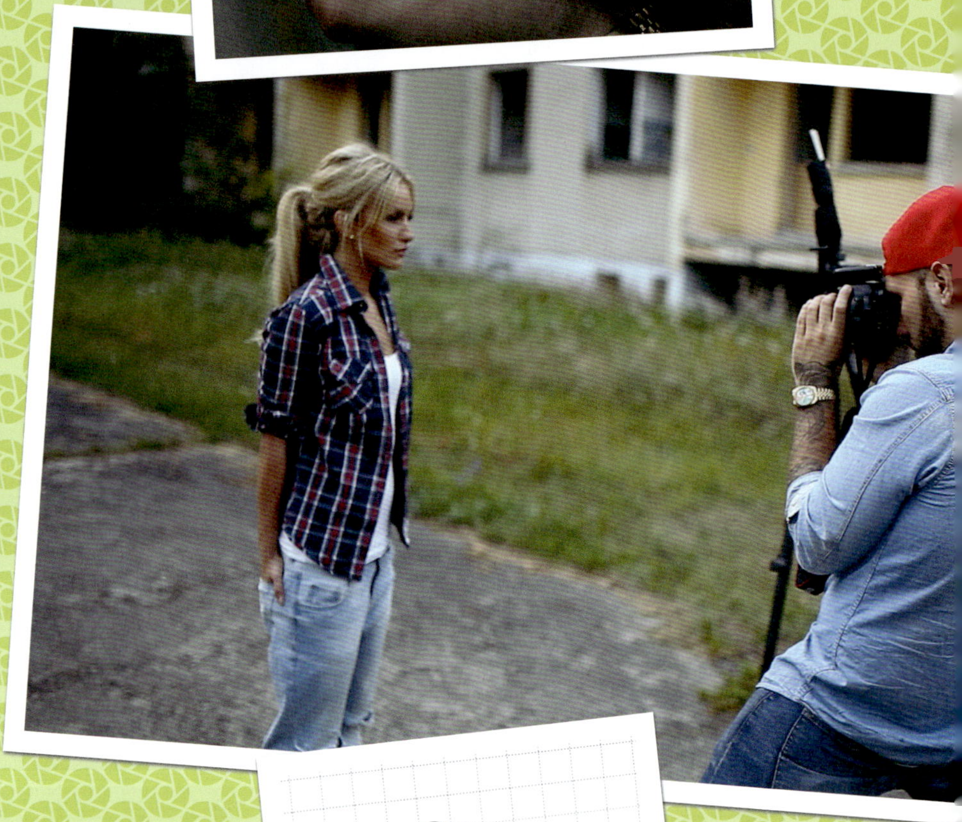

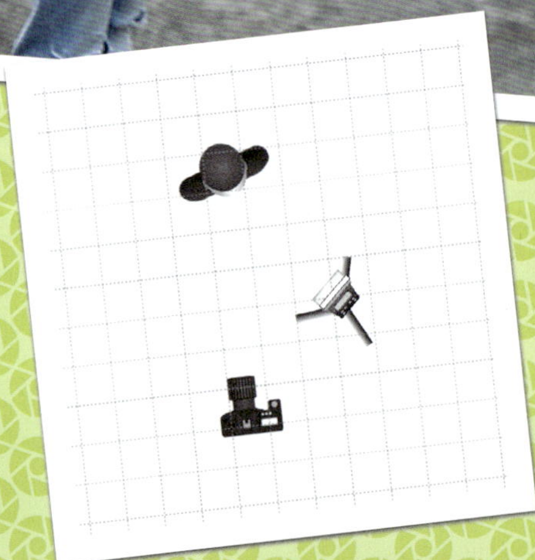

PORTRÄT BEI DÄMMERUNG

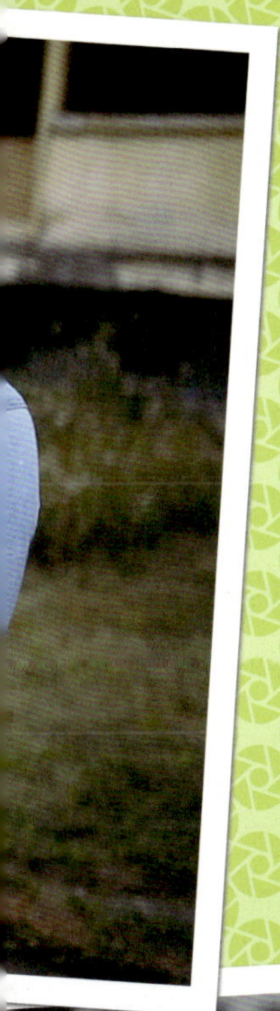

Zutaten

Model

Zeitpunkt: Dämmerung

Utensilien

Kamera

Kit-Objektiv 18–55 mm

Aufsteckblitz im manuellen Modus

Stativ

Funkauslöser

weiße Karte

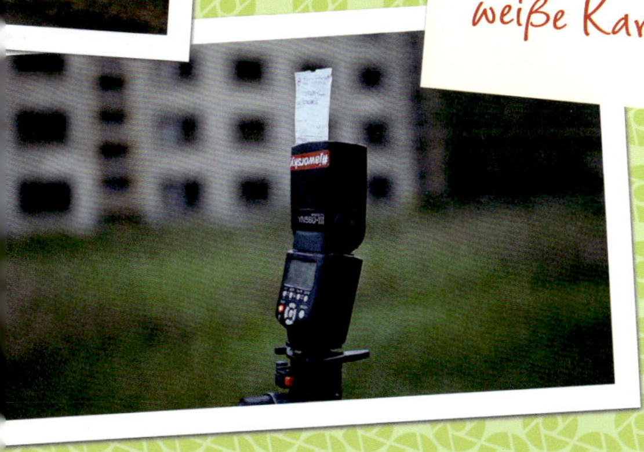

Zubereitung

Suche dir eine freie Fläche, auf der nach Sonnenuntergang noch Restlicht vorhanden ist, und positioniere dein Model. Befestige den Blitz mit dem Funkauslöser auf dem Stativ und stelle ihn im manuellen Modus auf 1/2 Leistung mit dem Blitzkopf in den Himmel gerichtet.

Stecke nun eine weiße Karte, zum Beispiel eine Visiten- oder eine Fahrkarte, in den Blitz, sodass das Licht indirekt von der Karte auf das Model abprallt. Stelle den Blitz dabei einen halben Meter bis Meter (je nach Helligkeit) entfernt im 45-Grad-Winkel bei knapp 1,70 Meter Höhe auf.

Wechsle in den manuellen Modus der Kamera und wähle Blende *f*3.5, 1/30 s Verschlusszeit und ISO 100. Den Weißabgleich stellst du auf „Blitz" und das Objektiv zoomst du auf 18 mm. Fokussiere auf ein Auge und achte darauf, dass die Nase in Richtung Licht zeigt.

TIPP

Wird es langsam dunkler und der Blitz zu hell, kannst du die Leistung nach unten regulieren oder du entfernst den Blitz weiter.

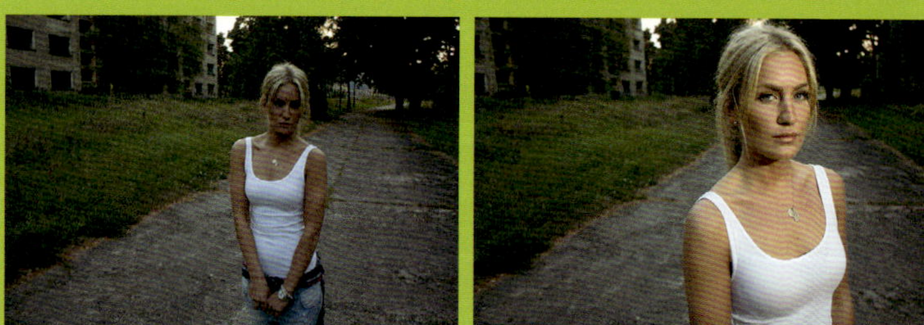

Ohne Blitz (l.) und mit Blitz zum Aufhellen, wie eben beschrieben.

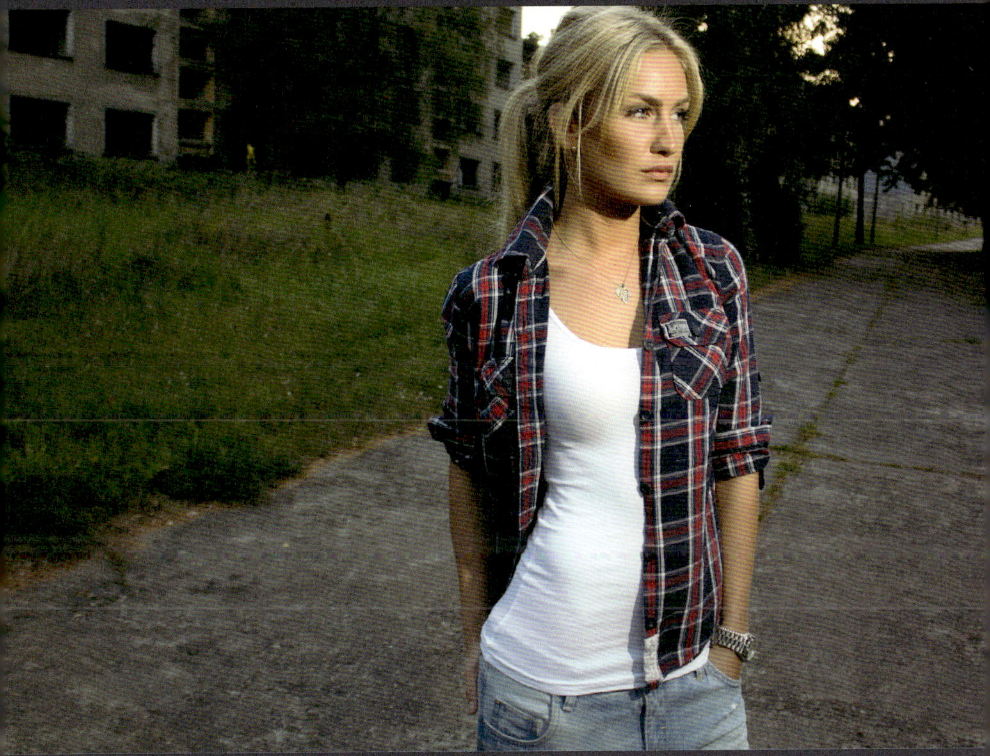

f3.5 / 1/30 s / ISO 100 / 18 mm

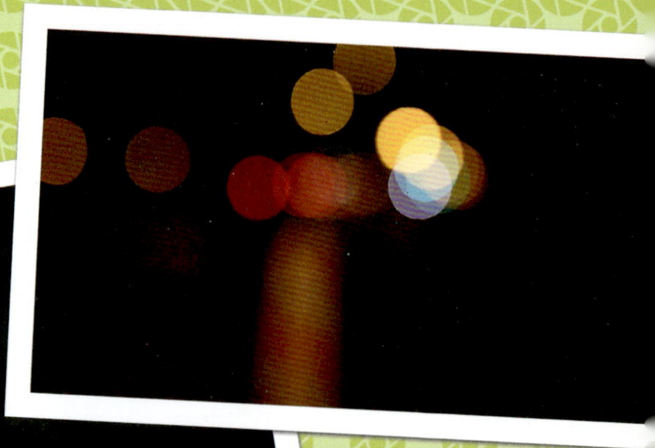

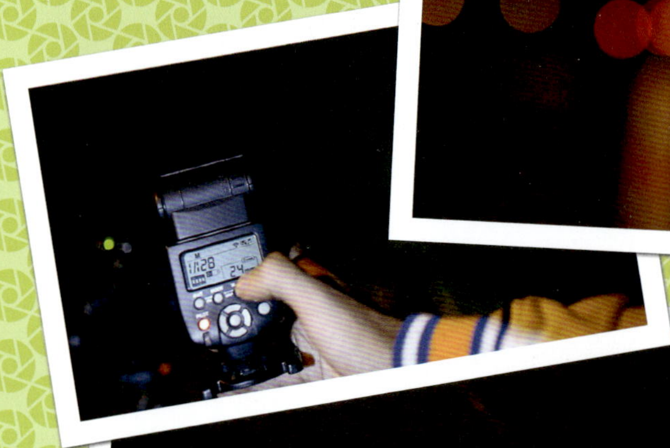

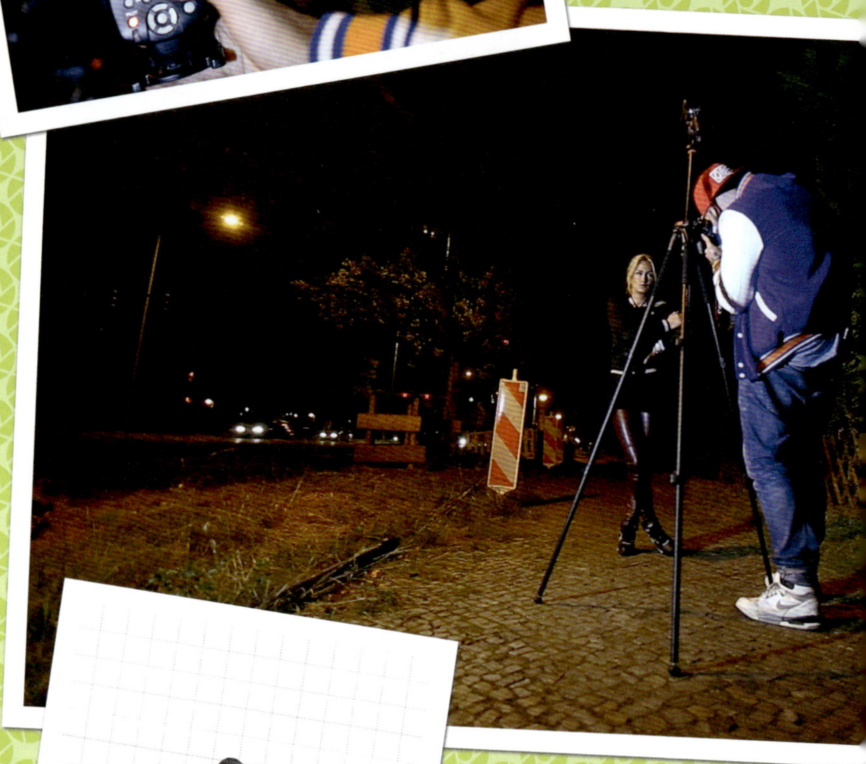

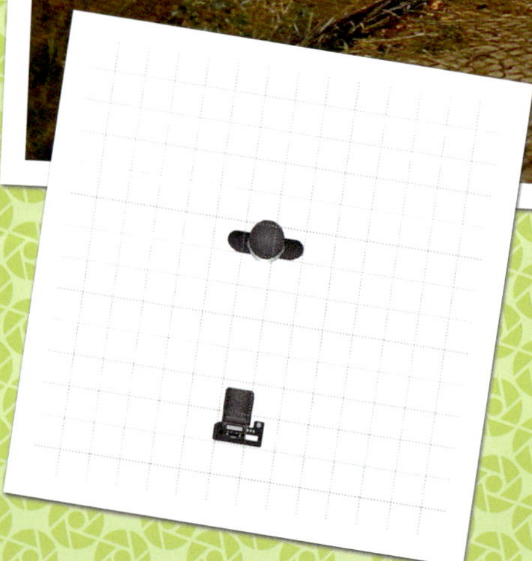

PORTRÄT BEI NACHT

Zutaten

Model
Zeitpunkt: Nacht
Laternenbeleuchtung

Utensilien

Kamera
Kit-Objektiv 18–55 mm
Aufsteckblitz im manuellen Modus
Stativ
Funkauslöser

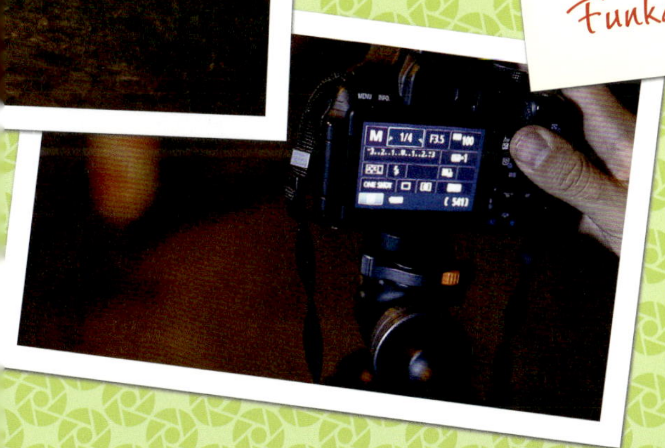

Zubereitung

Finde bei Nacht eine von Laternen beleuchtete Stelle auf dem Bürgersteig und positioniere dein Model. Verbinde den Blitz mit dem Funkauslöser und regle im manuellen Modus auf die geringste Leistung von 1/128.

Stelle die Kamera auf das Stativ, zoome das Objektiv auf 18 mm und wähle im manuellen Modus Blende *f*3.5, 1/4 s Verschlusszeit und ISO 400. Den Weißabgleich stellst du auf „Blitz" und legst den Bildausschnitt jetzt mit dem Stativ und der Kamera fest. Lege den Fokuspunkt auf das Gesicht des Models, das sich jetzt nicht mehr nach links und rechts bewegen sollte. Durch die lange Verschlusszeit ist es wichtig, die Kamera ruhig auf dem Stativ zu halten, da sonst Doppelbelichtungen entstehen oder das Model unscharf wird.

Nimm den Blitz in die Hand und halte ihn so, dass er von leicht schräg oben auf das Gesicht des Models gerichtet ist. Löse dann aus.

TIPP

Zähle einen Countdown von drei runter bis eins, damit das Model weiß, wann du auslöst, und still halten kann.

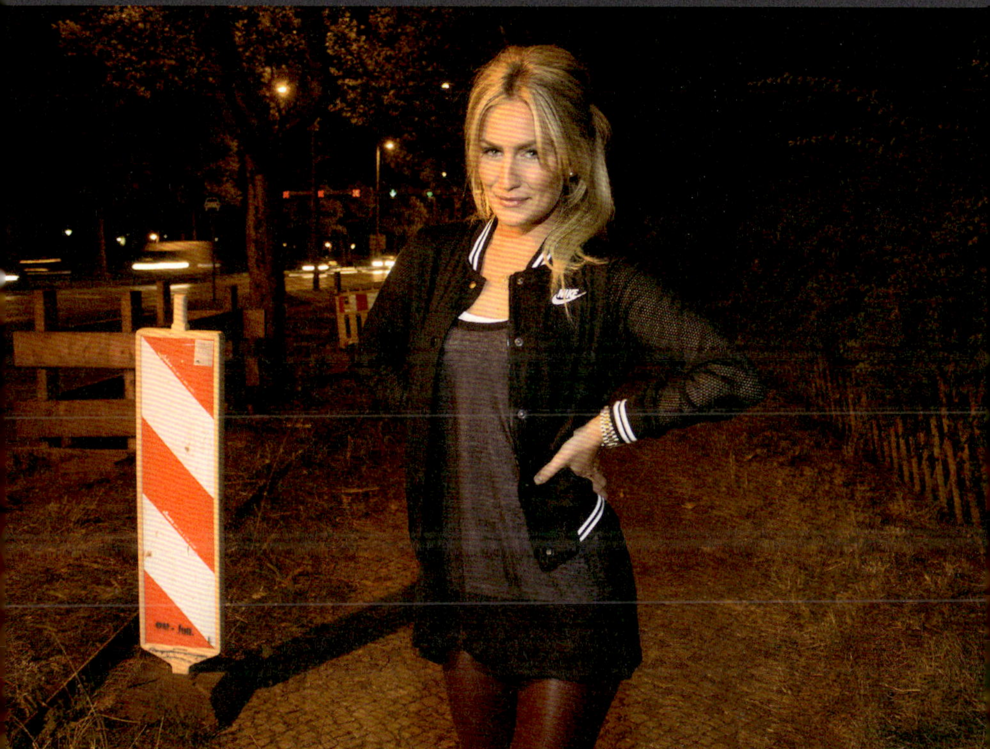

f3.5, / 1/4 s / ISO 400 / 18 mm

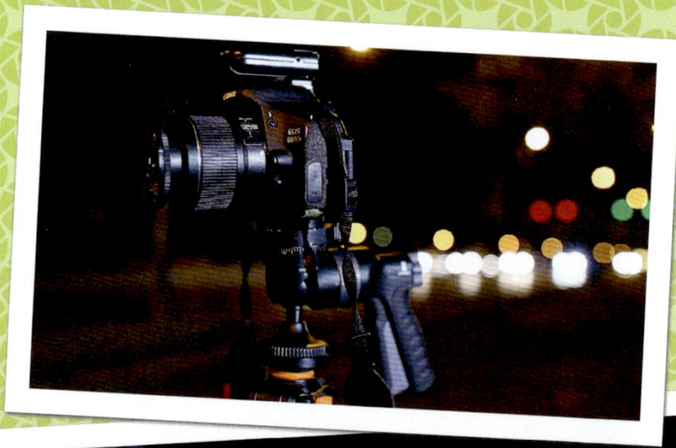

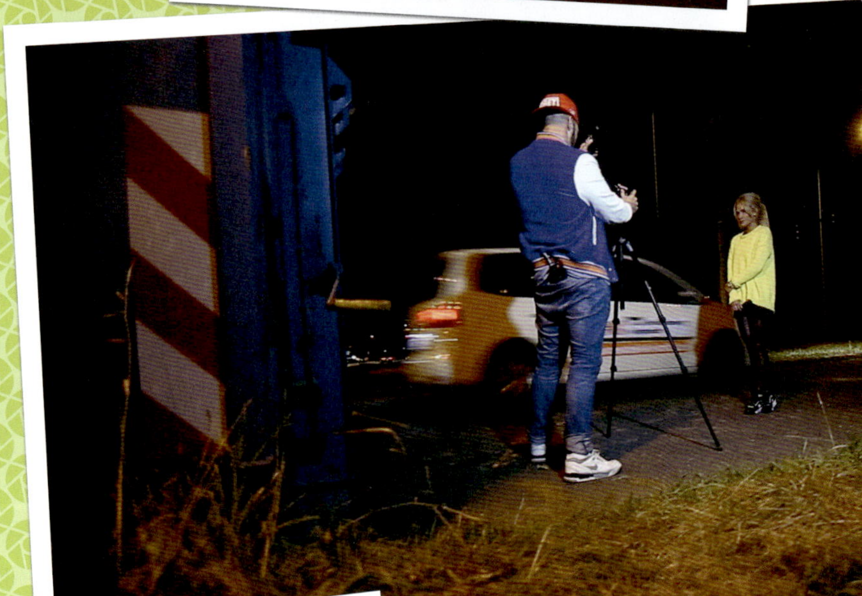

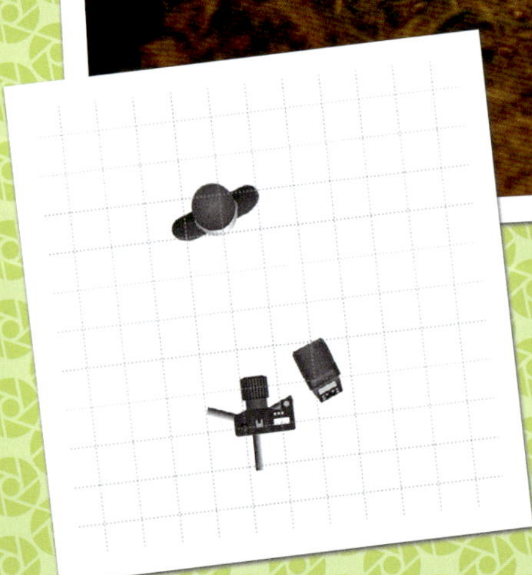

NACHTPORTRÄT MIT LICHTZIEHERN

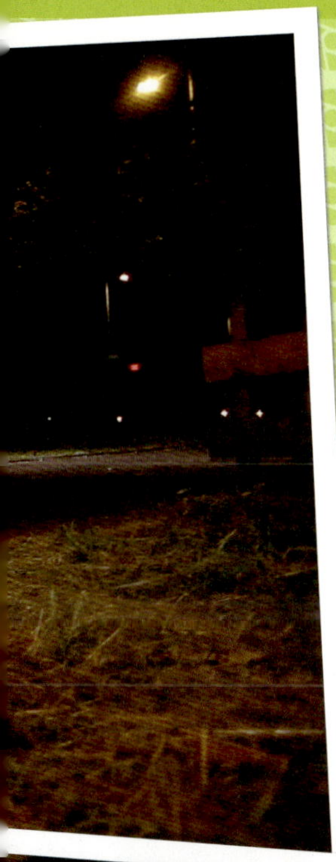

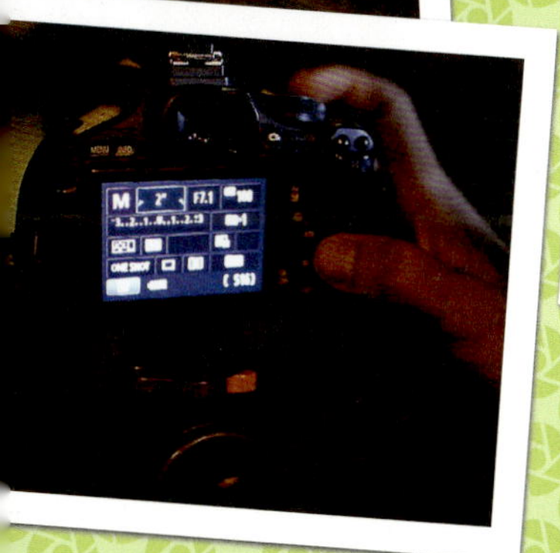

Zutaten

- Model
- Zeitpunkt: Nacht
- Laternenbeleuchtung
- Straße mit vorbeifahrenden Autos

Utensilien

- Kamera
- Kit-Objektiv 18–55 mm
- Aufsteckblitz im manuellen Modus
- Stativ
- Funkauslöser

Zubereitung

Suche spätabends oder nachts nach einem Gehweg an einer befahrenen Straße, die im Licht der Laternen liegt, und positioniere das Model mit dem Rücken Richtung Straße gedreht. Achte auf genügend Sicherheitsabstand. Stelle die Kamera auf das Stativ und wechsle im manuellen Modus auf Blende *f* 7.1, 2" s Verschlusszeit und ISO 100. Wähle mit dem Stativ den Bildausschnitt und lege den Fokuspunkt auf das Gesicht des Models. Es darf es sich nicht mehr nach links und rechts bewegen, da das Fokussieren sonst schwierig wird.

Stelle den Blitz im manuellen Modus auf 1/4 Leistung und halte ihn mit dem Funkauslöser in der Hand von schräg rechts oben auf das Gesicht des Models gerichtet.

Fährt jetzt ein Auto auf der Straße im Hintergrund, entstehen Lichtzieher im Bild. Das sind Streifen, die die Scheinwerfer und Rückleuchten der Autos im Bild durch die lange Belichtung hinterlassen. Das Zusammenspiel aus langer Verschlusszeit, den Lichtern der Autos und dem dezenten Blitzen auf das Model gibt einen tollen, einzigartigen Effekt.

TIPP

Bei diesem Rezept ist es wichtig, dass du dich insgesamt nicht zu lange an der Straße aufhältst und den Verkehr behinderst, da es durchaus sein kann, dass Autofahrer von dem Dauerblitzen irritiert sind und die Polizei rufen. Ich hatte bis heute aber noch keine Probleme damit, auch wenn die Beamten das eine oder andere Mal verwundert geschaut haben.

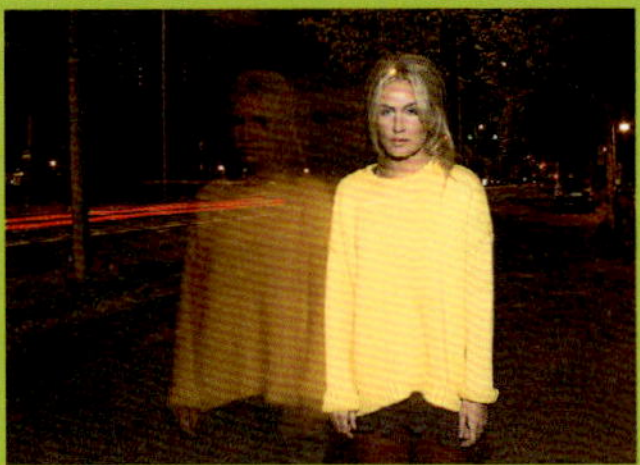

Bewegt sich das Model nach dem Blitz einen Schritt zur Seite, kann man einen weiteren coolen Effekt erzielen.

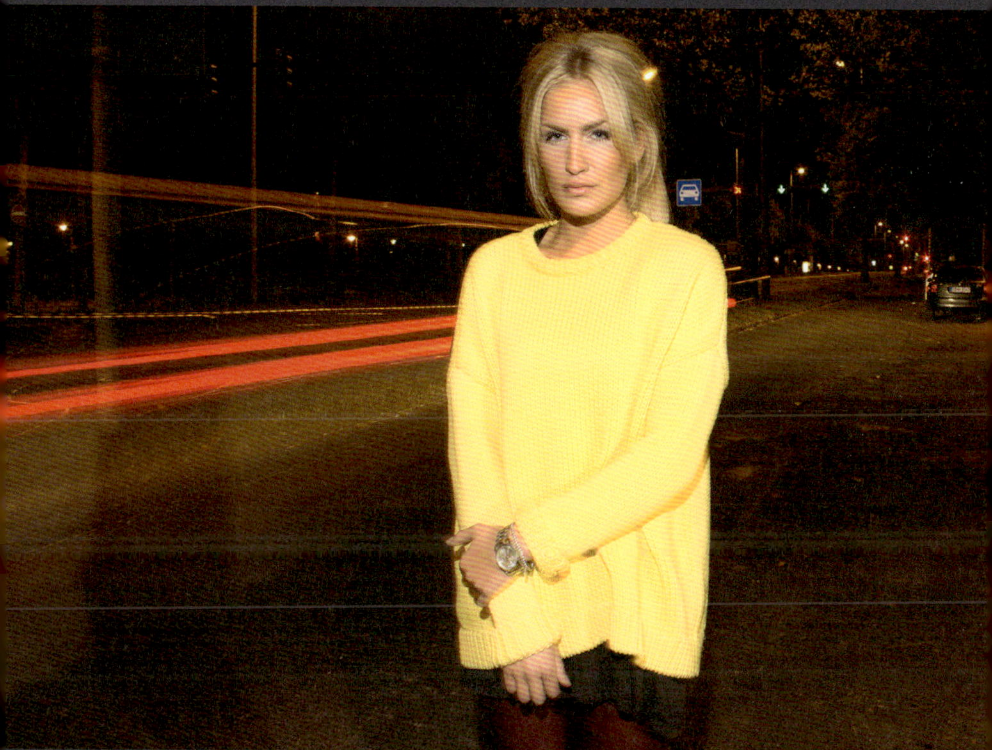

ƒ7.1 / 2" s / ISO 100 / 18 mm

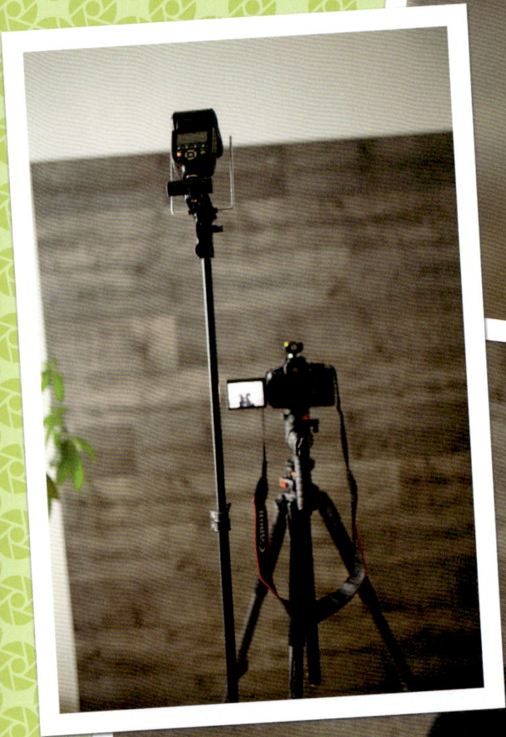

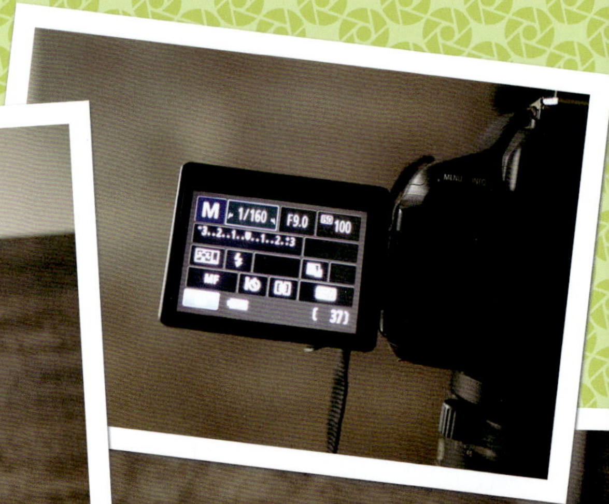
M
1/160
F9.0
100
MF
37

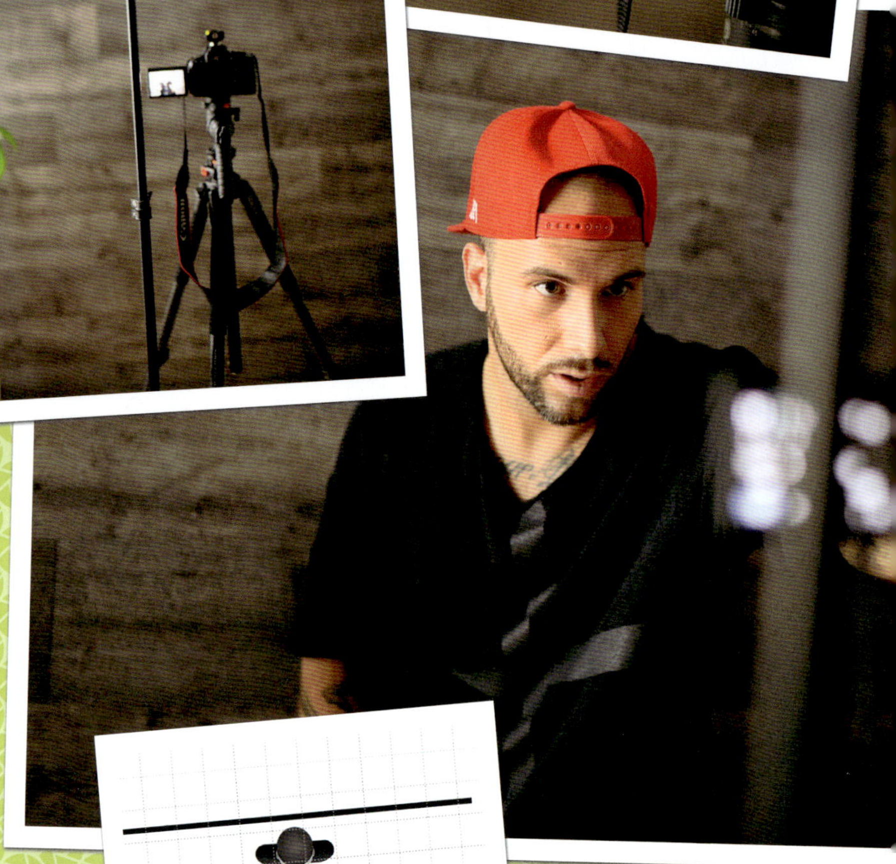

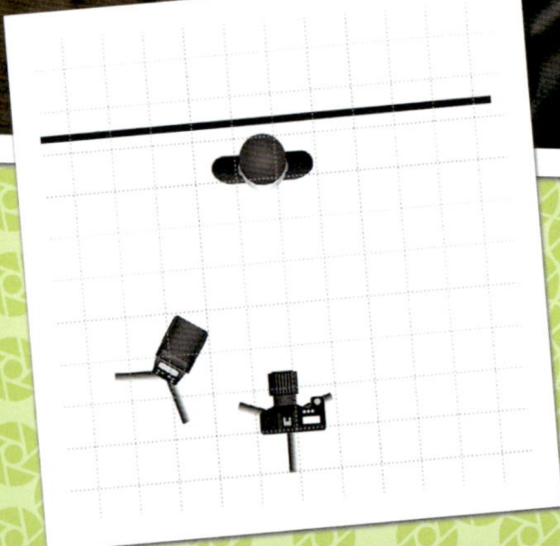

SELBSTPORTRÄT

Zutaten

DU

interessanter Hintergrund, z. B. Holz- oder Betonwand

Schatten

Utensilien

Kamera

Kit-Objektiv 18–55 mm

Aufsteckblitz im manuellen Modus

Funkauslöser

Stative

Zimmerpflanze o. Ä.

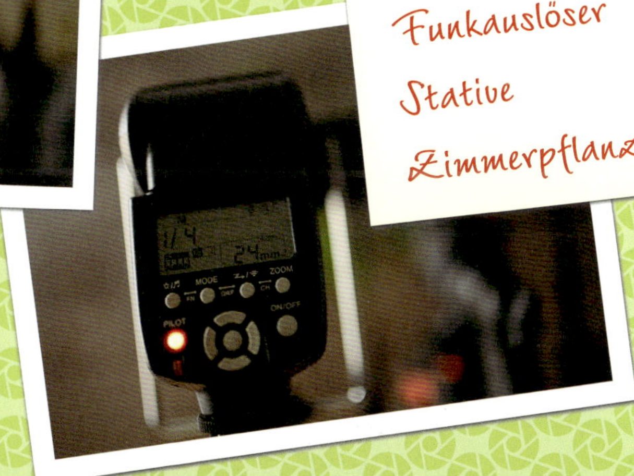

Zubereitung

Fotografen haben 1 000 000 Fotos auf der Festplatte, aber fast keins von sich selbst. Dagegen hilft dieses Rezept.

Suche dir einen interessanten Hintergrund, z. B. eine Holz- oder Betonwand, und stell dich direkt davor. Nimm dir ein Stativ und platziere deine Kamera ca. einen Meter von dir entfernt darauf. Wähle im manuellen Modus Blende *f*9, 1/160 s Verschlusszeit und ISO 100. Den Weißabgleich stellst du auf „Blitz" und fokussierst manuell auf etwas, das in etwas genauso groß ist wie du und den gleichen Abstand zu Wand hat. Ich nehme dafür z. B. eine größere Zimmerpflanze oder Stehlampe.

Zoome das Objektiv auf 18 mm und stelle den Bildausschnitt so ein, dass du gut positioniert bist (achte darauf, dass der Kopf richtig auf dem Bild ist). Merke dir diese Stelle und befestige den Blitz auf einem weiteren Stativ. Regle ihn auf 1/4 Leistung und bewege ihn im 45-Grad-Winkel schräg von oben gerichtet einen Meter von der Stelle weg, an der du stehen wirst. Der Blitz sollte, wenn du richtig stehst, auf deine Nasenspitze zeigen.

Kontrolliere nochmals die Schärfe in der Kamera, aktiviere den Zehn-Sekunden-Selbstauslöser und drücke den Auslöser. Du hast jetzt zehn Sekunden Zeit, an die richtige Stelle zu gehen und in die Kamera zu lächeln. Schau dir das Bild an, kontrolliere die Schärfe und fokussiere ggf. nach.

TIPP

Stelle den Blitz direkt zur Kamera, um eine freundliche Wirkung zu erzielen, oder bewege ihn – wie beim Rezept zum Charakterporträt beschrieben – im 45-Grad-Winkel.

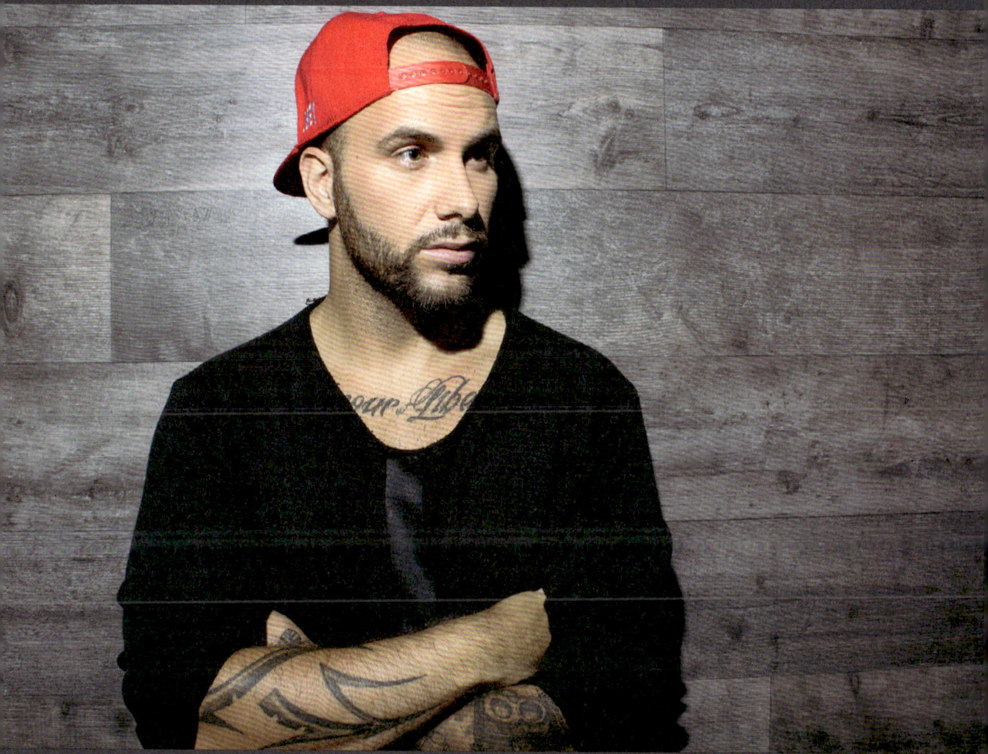

ƒ9 / 1/160 s / ISO 100 / 18 mm

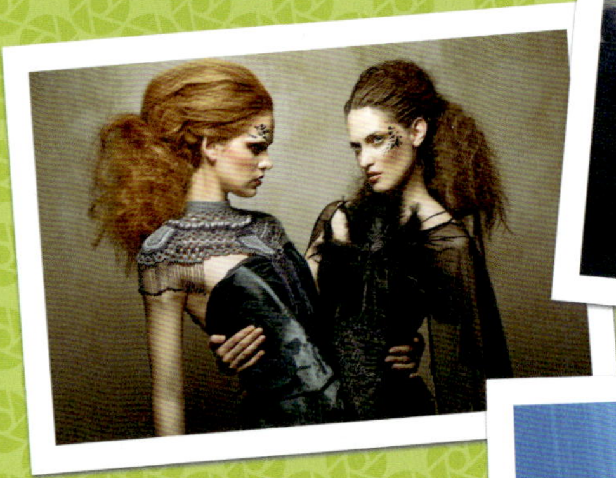

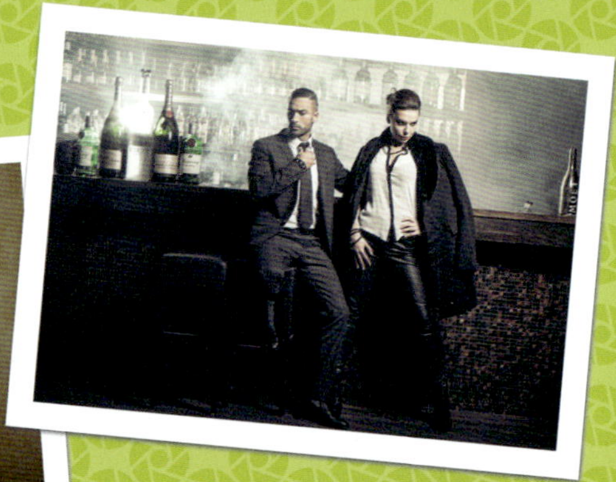

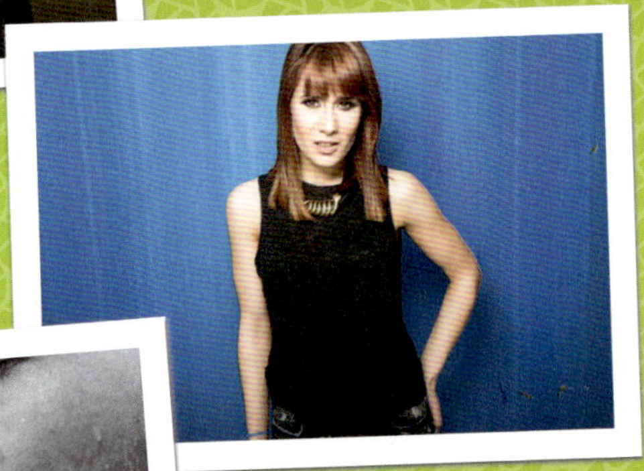

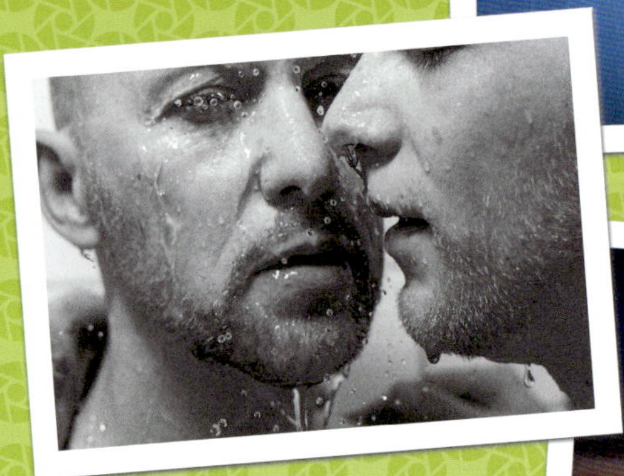

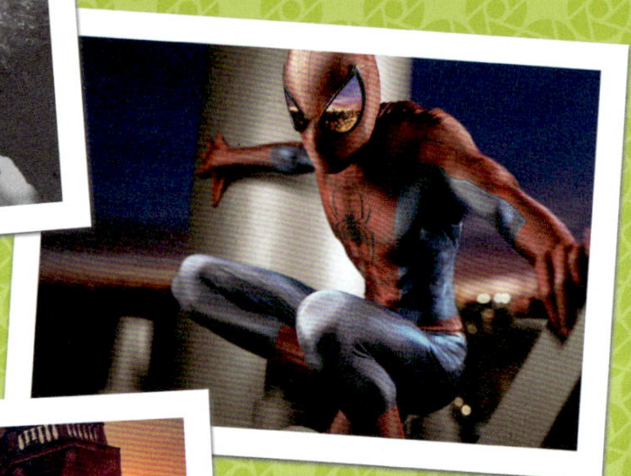

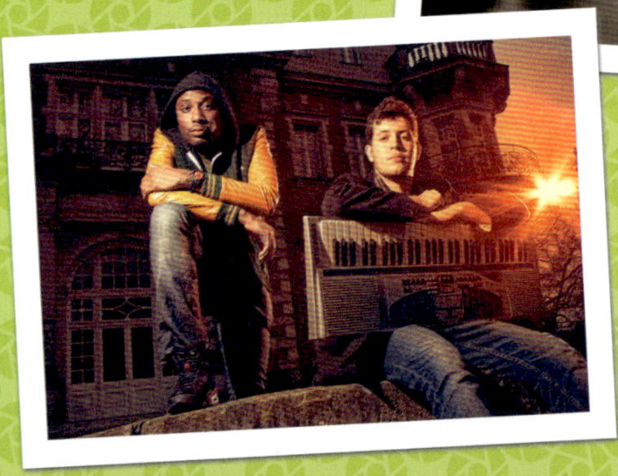

INSPIRATION

Die folgenden Seiten sollen dir zur Inspiration dienen und zeigen, was mit ein wenig Übung möglich ist. Ich habe dir, wie auch bei den anderen Rezepten, Diagramme erstellt, mit denen du sehen kannst, wie die Bilder entstanden sind.

Meistens fotografiere ich mit mehr als einem Blitz, um bestimmte Effekte zu erzielen. Eigentlich ist die Herangehensweise mit zwei oder drei oder vier Blitzen dieselbe wie mit einem Blitz. Ich positioniere erst das Model, dann den ersten Blitz und stelle die Kamera ein. Erst danach nehme ich die weiteren Blitze hinzu.

Mit dem bisher Gelesenen und dem Wissen, das du nun besitzt, wird es dir nach dem Inspirationsteil sicherlich in den Fingern jucken.

Nichts wie los und angefangen mit dem Ausprobieren, Nachmachen und Selbstgestalten!

Weißkopfseeadler

Dieses Bild wurde im tiefsten Winter bei mehr als –10 °C gemacht. Das Model Cristina Maria Saracut musste die Zähne fest zusammenbeißen, denn es stand mit High Heels und blanken Füßen im Schnee. Wir haben immer nur fünf Minuten fotografiert und Cristina dann im Auto wieder aufgewärmt. Nach zwei Durchläufen waren die Bilder im Kasten. Ausgeleuchtet wurde mit einem portablen Blitz und Beauty Dish, der von schräg rechts kam.

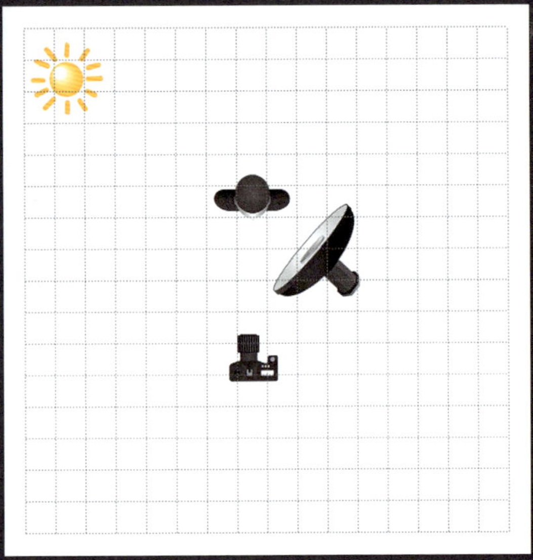

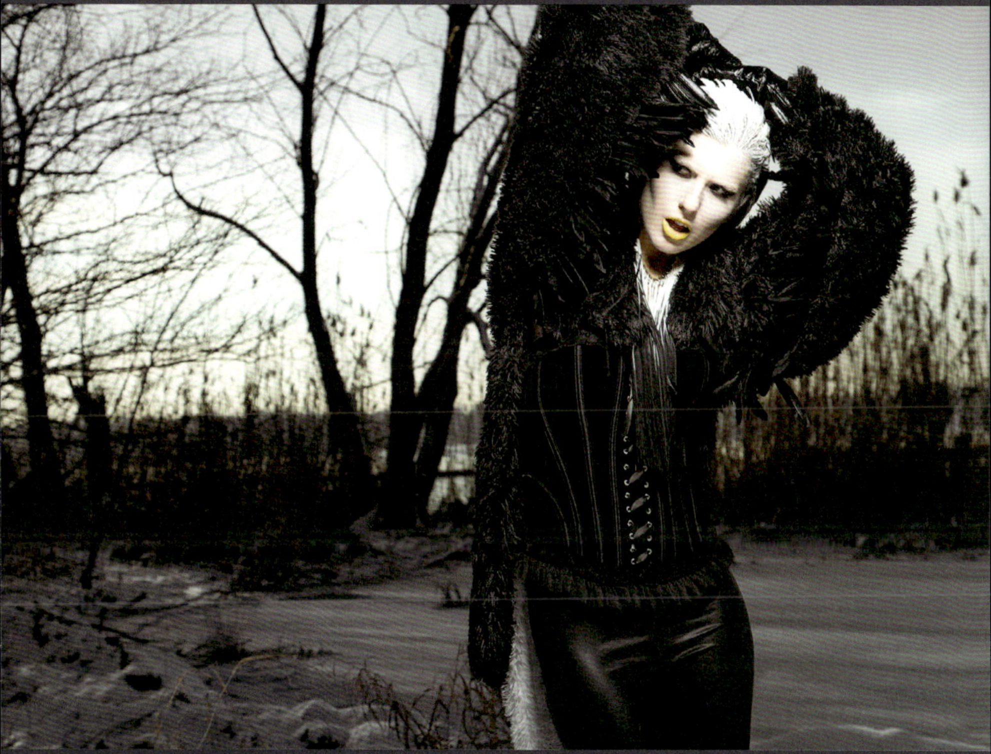

f4 / 1/160 s / ISO 50 / 55 mm

Dark

Zusammen mit meiner Freundin und Make-up-Profi Fercho Ma Do haben wir ein Konzept für ein Themen-Shooting für die Designerin Andrea Schelling erstellt. Bei diesem Bild war das Thema „Dark", passend zu den dunklen Kleidern. Das Licht kommt nur von einem Studioblitz in einer Softbox, die frontal steht. Der Hintergrund ist eine Wand mit Maserung. Zu viel Licht hätte das „Dark"-Thema zerstört, wohingegen zu wenig Licht die Schönheit der Kleider und Models außer Acht gelassen hätte. Die richtige Balance zu finden ist manchmal die Herausforderung.

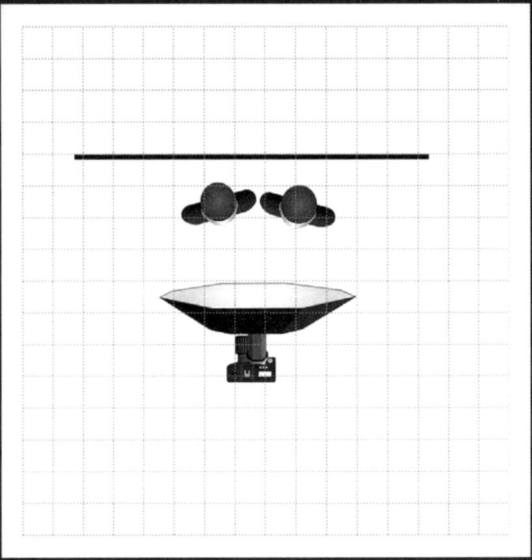

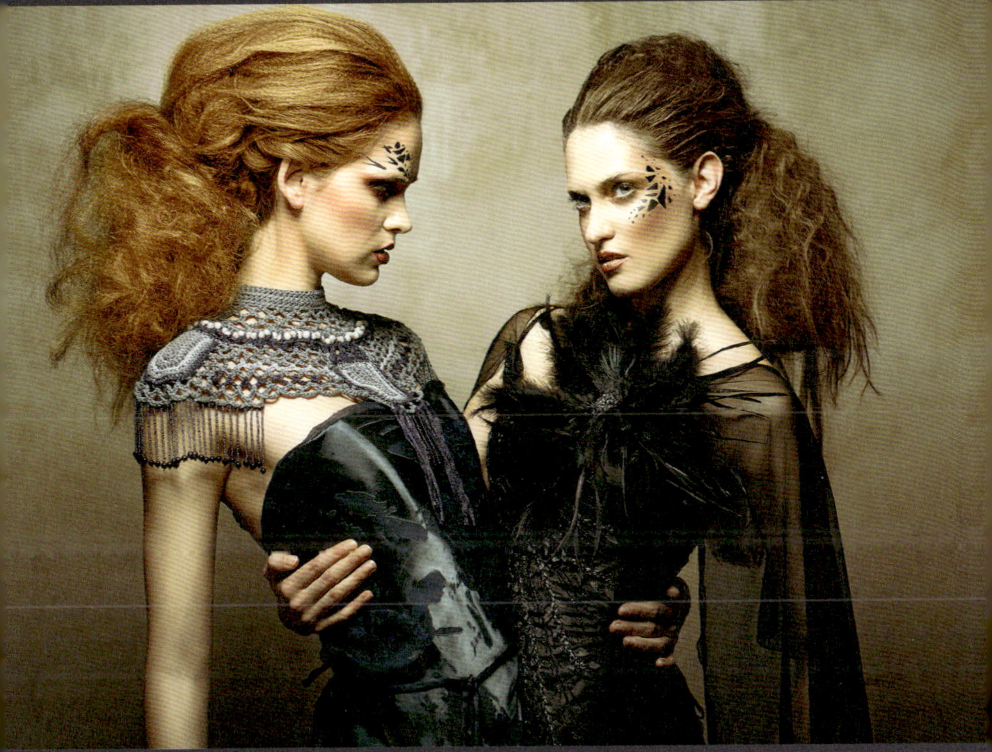

ƒ3.5 / 1/125 s / ISO 100 / 50 mm

Light

Oft machen wir mit den gleichen Models und gleichem Set verschiedene Looks und Themen. Hier haben sich nur das Make-up und die Kleidung verändert. Die Models, die Location und das Licht-Set-up sind gleich geblieben. Um noch mehr Licht ins Bild zu bekommen, nutze ich Faltreflektoren, die ich von unten mit der silbernen oder weißen Seite nach oben gerichtet halten lasse. Ich versuche häufig, wenn das Motiv schon besonders ist, das Licht möglichst einfach zu halten. Mit nur einem Blitz kann man echt tolle Ergebnisse erzielen.

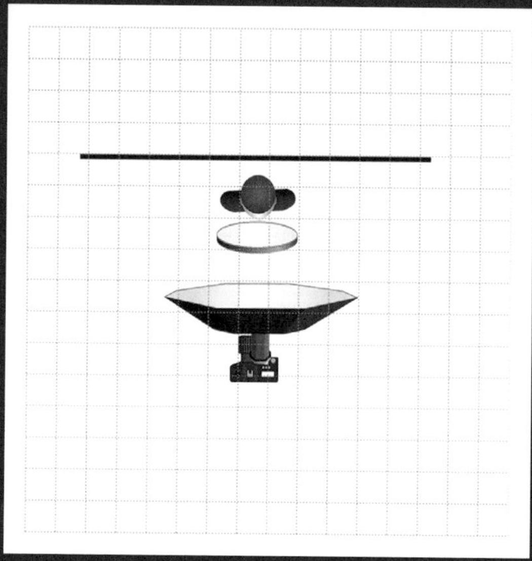

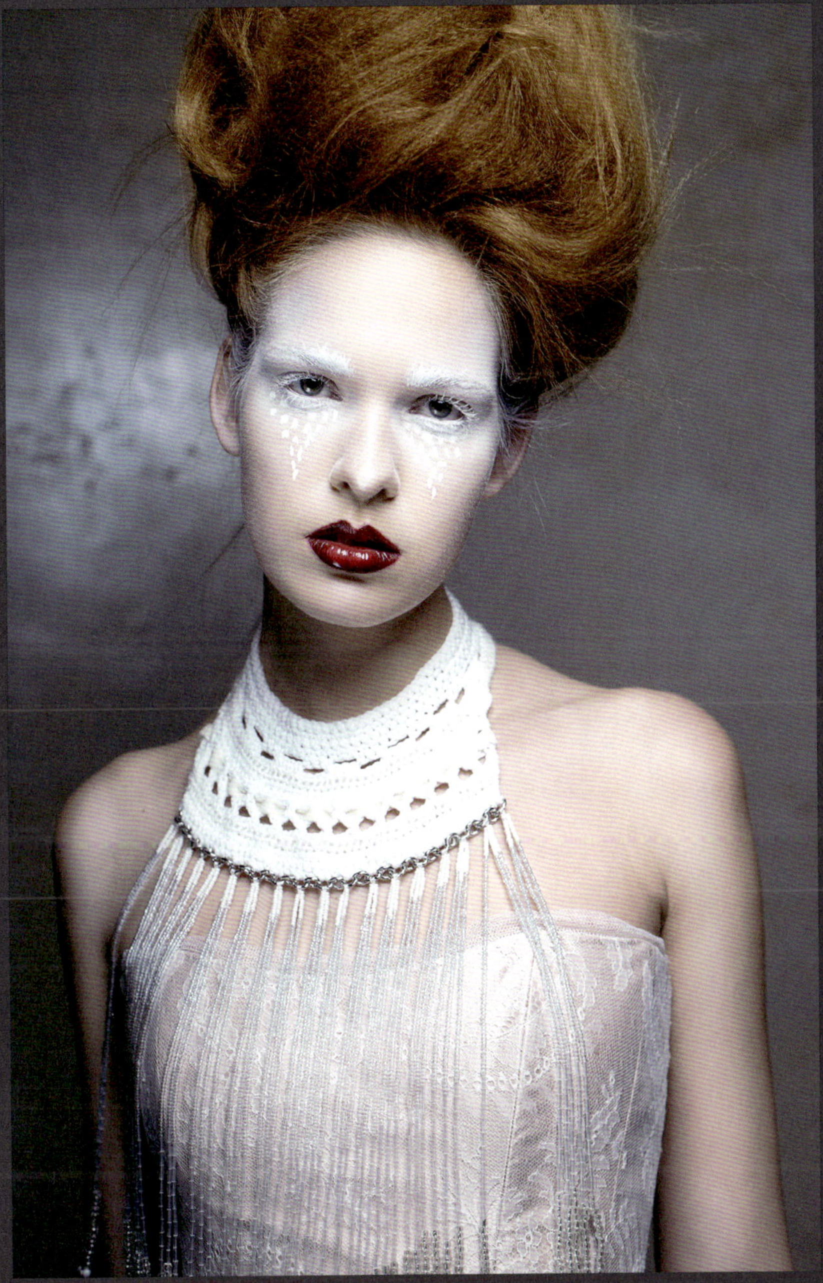

ƒ4.5 / 1/125 s / ISO 100 / 50 mm

DJ ABUZE – Part one

Dieses Bild ist bei einem Auftragsshooting für DJ Abuze/Nextlevel Ent. entstanden. Die Bilder sollten vielseitig aussehen, damit sie sowohl für Firmenveranstaltungen als auch für Szenepartys benutzt werden können. Die Location war der VIP-Bereich eines Berliner Szeneclubs. Mit der Kamera direkt an der Wand und dem Blitz mit Beauty Dish von der Seite ist das Bild entstanden, genau wie beim Rezept „Seitliches Porträt".

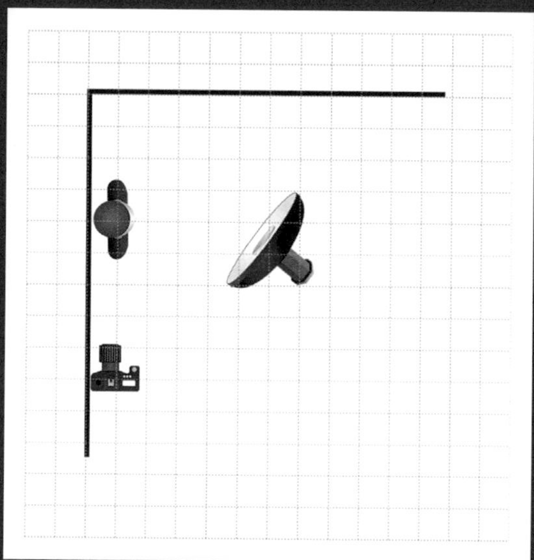

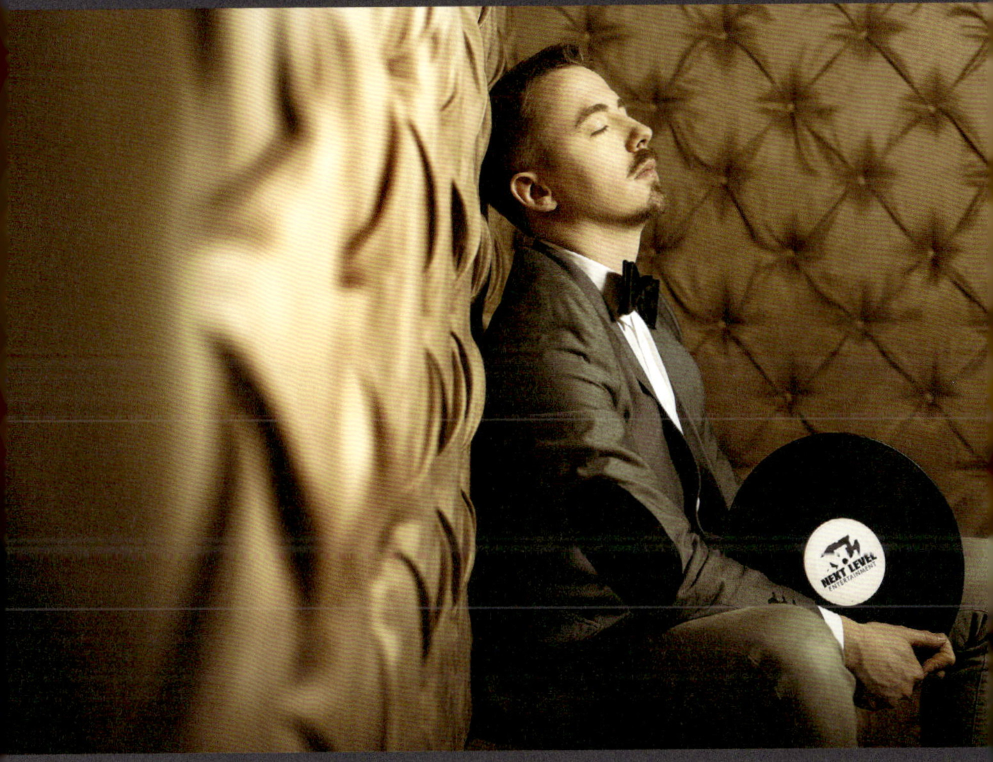

f3.5 / 1/160 s / ISO 100 / 50 mm

DJ ABUZE – Part two

Um auch eine andere Zielgruppe anzusprechen, haben wir den letzten Look des Shootings mit DJ Abuze/Next Level Ent. draußen in einer Industrielocation umgesetzt. Ausgeleuchtet wurde mit zwei Aufsteckblitzen mit Farbfolien und ohne Lichtformer. Das Outfit ist hier viel urbaner und passt zum Lichtkonzept. Ein und dieselbe Person kann, wenn man das Licht nur ein wenig ändert, komplett anders wirken.

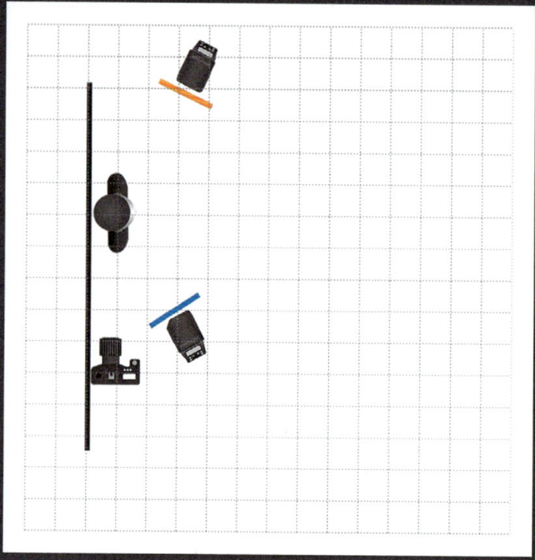

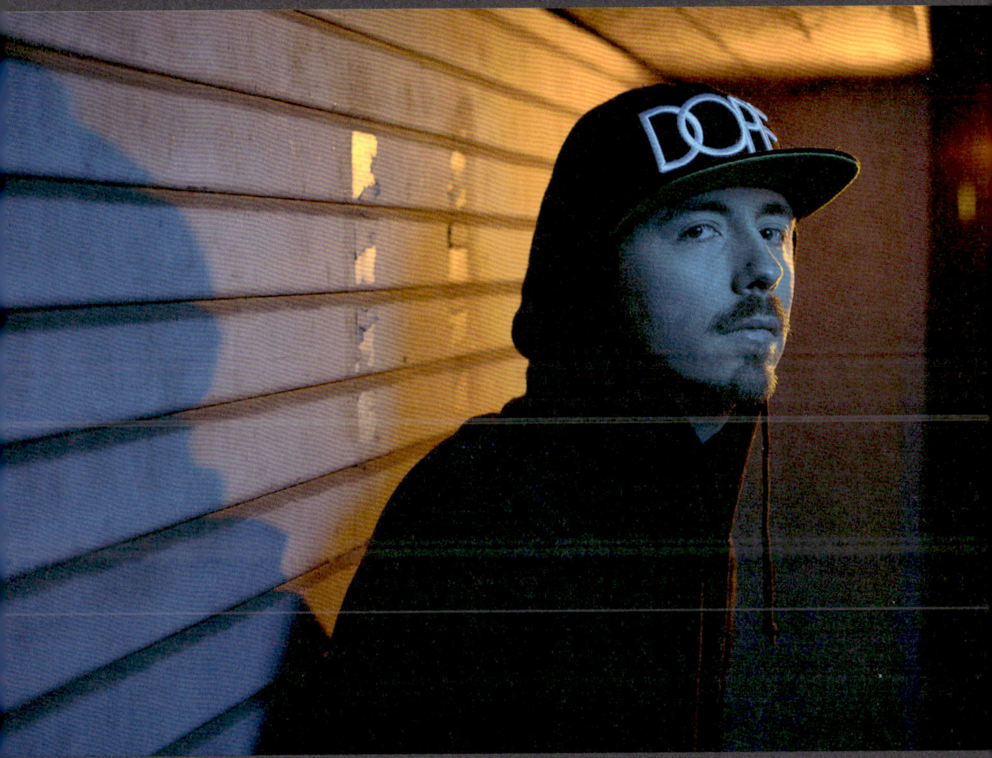

ƒ3.2 / 1/125 s / ISO 160 / 50 mm

Der Hirsch

Als ich eines Abends in das Studio meines Kollegen Marcel kam, entdeckte ich den Hirschkopf in der einen und den Ledersessel in der anderen Ecke, und mein Gehirn fing an zu rattern. Ich wollte unbedingt beides in einem Bild kombinieren. Wir riefen also das Model Felina an, und sie schmiss sich in Schale. Ausgeleuchtet wurde nur mit einem Blitz und Beauty Dish von vorne. Die Nebelmaschine sorgt für eine zusätzlich surreale Stimmung und bietet einen interessanten Blickfang.

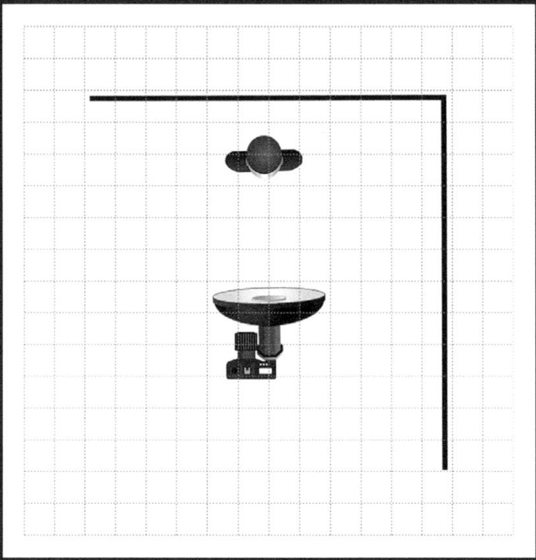

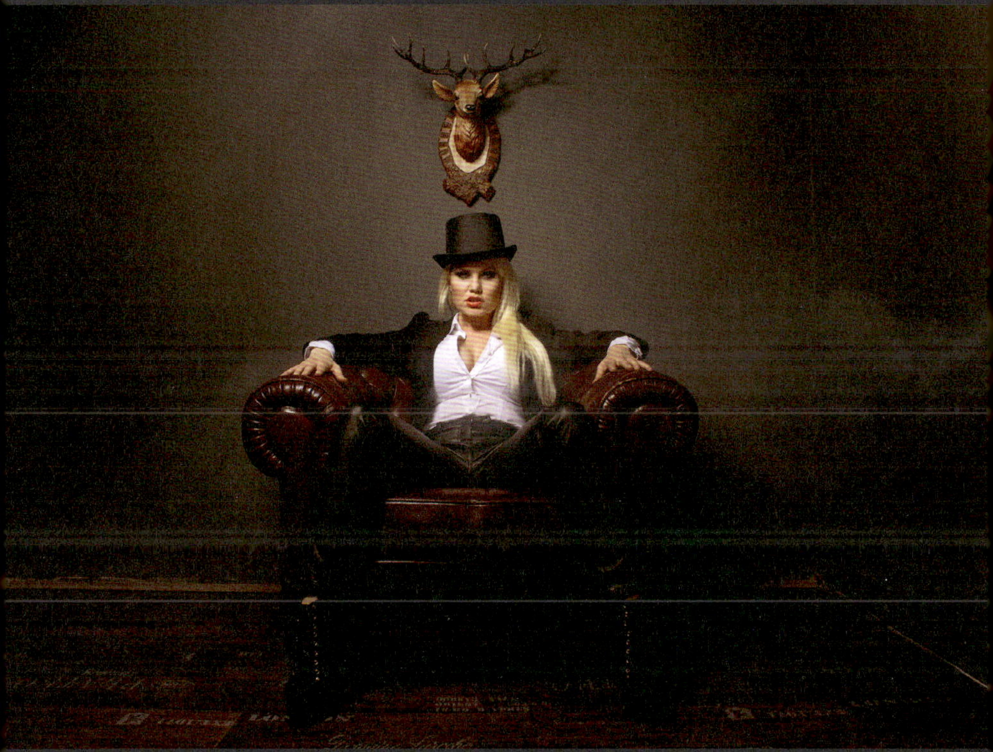

ƒ9 / 1/160 s / ISO 100 / 18 mm

XII XIII

Das Berliner Schmucklabel Twelve Thirteen bat mich, nachdem ich seine erste Kampagne fotografiert hatte, die neuen Schmuckstücke in Szene zu setzen. Dabei ging es nicht um Nahaufnahmen, sondern um Bilder mit Model in einer zur Zielgruppe passenden Location. Im „Puro", einer Bar/Club-Location über den Dächern der Stadt, positionierten wir die beiden Models Sercan und Marta vor dem Tresen mit den riesigen Edelspirituosenflaschen. Ausgeleuchtet wurde mit einer 150-cm-Softbox mit Grid von vorne. Ein Aufsteckblitz hinter der großen Flasche sollte den Hintergrund aufhellen. Die Nebelmaschine des Clubs sorgte für zu viel Rauch, sodass wir immer kurz warten mussten, dass der Nebel verfliegt, bevor wir shooten konnten. Er sorgt für eine gewisse Räumlichkeit.

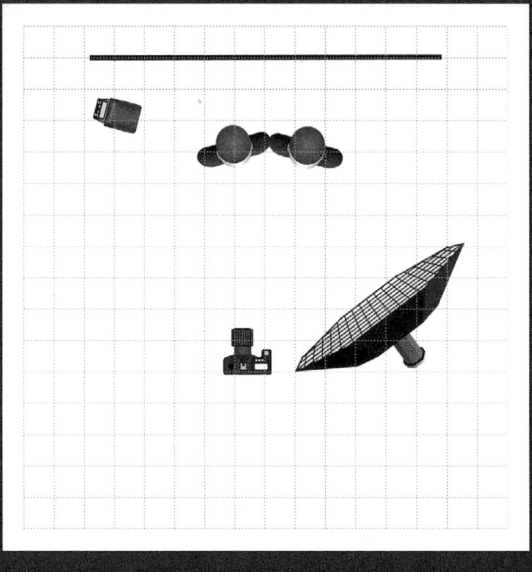

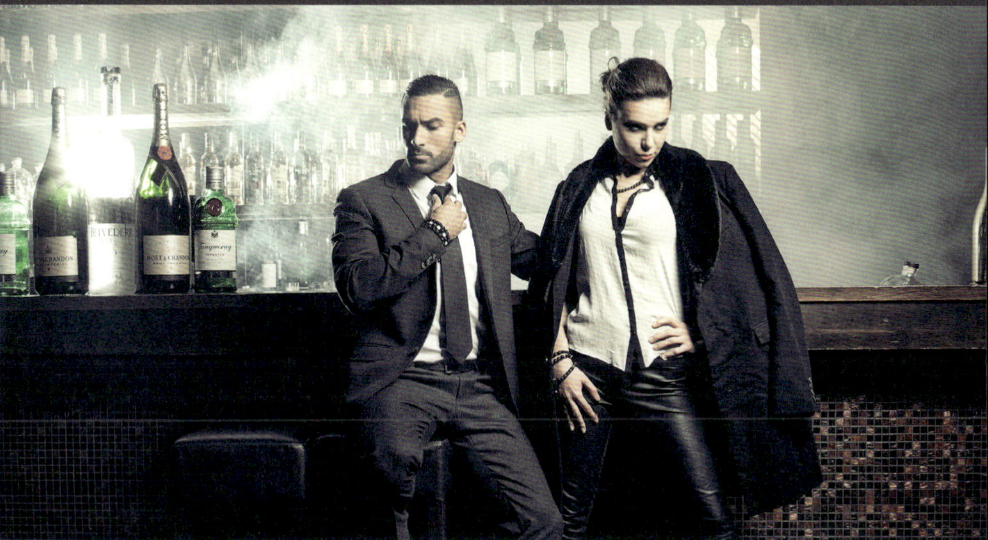

Bad Guy – 1

Eine Idee, die mir seit längerer Zeit im Kopf herumspukte, war eine Bilderstrecke, bei der ein typischer „Bad Guy" abgelichtet wird. Es war für mich eine freie Arbeit, die auch immer den Zweck hat, etwas auszuprobieren. Ich wollte viel Licht benutzen, aber so, dass man es nicht auf den ersten Blick sieht. Inspiriert von Filmsets, bei denen Unmengen von Licht benutzt wird und die Szene am Ende trotzdem natürlich aussieht. Ausgeleuchtet wurde an einem bewölkten Tag mit drei Blitzen, auf denen Softboxen als Lichtformer benutzt wurden.

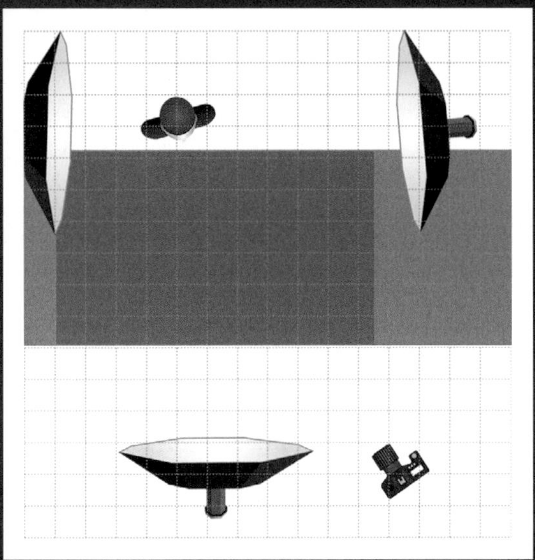

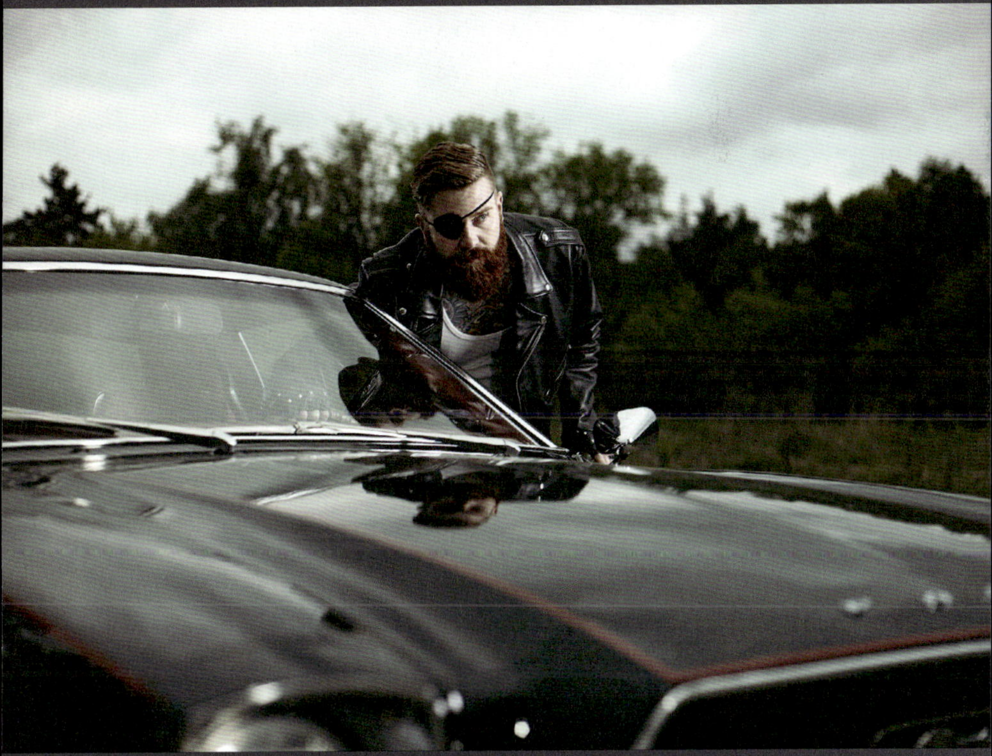

f2.8 / 1/100 s / ISO 50 / 50 mm

Bad Guy – 2

Auch dieses Bild gehört zu der freien Arbeit. Da ich mich mit Look und Konzept an Hollywoodfilmen orientierte, sollten auch die Bilder an sich eine Geschichte erzählen. In diesem Bild fährt der „Bad Guy" im Sonnenuntergang zu einem „Treffen", und so sollte auch die Szenerie aussehen. Der alte Mustang bot eine interessante Kulisse, und die drei Blitze, die auch hier wieder genutzt wurden, sollten ein dramatisches und trotzdem natürliches Licht schaffen. Ganz schwach wird das Gesicht an den Seiten akzentuiert, von vorne aufgehellt und liegt trotzdem weitestgehend im Schatten. Eine besondere Herausforderung, wenn man mit Autos fotografiert, ist der Lack, in dem sich die Blitze (oder man selbst) spiegeln, wenn man nicht aufpasst.

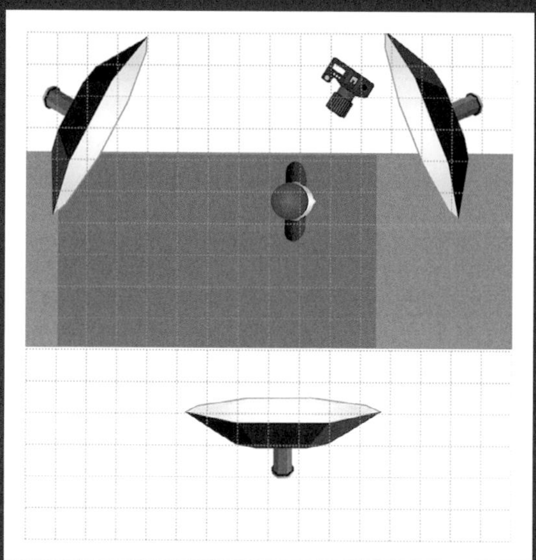

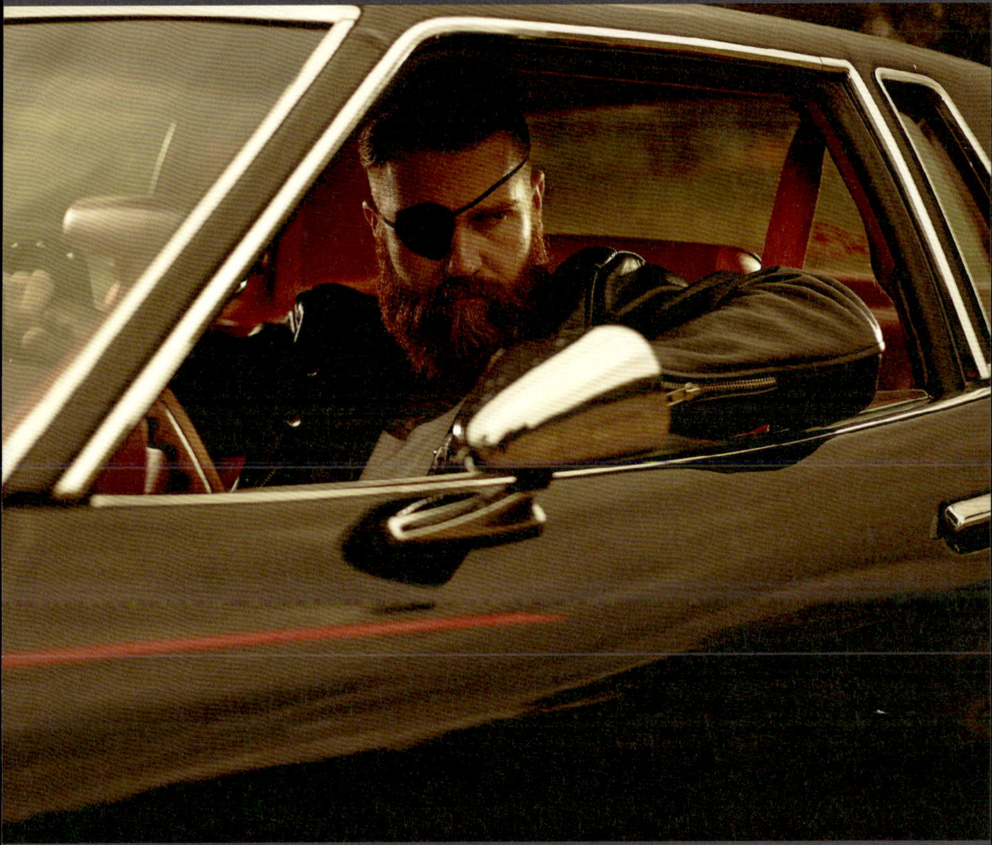

f2.5 / 1/100 s / ISO 50 / 50 mm

Chiddy Bang

Durch meinen Beruf beim Radio hatte ich oft die Aufgabe, Musiker zu interviewen. Irgendwann habe ich mir dann überlegt, diese einfach zu fragen, ob ich nicht noch ein paar Bilder machen darf – ich bin ja schließlich auch Fotograf. Gesagt, getan. Als die Jungs von Chiddy Bang bei uns am Kleinen Wannsee zu Besuch waren, habe ich sie nach dem Interview nach draußen in den Garten des Grundstücks geführt und ca. zehn Fotos gemacht. Ich hatte vorher das Ganze mit Praktikanten und Kollegen geübt, sodass das Set-up und die Idee schon feststanden. Mit zwei Aufsteckblitzen wurde das Bild diagonal ausgeleuchtet. Den hinteren Blitz habe ich mit einer orangefarbenen Farbfolie ausgestattet und so einen warmen, sonnenähnlichen Schein erzeugt. Das Bild wurde von Chiddy Bang und dem Management als Tourplakat für Berlin ausgewählt und hat am Ende nicht länger als fünf Minuten gedauert.

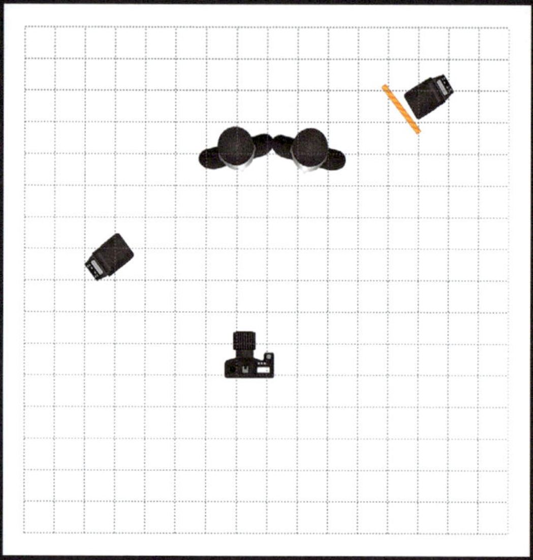

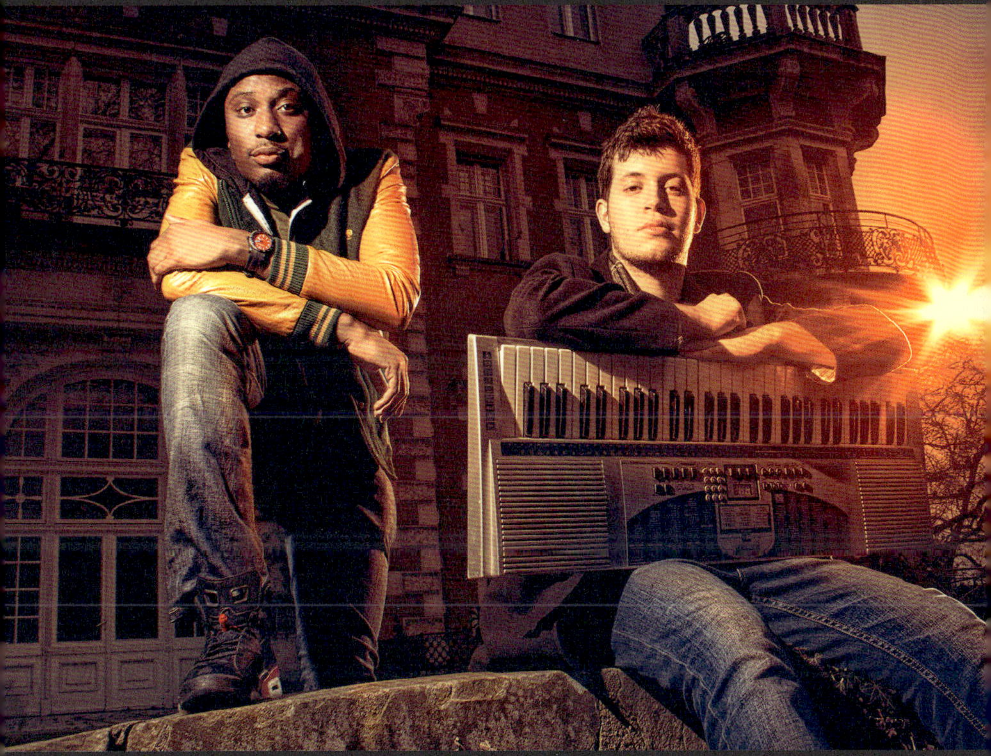

ƒ9 / 1/60 s / ISO 100 / 18 mm

Far East Movement

„Like a G6" war der große Durchbruch der Musiker Far East Movement aus den USA. Ich war vor einigen Jahren mit den Jungs zum Interview in Berlin verabredet und nahm meine Kamera und einen Aufsteckblitz mit. Das Gespräch fand direkt an der Konzertlocation statt, in einem kahlen Backstageraum mit schummrigem Licht – also nicht unbedingt die besten Voraussetzungen für coole Fotos. Auch ist die Zeit bei einem solchen Treffen begrenzt, und so bleibt keine Möglichkeit, vor Ort etwas aufzubauen oder auszuprobieren. Ich habe die Jungs dann einfach vor eine der weißen Wände gestellt, meinen Kollegen Dan den Blitz von schräg oben halten lassen und fünf Fotos gemacht. Die weiße Wand wurde dann in der Nachbearbeitung durch eine Nachtaufnahme des 17. Juni getauscht, und ich habe noch ein paar Effekte hinzugefügt. Manchmal muss man einfach improvisieren.

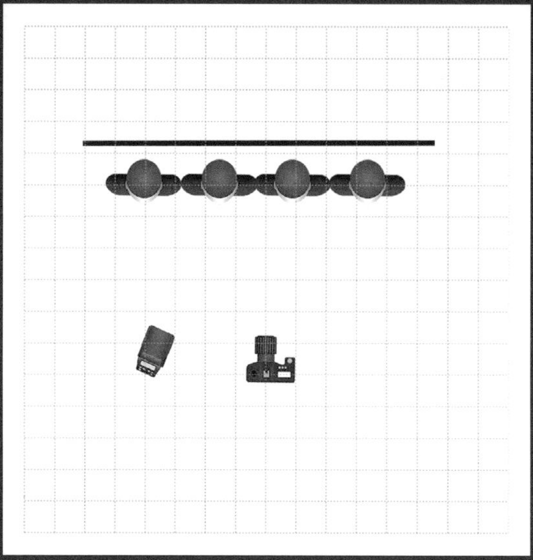

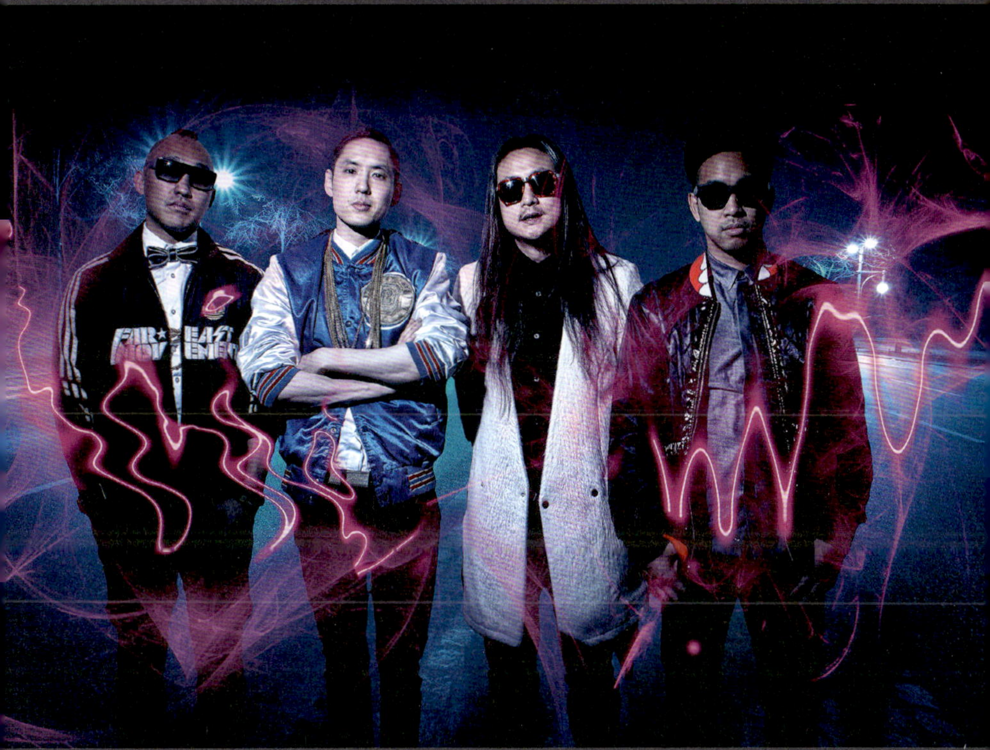

ƒ9 / 1/160 s / ISO 100 / 20 mm

300: Rise of an Empire

2014 kam der zweite Teil einer meiner Lieblingsfilme heraus: „300: Rise of an Empire“. Ich durfte den Film schon vor allen anderen bei einer Preview schauen und war vom neuen Look sehr angetan. Im Gegensatz zum ersten Teil, der überwiegend in Gelb gehalten war, dominierte im zweiten Teil die Farbe Blau. Mein YouTube-Kollege und Fitnessspezialist Goeerki bekam, wie der Zufall so wollte, zum Release vom Filmverleih mehrere Kostüme für eine Aktion zur Verfügung gestellt, und so stand für mich fest: Ein freies Shooting mit dem Thema „300“ ist Pflicht! Vor einer grauen Wand positionierte ich Goeerki und zwei Fitnesskollegen in den Kostümen leicht versetzt und leuchtete sie mit einem Blitz und Beauty Dish von schräg vorne und einem Blitz mit Softbox von schräg hinten aus. Der Hintergrund und die Funken wurden in der Nachbearbeitung hinzugefügt.

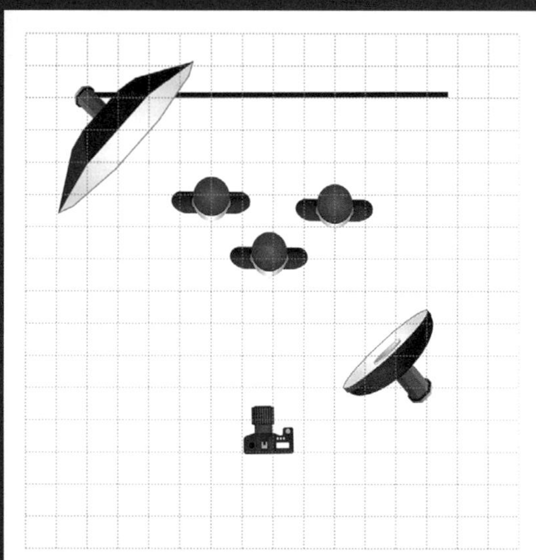

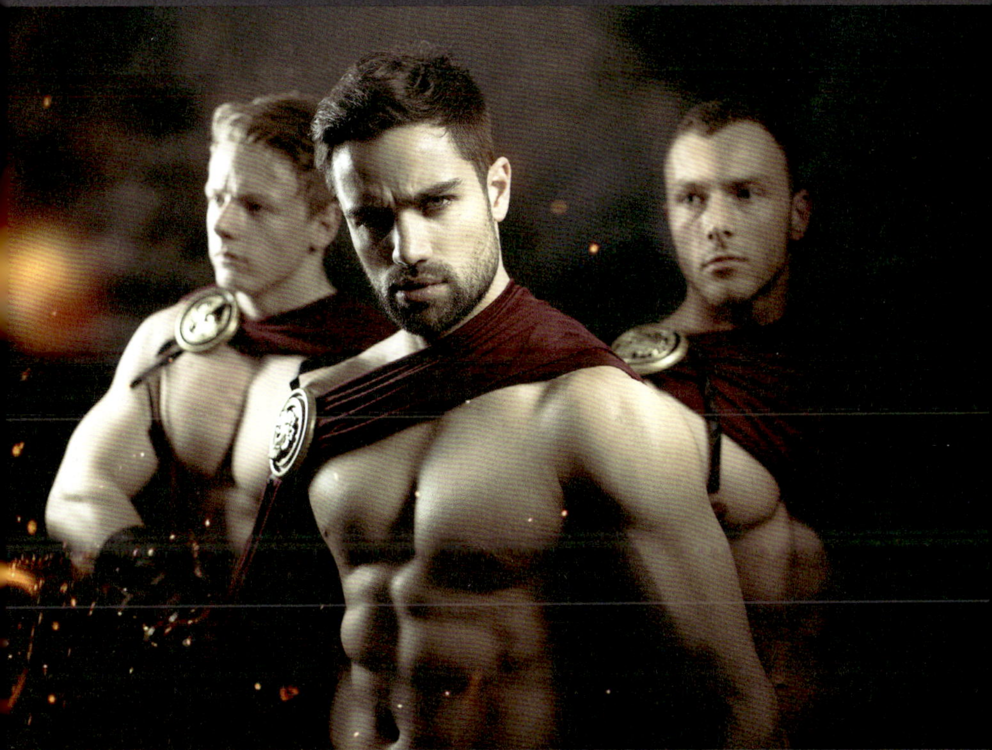

f2.8 / 1/125 s / ISO 100 / 55 mm

Neptuns Grotte

Oft inspirieren mich nicht nur Menschen, sondern auch Locations zu einer Bildidee. Bei diesem Spot wollte ich eine „Bewacherin" schaffen, die verrucht und sexy aussieht, aber trotzdem irgendwie gefährlich und niederträchtig. Meine Freundin hat das Model Bianca dann komplett mit Schlamm vollgeklatscht und die eigentlich brünetten Haare unter einer blonden Perücke versteckt. Nur mit einem Tuch bekleidet, saß Bianca dann auf ihrem „Thron", Ton in Ton mit der Höhlenfarbe. Das Licht wurde zunächst mit einem Aufsteckblitz mit Softbox von sehr schräg und erhöht oben gegeben. Das war mir aber noch zu langweilig, und so positionierte ich einen weiteren kleinen Aufsteckblitz sichtbar hinter ihr, um einen Lichtreflex zu schaffen und sie mit dem hellen Licht vom Hintergrund abzuheben.

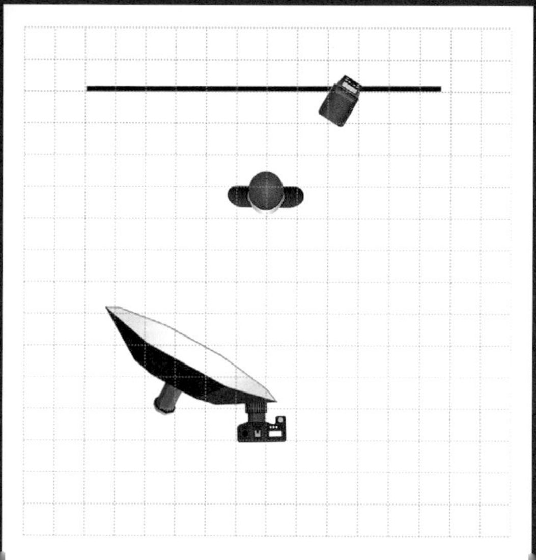

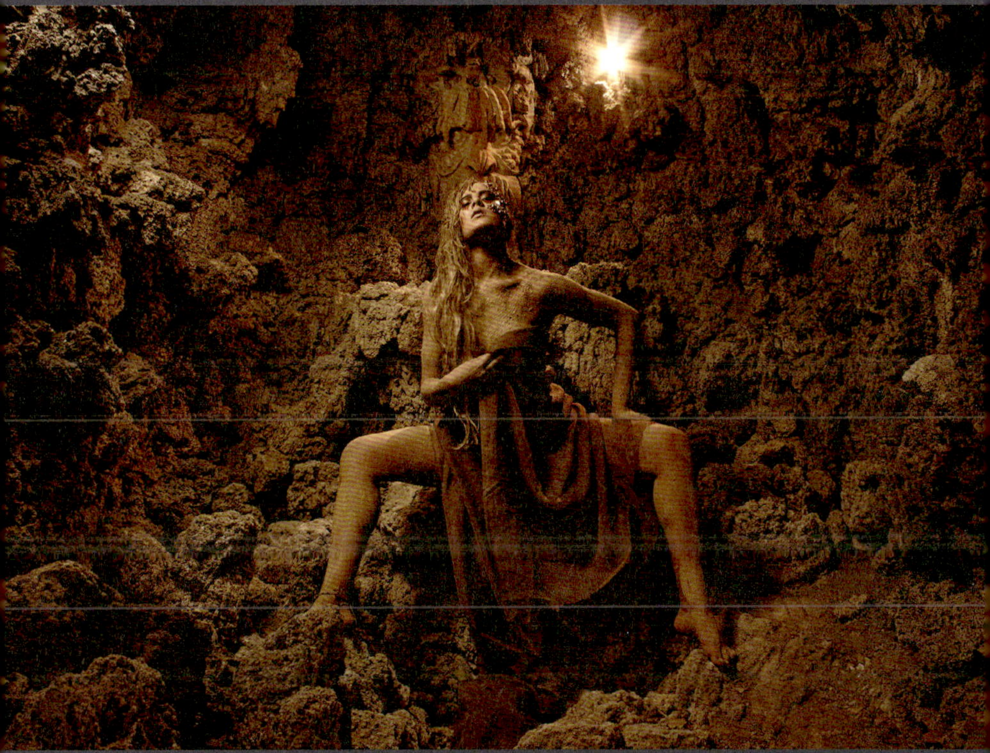

ƒ8 / 1/80 s / ISO 100 / 18 mm

Larissa Ries

Mit meiner Kollegin vom Radio Larissa habe ich schon öfter Fotos gemacht. Ich mag es, wenn ich mich mit meinen Models gut verstehe und man Spaß beim Fotografieren hat. Bei diesem Bild hatten wir die Idee, einfach Emotionen einzufangen, ohne kompliziertes oder aufwendiges Licht. Der Blitz kam direkt von vorne, sehr nah am Objektiv, genau wie beim Rezept „Knalliges Porträt" in diesem Buch. Passend dazu ist der Hintergrund, der mit seiner kräftigen Farbe ein schlüssiges Gesamtbild liefert. Das Outfit sollte hierbei auch ein bisschen flippiger sein, und so haben wir einfach auf die Hose verzichtet und das T-Shirt zum Kleid umfunktioniert.

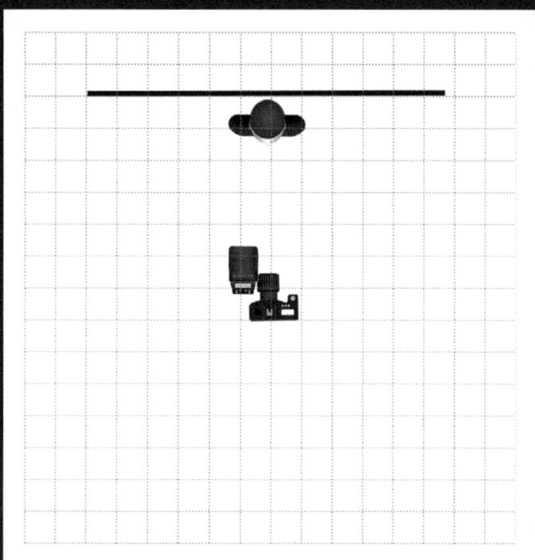

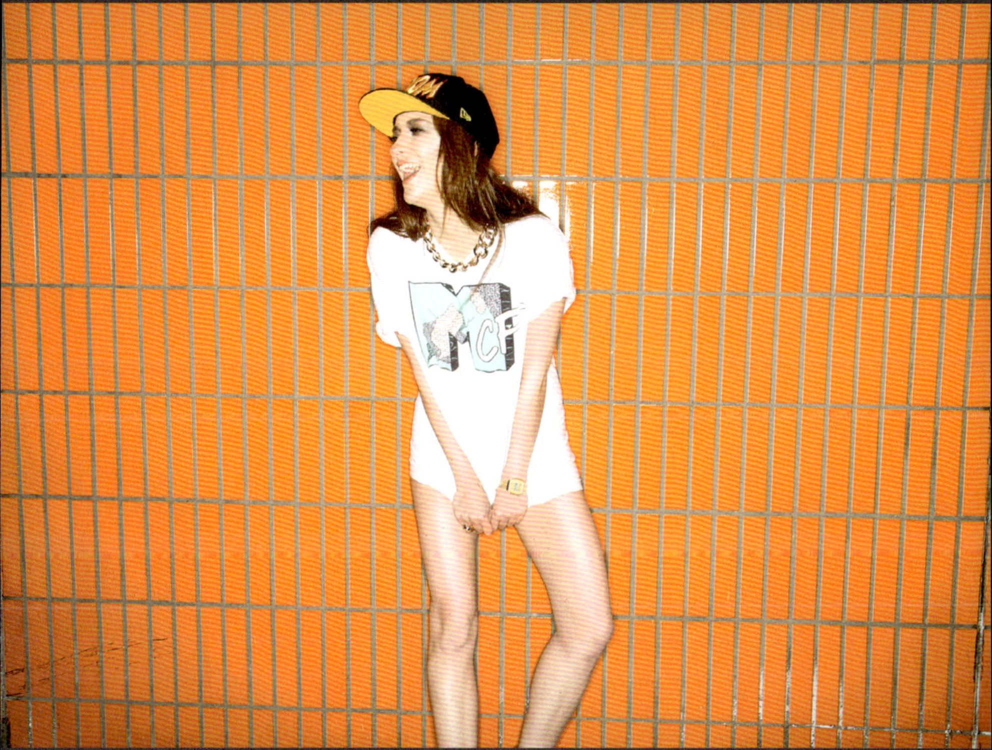

Bianca

Ja, du vermutest richtig: Die gut aussehende Brünette auf diesem Bild ist die Frau aus der Grotte, nur ohne Perücke und Schlamm. Für mein Videotraining „Shooting Star", haben wir dieses Bild vor einem blauen Baucontainer gemacht. Ich mag es, draußen zu fotografieren und „normale Dinge", die auf Hinterhöfen rumstehen, als Hintergründe umzufunktionieren. Das Licht kommt von einem Blitz mit Softbox ganz gerade von vorne, mit leichter Erhöhung. Ein sehr einfaches und sehr effektives Licht, das jeder nachmachen kann.

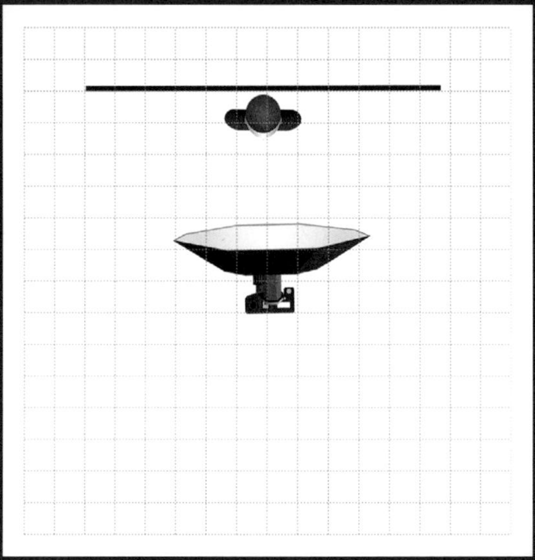

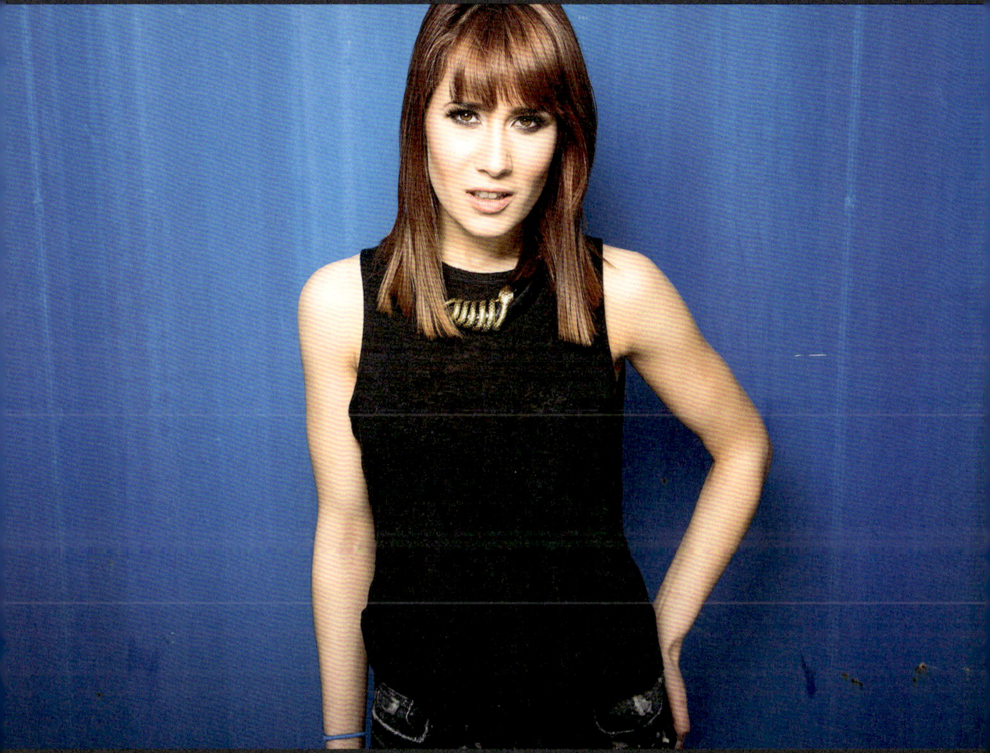

f9 / 1/160 s / ISO 100 / 50 mm

Mac Miller

Nicht nur Outdoor kann man Dinge zu Hintergründen für Fotos umfunktionieren, sondern auch Indoor. Diese CD-Wand stand in der Redaktion des Radiosenders – und das auch nur, weil man zu faul war, sie zu entsorgen. Ich wollte sie schon immer als Fotolocation nutzen, und als der US-Rapper Mac Miller sich zum Interview ankündigte, machte es bei mir „Klick". Ein Aufsteckblitz mit Softbox, von mir selbst gehalten und leicht schräg von oben links positioniert, reichte, um dieses Bild zu machen. Auch hier habe ich die Einstellungen und das Setup vorher mit einem Kollegen geübt, um mit dem Künstler keine Zeit zu verschwenden.

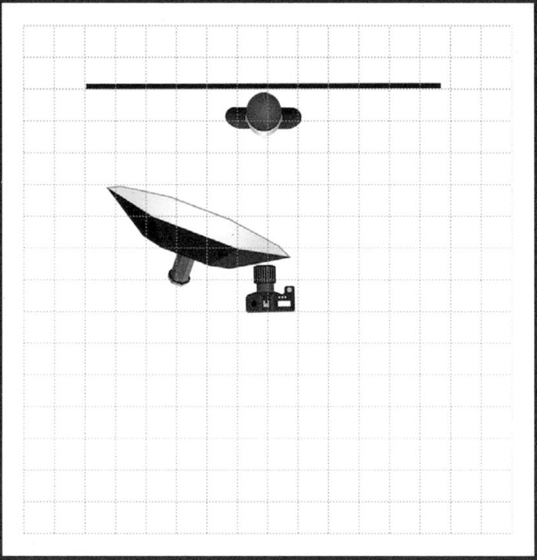

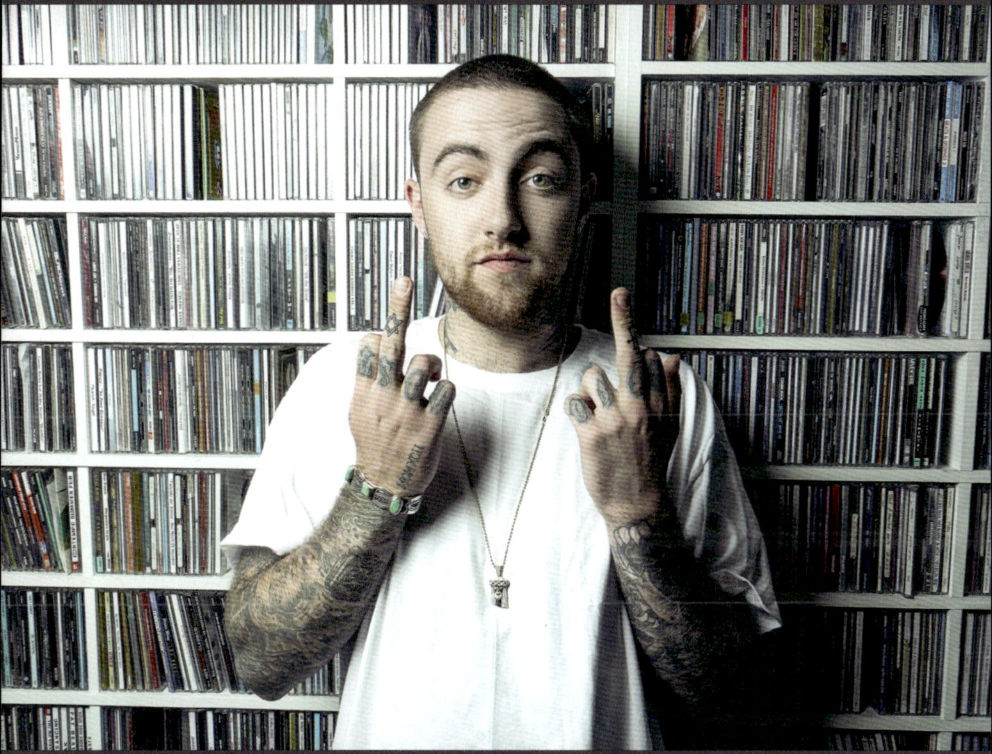

f10 / 1/80 s / ISO 100 / 18 mm

Kleid

Meine Freundin hatte irgendwann die Idee, Fotos mit einem langen Kleid zu machen. Lang ist vielleicht der falsche Ausdruck – sehr lang sollte es sein. Und so wurden es am Ende zehn Meter, und das, wie es sich für eine Frau gehört, in zweifacher Ausführung – einmal in Weiß und einmal in Schwarz. Das Make-up sollte passend dazu sein und auch die Location, einmal eher düster und einmal eher hell und positiv. Ich fand beim Gassigehen diese Brücke mit den tollen Bögen und der grünen Farbe, und in meinem Kopf begann es zu arbeiten. Ich verwarf die Idee einer riesigen Schaukel, da sich dies nicht umsetzen ließ und wahrscheinlich auch ein wenig gefährlich gewesen wäre. So stellte sich das Model Mel dann doch „nur" auf den ersten Balken, und mein Kollege Marcel und ich versuchten, diese riesige Location auszuleuchten. Um eine solche Fläche hell zu bekommen, braucht man einiges an Licht. Wir fingen mit einem Studioblitz mit Beauty Dish auf voller Leistung aus drei Meter Entfernung direkt auf das Model an. Dann folgten ein Blitz von vorne auf das Kleid und zwei Blitze nach oben an die Brücke gerichtet. Das i-Tüpfelchen bildete ein weiterer Blitz, den Marcel auf Zehenspitzen hinter dem Balken und dem Kopf des Models hielt. Manchmal muss es auch ein bisschen mehr sein …

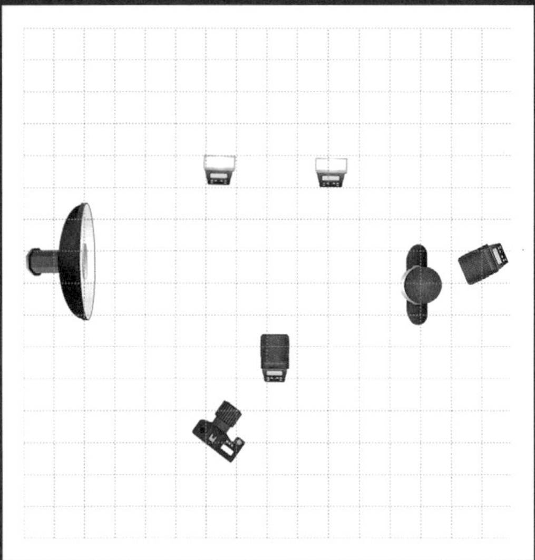

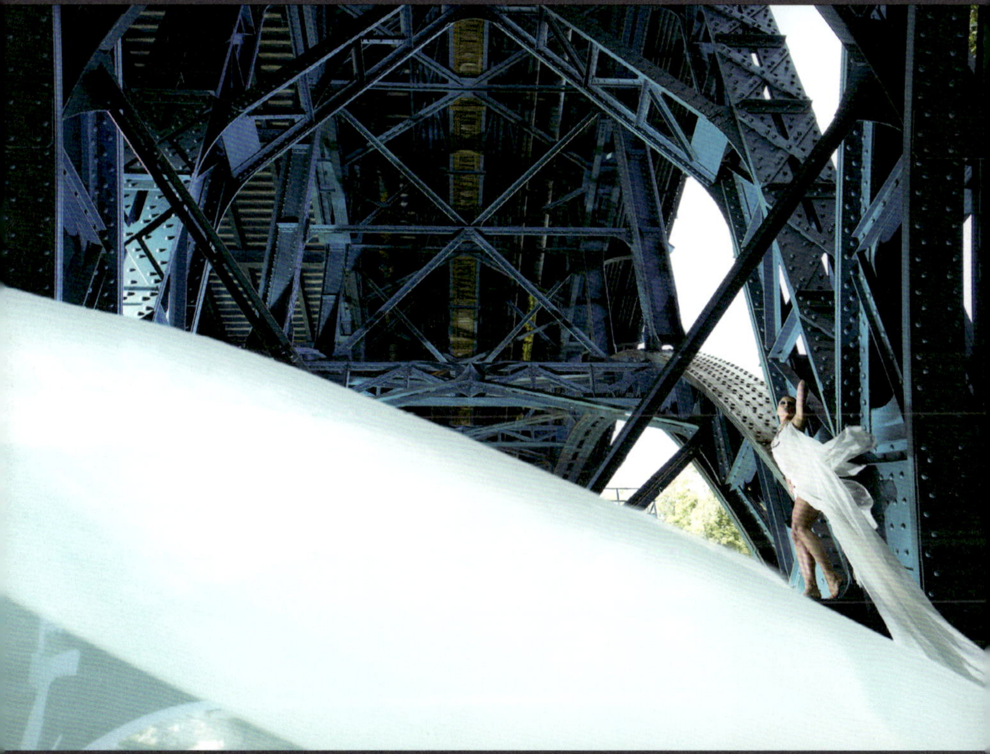

f6.3 / 1/80 s / ISO 160 / 24 mm

Es beginnt mit einem Kuss

Das Bild ist vor knapp zwei Jahren für einen Wettbewerb entstanden. Für mich ist alles, was ich nicht kenne, interessant, und so finde ich es auch interessant, die Möglichkeit zu haben, bei einem Foto, das eine Situation zeigt, in der man unter Umständen beschämt zu Seite schaut, länger hinzuschauen als nur flüchtig. Das Bild ist hundert Prozent so fotografiert und nicht in Photoshop bearbeitet worden. Ich habe in der Dusche der beiden Protagonisten einen Blitz mit Softbox, direkt von oben kommend, befestigt. Durch das Blitzlicht werden die Wassertropfen knackscharf und bilden zusammen mit den bärtigen Mündern ein für mich ungewohntes, aber dadurch sehr cooles Bild.

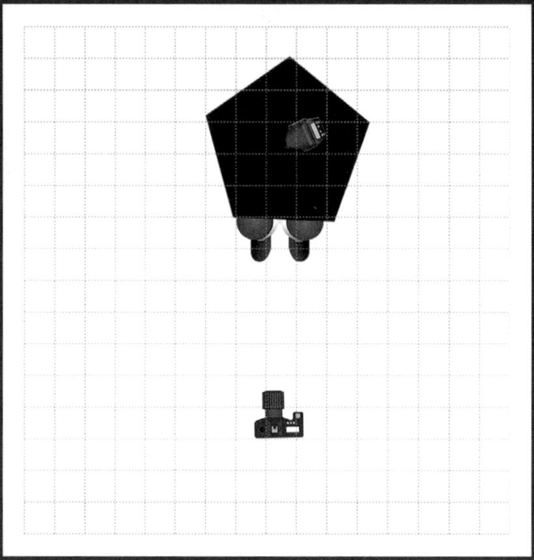

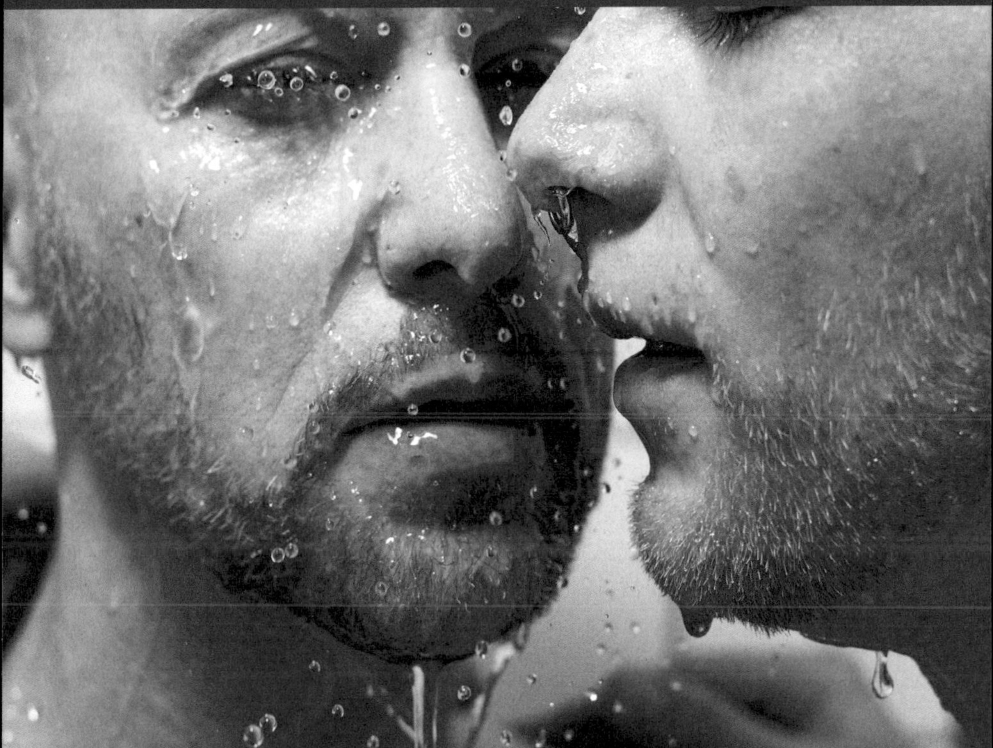

f3.5 / 1/160 s / ISO 100 / 18 mm

Spider-Man

Als der neue Spider-Man-Film in die Kinos kam, hat mein Bekannter Dennis, der Filmkostüme sehr cool selber näht, eine Reise zur Premiere nach Berlin gewonnen. Knapp eine Woche vor der Reise fragte er mich, ob wir nicht etwas zusammen in Berlin machen wollen. Der einzige Knackpunkt: Ich hatte wenig Zeit und er auch. Wir einigten uns auf ein Zeitfenster von zwei Stunden, kurz bevor er mit dem Zug zurückreiste, möglichst in der Nähe des Bahnhofs. Ich fand dann, als ich mir die Location vorher anschaute, einige Pfeiler auf einem Parkplatz unter der Bahnbrücke, und in meinem Kopf (Achtung, Wortwitz!) „spinnte" sich ein fertiges Bild zusammen. Sowohl der Pfeiler als auch Spider-Man ist also „real" fotografiert, und nur der Hintergrund und die Spiegelung sind mit einem Bildbearbeitungsprogramm eingefügt worden. Ausgeleuchtet wurde mit einem Blitz mit Beauty Dish von schräg vorne und einem Blitz mit Softbox von schräg hinten. Ein Faltreflektor hellte die Szene von schräg rechts noch auf, sodass ein plastisches, aber trotzdem realistisches Licht entstanden ist.

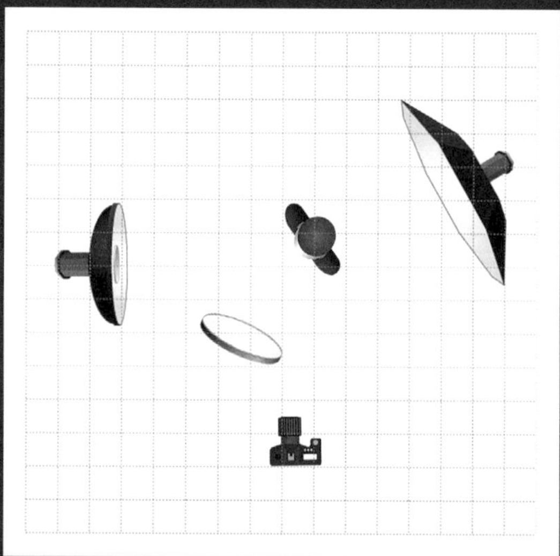

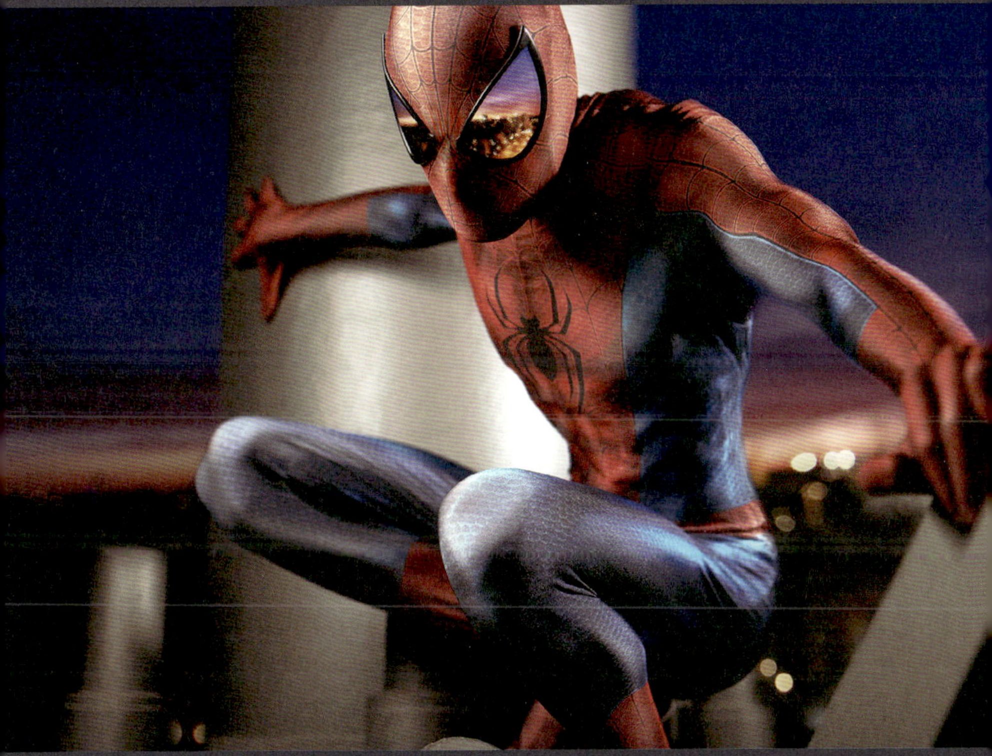

f2.8 / 1/160 s / ISO 50 / 50 mm

Agent

Das Bild ist im Endeffekt eine Weiterentwicklung des Rezepts „Nacht zu Tag". Im Wald haben wir einen Blitz auf voller Leistung in zwei bis drei Metern Höhe in den Bäumen befestigt. Dieser sorgt für die Überstrahlung von hinten und sollte wie ein Suchlicht eines Helikopters wirken. Der Blitz mit Softbox von schräg vorne hellt das Gesicht auf und lässt dabei trotzdem noch genug Schatten, damit es geheimnisvoll und dramatisch aussieht. Der Blitz von links seitlich ist mit einer orangefarbenen Farbfolie ausgestattet, die der Betonung der Person dient – und ebenso als Gegensatz zum kühlen Farbton des Bildes fungiert.

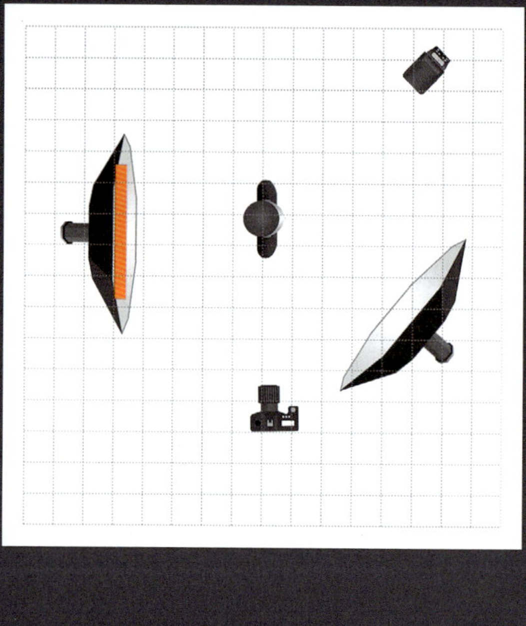

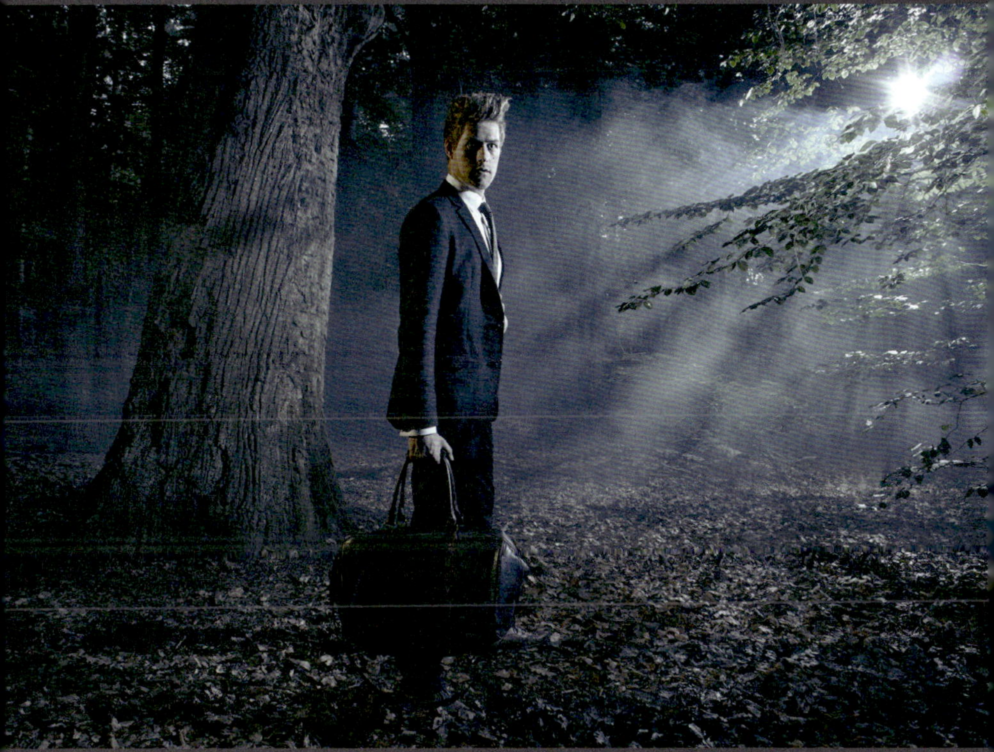

f9 / 1/60 s / ISO 200 / 18 mm

DANKE

Ich danke dir, der dieses Buch gekauft hat und mich auf meinem Weg unterstützt. Ich hoffe, du hast viel Spaß beim Umsetzen.

Danke an Rico R Rolle, der mir beim Filmen und Fotografieren für dieses Buch zu Seite stand und das wunderbare Cover fotografiert hat. Danke an Aline Schonert und Julian Butzkamm, die mich in diesem Buch mit ihrem Gesicht unterstützt haben.

Merci an Christian von der DKB Stiftung für die tolle Location im Olympischen Dorf in Elstal.

Danke an meine Freundin für ihre Geduld, während ich schreibe, und die Unterstützung bei meinen Bildern.

Danke an Marcel von Fotostyle-Berlin.de, der einige Bilder in diesem Buch mit mir erstellt hat und mir bei freien Arbeiten oft zur Seite stand.

Danke an alle Models, mit denen ich zusammenarbeiten durfte und die hier im Inspirationsteil ihren Platz gefunden haben.

Danke an alle Beteiligten vom humboldt Verlag und an alle, die ich sonst vergessen habe.

NOTIZEN

Auf den folgenden Seiten hast du Platz, um deine eigenen Rezepte niederzuschreiben. Wir haben dafür eine Zutatenliste und genügend Platz für die Einstellungen und Ausführungen gelassen. Ich bin gespannt, was du hier für kreative Ideen festhältst.

Zubereitung

Zutaten

Lichtskizze

Zutaten

Zubereitung

Lichtskizze

Zutaten

Lichtskizze

Zubereitung

Zutaten

Lichtskizze

Zubereitung

Zutaten

Lichtskizze

Zubereitung

Zutaten

Lichtskizze

Zubereitung

Zutaten

Zubereitung

Lichtskizze

Zutaten

Lichtskizze

Zubereitung

Zutaten

Lichtskizze

Zubereitung

Zutaten

Zubereitung

Lichtskizze

Zutaten

Lichtskizze

Zubereitung

Zutaten

Zubereitung

Lichtskizze

Zutaten

Zubereitung

Lichtskizze

Zutaten

Lichtskizze

Zubereitung

Zutaten

Zubereitung

Lichtskizze

Zutaten

Zubereitung

Lichtskizze

Bibliografische Information der Deutschen Nationalbibliothek
Die Deutsche Nationalbibliothek verzeichnet diese Publikation in der Deutschen Nationalbibliografie; detaillierte bibliografische Daten sind im Internet über http://dnb.ddb.de abrufbar.

ISBN 978-3-86910-204-7 (Print)
ISBN 978-3-86910-267-2 (PDF)
ISBN 978-3-86910-266-5 (EPUB)

Der Autor: Benjamin Jaworskyj betreibt mit „jaworskyjpictures" den größten deutschsprachigen Youtube-Kanal zum Thema Fotografie; seine Video-Workshops erreichen weit mehr als eine halbe Million Besucher pro Monat. 2013 wurde Benjamin Jaworskyj mit dem „Deutschen Webvideopreis" in der Kategorie „FAQ" ausgezeichnet. Sowohl auf seinem Online-Lernportal lernvonben.de als auch in seinen Live-Workshops zeigt er unzähligen Hobbyfotografen eindrucksvoll, wie einfach es ist, tolle Fotos zu machen. Fotobegeisterte aus ganz Deutschland schätzen ihn, weil er kompliziertes Fotografenwissen verständlich auf den Punkt bringt.

2. Auflage

Eine Marke der Schlüterschen Verlagsgesellschaft mbh & Co. KG,
Hans-Böckler-Allee 7, 30173 Hannover
www.schluetersche.de
www.humboldt.de

Lektorat: Dateiwerk GmbH, Nathalie Röseler, Pliening
Layout: Sehfeld, Hamburg
Covergestaltung: Kerker + Baum, Hannover
Coverfoto: Rico R Rolle, Berlin
Satz: PER Medien+Marketing GmbH, Braunschweig
Druck und Bindung: gutenberg beuys feindruckerei GmbH, Langenhagen